The New Wellness Revolution

下一轮创富风口

[美] 保罗·皮尔泽 (Paul Pilzer) ◎著
路卫军 庄乐坤 ◎译

中国社会科学出版社

图字号：01-2009-1679

图书在版编目（CIP）数据

下一轮创富风口 /（美）保罗·皮尔泽著；路卫军，庄乐坤译. -- 2 版. -- 北京：中国社会科学出版社，2018.3

书名原文：The New Wellness Revolution

ISBN 978-7-5203-1979-9

Ⅰ. ①下… Ⅱ. ①保… ②路… ③庄… Ⅲ. ①疗效食品－食品工业－研究－世界　Ⅳ. ①F416.82

中国版本图书馆 CIP 数据核字（2018）第 013364 号

Original English Language edition Copyright © 2008 by Paul Pilzer.
Authorized translation from the English language edition published by John Wiley & Sons，Inc.
Simplified Chinese translation Copyright © 2009 by China Social Sciences Press.
All rights reserved.

出 版 人	赵剑英
责任编辑	王　斌　黄　山
责任校对	张文池
责任印制	王　超

出　　版	中国社会科学出版社
社　　址	北京鼓楼西大街甲 158 号
邮　　编	100720
网　　址	http://www.csspw.cn
发 行 部	010-84083685
门 市 部	010-84029450
经　　销	新华书店及其他书店
印刷装订	北京明恒达印务有限公司
版　　次	2018 年 3 月第 2 版
印　　次	2018 年 3 月第 1 次印刷
开　　本	710×1000　1/16
印　　张	17.5
字　　数	268 千字
定　　价	58.00 元

凡购买中国社会科学出版社图书，如有质量问题请与本社营销中心联系调换
电话：010-84083683
版权所有　侵权必究

Contents
目 录

序	**掘金下一波财富狂潮**…………………………… I
	下一个百万富翁——保健企业家……………… IV
	先天还是环境因素？——两者都不是………… VI
	新保健革命中一些新趋势……………………… VII
	为企业家和健康或保健专家提供的行动计划………… XIII

绪 言	**保健产业是全球下一波财富狂潮**…………… 1
	下一件大事……………………………………… 2
	如何定义万亿美元的保健产业………………… 4
	怎样阅读本书…………………………………… 5
	未来明星产业的五大特点……………………… 9
	保健产业是不会消逝的明星产业……………… 12

第一章	**我们为什么需要一次保健革命**……………… 15
	保健产业如何成为我的事业…………………… 16
	为什么我们需要一场革命：巨大需求划分出两种国民…… 18
	经济发展怎样助长肥胖和营养不良…………… 19

行销怎样引发疾病 …………………………………… 22
　　看不见解决方案 ……………………………………… 25
　　经济问题的解决方案 ………………………………… 28
　　第一个2 000亿美元（2002年）……………………… 30
　　罗代尔如何为保健革命开路 ………………………… 31
　　我们为什么经常排斥新想法 ………………………… 34
　　传统西医排斥保健革命 ……………………………… 36
　　保健革命的目的不仅在于赚钱 ……………………… 38

第二章 **婴儿潮一代：理解和控制保健需求市场**………… **41**
　　实践自己的信念 ……………………………………… 41
　　婴儿潮一代是保健革命的第一代 …………………… 42
　　许多人犯的错误：对需求的误解 …………………… 45
　　数量需求和质量需求 ………………………………… 48
　　保健产业的数量和品质需求 ………………………… 52
　　一些未来的企业家怎样误解我们的经济 …………… 54
　　失业带动经济增长 …………………………………… 55
　　保健产业的经济学含义 ……………………………… 57
　　维生素产业如何从医药产业走向保健产业 ………… 58

第三章 **掘金食物和日常饮食产业**……………………… **63**
　　我们吃的食物 ………………………………………… 63
　　食物供应的两个主要问题 …………………………… 65
　　我们身体是如何把食物转化为能量和生命物质的 … 65
　　水中所蕴含的商机 …………………………………… 66

·目录·

我们如何摄取和消耗热量 …………………………… 66
脂肪很难消除的四个原因 …………………………… 68
蛋白质、维生素和矿物质的重要性 ………………… 71
绿色革命是如何改变食品生产中的经济机遇的 …… 73
现代食品创造保健商机 ……………………………… 74
食品供应的主要问题：空热量（高热量，低营养）…… 75
经济与贪婪和我们的食品供应问题 ………………… 77

第四章 通过食品发财致富 …………………………… **81**

落后的保健脚步 ……………………………………… 82
农业补贴政策 ………………………………………… 83
乳品业的欺诈之术 …………………………………… 85
保健新宠：豆类 ……………………………………… 88
豆奶商机：构建一种健康的生活方式 ……………… 91
素食汉堡包奇迹：一个保健产业的警示故事 ……… 96
餐饮业企业主需要了解东西 ………………………… 98

第五章 通过医药发财致富 …………………………… **105**

寻找黑匣子里有什么 ………………………………… 106
希波克拉底：健康实践的先行者 …………………… 106
目光短浅 ……………………………………………… 107
多种维生素剂和多层次的市场 ……………………… 111
提供营养信息致富：分享信息是一个巨大的商机 … 113
麦考拉网站——世界上最为著名的自然健康类网站 … 118
健康心脏病医生的角色转变 ………………………… 120

身体锻炼：一种保健产业领域的机会·················· 124
　　第一名的俱乐部························· 126
　　创立保健公司·························· 130
　　脱胎换骨的职业························· 134

第六章　**掘金健康保险产业你必须知道的一些事**········ **139**
　　美国经济中健康保险业的危机·················· 140
　　美国的健康保险体系是导致个人破产的第一号凶手······· 143
　　美国的健康保险业危机——是缓解症状还是防患未然?···· 144
　　美国如何陷入了这场健康保险危机················ 146
　　大多数美国消费者每年在健康保险方面浪费数千美元····· 149
　　保健企业的新出路······················· 155

第七章　**新的健康保险方案：帮助你的客户为他们的健康**
　　投资······························· **159**
　　什么是个人/家庭健康保险政策················· 160
　　为什么不是每个家庭都拥有个人/家庭健康保险计划····· 161
　　怎样帮助你的客户节约5000美元的健康保险费，他们再将
　　这笔钱投到你的生意中····················· 163
　　健康储蓄账户·························· 167

第八章　**通过配销致富**···················· **173**
　　无可限量的财富：现代经济的生物学原则············ 173
　　为什么配销的商机超过了生产·················· 175
　　21世纪的配销渠道······················· 177

· 目录 ·

理念经销 VS. 实体经销 …………………………… 178

专卖店：令人惊异的健康行业机遇 ……………… 180

零边际生产成本的新时代 ………………………… 182

制胜法宝：将优质的沟通渠道和技术结合起来 … 184

网络公司的影响 …………………………………… 185

第九章 直销——最佳起跑点 ……………………… 191

1991 年我第一次接触直销行业 …………………… 192

现代直销业 ………………………………………… 196

被动收入的价值 …………………………………… 199

帮助别人获得成功 ………………………………… 200

直销协会 …………………………………………… 203

终极标准——耐心和期望 ………………………… 203

第十章 捷足先登坚定你的目标：做下一个百万富翁 … 205

向保健产业提供工具和服务 ……………………… 206

大师圈子 …………………………………………… 207

健身教育——培养一支健康专家队伍 …………… 210

在保健金融领域内抢占先机 ……………………… 213

如何启动 …………………………………………… 217

当个保健投资人 …………………………………… 219

沃顿的秘密 ………………………………………… 221

以宗教的名义倡议 ………………………………… 222

视力健康——低价手术预防失明 ………………… 224

第十一章　**健康无限** ……………………………………… **229**
　　为什么健康无限 ……………………………………… 229
　　干细胞——让心脏手术过时 ………………………… 231
　　造福人群的机会 ……………………………………… 234
　　坚持计划的重要性 …………………………………… 236
　　为什么上帝要创造概率 ……………………………… 237
　　财富背后的"看不见的手" ………………………… 238

附录A　**脂肪：什么是脂肪？脂肪是怎么长出来的？怎么给它下定义？** ……………………………………… **241**
　　什么是脂肪？ ………………………………………… 241
　　胆固醇 ………………………………………………… 242
　　饱和与非饱和脂肪 …………………………………… 242
　　为什么我们渴望脂肪 ………………………………… 243
　　超重与肥胖 …………………………………………… 244

附录B　**从疾病缠身到保健医疗** ……………………… **249**
　　停止吃那些治标不治本的保健药 …………………… 250
　　在还不算晚的时候，改变你的生活方式（饮食及锻炼）来大幅缩减你的个人保健费用 …………………… 254
　　让医生设身处地想想 ………………………………… 256

序

掘金下一波财富狂潮

《下一轮创富风口》一书的出版对于保健产业界来说堪称一鸣惊人。这本书将保健定义为一项产业，这项产业用一个简单的目的将数以万计从事着不同服务行业和产品供应行业的人联系在一起。它使志趣相投的人们——包括科学家、健身教练、商人、食品供应商、店主、保健产品配销商、医生以及其他所有致力于预防疾病和延缓衰老的人——明白了一个道理，那就是他们是整个世界范围内一场巨大革命的组成部分，而不仅仅只是自己职业圈内的一个小小创新者。

《下一轮创富风口》出版后，《纽约时报》（*New York Times*）称我为"经济学家出身的保健产业大师"。在国会通过健康储蓄账户计划（HSAs）以及其他一些保健金融改革计划的过程中——这些计划能让关心自己健康的消费者们在健康保险上节省更多的钱来给自己做健康投资——我的书起了重要的作用，我也因此获得了一个名誉博士学位。这本书被翻译成12种语言出版，迅速成为世界保健业界关注的焦点——数以千计的人们跟我联系，与我分享他们的保健经验，并和我探讨在这个激动人心的万亿美元规模的产业中所蕴藏的巨大商机。

作为一名忙碌的作家和经济学家，我总喜欢在一本书或一个项目完成之后向新的领域转移，但这次，出版商和编辑都劝我出新版本，因为在旧版本出版后，五年来保健产业发生了巨大的变化。有一些事件如我预料地发生了，但也有一些事情我在 2002 年时没能预测。

《下一轮创富风口》预测到了保健产业的迅速崛起，该行业的年销售额从 2002 年的 2000 亿美元发展到现在的 5000 亿美元，同时预测到了发源于南非并且迅速普及的健康储蓄账户计划（Health Savings Accounts, HSAs）将很快被美国人接受。但是我没预测到世界各国政府采用健康食品标准的时间，同时误判了许多疾病和食品产业供应商（在一定程度上，包括麦当劳和沃尔玛）会自动转变服务领域，投身健康和保健食品供应领域，也没有预测到美国和其他发达国家中的保健"富人"和"穷人"的差距竟然持续扩大。过去的 5 年里，数以百万的美国人投入健康锻炼中，而更多的美国人却反其道而行之——美国人的肥胖率从 61% 上升到 65%，像 II 型糖尿病等这些与饮食有关的疾病的增加，让美国人民的健康水平每况愈下。

这些趋势使我原先预测的保健产业 1 万亿美元的年销售额正在成为现实，甚至可能超过这个数字，这也为更多的保健产业的创业者迅速提供了机会。

艾萨克·牛顿（Sir Isaac Newton）爵士说过："如果我看得比别人远是因为我站在巨人的肩上。"我从 1996 年开始关注保健产业，我所站的巨人就是我在《下一轮创富风口》所介绍的那些保健革命者——这些保健产业的先驱者已经在 2002 年的社会范围内产生了广泛影响，像：

※ 弗兰克·耶诺维兹（Frank Yanowitz），保健心脏病专家。他开创了主要通过预防来防止心脏疾病的事业。

※ 吉尔·肯尼（Jill Kinney），健身专家。她创办了年销售额 1 亿美元的保健俱乐部事业，这些俱乐部主要提供工作场所的身体锻炼。

※ 史蒂夫·迪莫斯（Steve Demos），神奇大豆的创造者。他建立思尔克（SILK）豆奶公司，

在国家保健行业中赚得了自己第一桶亿元美金。

现在，他们继续书写自己的传奇。我已经将他们的传奇经历收录在《下一轮创富风口》中。

同样重要的是，自2002年开始，我已经注意到更多的保健行业革新者——他们也在保健行业产生了一定影响，他们的行动大大丰富了我们生活的世界。这些保健行业的革新者包括：

※ 彼得·戴维斯（Peter Davis）和凯西·戴维斯（Kathie Davis）夫妇创立了IDEA和ACE。他们跨越国界组织2万名保健专家，形成一股强大的力量，为保健产业引进专业化、标准化和资格认证。

※ 陶德·古柏曼（Tod Cooperman）和约瑟夫·摩卡拉（Joseph Mercola）等资讯先驱，提供全球各地数千万消费者的保健资讯，建立了一个庞大的网上信息事业。

※ 麦西尼（Fabrizio Mancini）和鲍伯·霍夫曼（Bob Hoffman）等脊椎指压治疗师（chiropractor），以及其他在这个已有百年历史古老行业的国际优秀人士，让脊椎指压治疗再度成为保健行业的新贵。

※ 杰坦普（Patrick Gentempo）等企业家采用快餐业的加盟和配送联合方式，建立起全国性的保健加盟产业。

※ 罗斯·雷思（Russ Reiss）等医疗师放弃心脏手术事业，转向通过干细胞的研究来避免心脏手术。

※ 杰夫·托宾（Geoff Tabin）等不求名利的专业人士，从事世界上最常见的白内障手术。原来每次手术费用是3 500美元，而最新科技把每次的手术费用降到20美元，从而造福了第三世界数百万人口。当保健革命进入下一个阶段，就像亨利·福特（Henry Ford）把汽车普及化一样，各种保健产品和服务也会变成大众所负担得起的。

自2002年以来，保健革命的"巨人"数量增长达百倍之多。因为我站在他们集体的肩膀上，所以能更加深刻地观察保健行业的未来。我希望本书可以把他们所有的创业传奇呈现给读者，但限于篇幅，对书中没有介绍的保健革命人士的传奇，向他们致歉。

这些保健革命人士是这场保健革命中真正的英雄。无论你是期待事业成长的资深保健专家，还是希望从本书获得灵感寻找新的机会，都可以从他们的故事中获得自己需要的灵感和信息：

创造巨大财富的商机在于好好把握世界上最大的产业——保健产业。

下一个百万富翁——保健企业家

如果你是一位企业家，或是正准备投身保健产业，那现在正是前所未有的创业良机。

20世纪50年代，百万富翁只是电视节目中的虚构人物，例如电视剧《百万富翁》(The Millionaire)，或是连环漫画中的搞笑人物，例如《小孤儿安妮》(Little Orphan Annie)。没有人认识或看见过真正的百万富翁，甚至电影《百万富翁》中的"百万富翁"约翰·布雷斯福特·提帕顿（John Bresford Tipdon）从来没在荧屏前露过脸。我记得那时我央求父亲带我出去吃饭，没想到父亲说："你以为我们是谁，百万富翁吗？"

1991年，拜美国强大经济所赐，净资产在100万美元以上的美国家庭有360万户之多。接下来的10年里，拥有百万家产的家庭翻了1倍，增长到720万户。美国经济花了215年创造出第一批数量为360万的百万家产家庭，而只花了10年时间就创造出另一批360万个百万家产家庭。

正如我在1991年出版的《点石成金》(Unlimited Wealth)一书中所说的，20世纪90年代是国际经济增长40年周期循环的开始。美国家庭的财富从1991年到2001年增长了3倍，从13万亿美元增长到40万亿美元。除日本之外，所有发达国家也都有类似的增长。

以往经济增长和财富积累的时代，往往意味着富者愈富，一般人总是无缘致富。然而，20世纪90年代却有巨大数量的新家庭分享财富的成长，而且20世纪90年代只是个开端而已：

日后，将有所谓的"财富民主化"时代到来，而20世纪90年代只是这个时代的开端。不但美国发生财富民主化，而且将来会扩散到从中国到欧洲的每一个国家。

你将在本书中看到，由于世界经济、科学技术和新的立法发生了根本性的变化，而这些变化对个人的益处超过了对组织的益处，因而我们正在开启"财富民主化"时代，正在创造每个人都能分享的新财富。

今天，净资产达到或超过100万美元的美国家庭数目已经超过1 000万个。到2016年，拥有百万家产家庭的数目会达到2 000万个，如果每个美国家庭平均大约拥有2.5个人，这就意味着5 000万美国人将生活在家产超过100万美元的家庭之中。

美国百万富翁数量（1991—2016）

	1991年	2001年	2006年	2016年（预测）
家产百万的家庭数量（个）	360万	720万	1 000万	2 000万
生活在家产超过100万美元的美国人数量（个）	900万	1 800万	2 500万	5 000万
美国家庭财富拥有量（美元）	13万亿	40万亿	60万亿	100万亿

百万富翁是美国和其他发达国家增长最快的少数群体。

在本书中你经常会看到，人们成为百万富翁之后，或者在积累财富转变成百万富翁时，他们在关注财富的同时最关注的是他们自己的健康。

人们的财富增加得越多，投入到保健中的金钱比例越大。

先天还是环境因素？——两者都不是

我的研究中最吸引人的部分就是发现了今天谁正在成为百万富翁——成为百万富翁好像与种族、宗教、国籍，甚或你的父母和教育背景的联系越来越少。

1981年，福布斯400（Forbes 400）刊登出了全美富豪排名前400名，其中包括12名洛克菲勒（Rockefellers）家族成员，10名摩根（Morgans）家族成员，6名阿斯特（Astors）家族成员和其他家族成员的姓名，这些家族的名称成了美国财富的同义词。24年之后，原来排名前400名（或者是他们的后代）的富豪现在只有40名在富豪榜上，且前10名里没有他们的名字。今天，前10名富豪所拥有的财富占美国富豪前400名的总财富的32%。

但是，并非富有的变得更富有，福布斯400财富榜上的前10名都出生在贫穷或中产阶级的家庭，前10名中只有两人完成了大学学业。拥有名牌大学学历或出生于富豪之家反而对以后个人商业的成功有消极影响。

另外，一个有趣的现象是许多福布斯400财富名单上的人有一个共同点——他们的兄弟姐妹在生活中的失败与他们的成功形成强烈反差。

最近几任美国总统都是从耶鲁大学毕业的，他们的兄弟都曾入狱（或几乎）入狱。例如，唐纳德·尼克松（Donald Nixon）、比尔·卡特（Billy Carter）、罗格·克林顿（Roger Clinton）、尼尔·布什（Neil Bush）——他们中的绝大多数的家庭环境、教育机会与他们成功的兄弟姐妹相同，可见成功并不全是天生注定或后天努力。

今天要想取得成功，几乎不再与你的肤色、国籍，甚或你的父母有关。与人类以前的情况不同，今天要想成功，取决于你自己的选择。虽然你的教育、父母和其他不可控因素会起到一定的作用，但是成功的最大因素在于你的选择。

· 序 ·

如果你已读到这里，表明你已经做出了选择——成为百万富翁中的一员，或在下一个 10 年帮助更多的人成为百万富翁中的一员。

想要成功，有许多路可走。但我希望你选择正在兴起的保健产业作为创业或职业的开始，因为从事或创立保健商业不但可以赚取财富，而且还能造福人类。

新保健革命中一些新趋势

作为一名经济学家，我在此修订版中更新了一些数据和项目。除了做出新的预测之外，我加入了一些新东西。下面是保健产业的几个新趋势：

1. 保健革命发源地是美国，但已在全球各地迅速开花。

2002 年，《下一轮创富风口》出版时，该书只关注了当代保健革命发源地——美国国内市场。可是此书却被翻译成 12 种语言出版，在亚洲的销售量超过了美国国内的销售量。正像其他新产品和新工业一样，虽然当代保健产业开始于美国，但其在美国之外的发展更加迅速。

《下一轮创富风口》为全世界人民而写。

2. 今日保健产业是主要靠个人企业家与小型企业推动的草根运动。

2002 年，我在书中主要介绍了年营业额 1 亿美元以上的保健产业公司，从那以后我开始熟悉了保健产业。然而，现在保健产业的年营业额大部分是由个人企业家、直销人员、脊椎指压治疗师、整骨师、其他保健专家和小商人集体创造的。这是因为，要有保健观念需要转变部分消费方式，而转变的最好方式是直接面对面地接触，有时这是唯一的方法。

《下一轮创富风口》解释了保健产业还有很多机会等待着个人创业者和保健

专家，如何利用新的管理技术和各种形式的业务组织（如直销和特许权），可以让这些个人比在大公司里工作能更好地利用自己的技术。这种情况仍将持续至少10年，直至保健产业发展成为一个成熟产业，而且大多数消费者对保健不再陌生。

3. 以往生产"致病"产品的大型食品公司，都转而加入保健革命的行列。

2002年我完成《下一轮创富风口》一书时，高致病的食品行业中有一些是牛奶奶场。该书出版之后，世界上最大的奶制品企业迪安食品公司（Dean Foods）（在美国国内年销售额为100亿美元）购买了一家世界上最好的保健食品公司——史蒂夫·迪莫斯（Steve Demos）创立的年销售额3亿美元的白浪（White Wave）集团，该集团主要生产思尔克豆奶。第四章我们会介绍，迪安食品公司（Dean Foods）非但没有破坏思尔克豆乳和高质量的健康食品生产线，而且还汲取了白浪（White Wave）集团保健产品的经营理念。

《下一轮创富风口》解释了迪安食品公司（Dean Foods）和其他大型食品公司转变其经营理念只是一个开始，这种现象增加了而不是减少了每个人在健康产业有所作为的机会，尤其是对保健企业家。本书第二章会提到消费者一旦有了第一次保健产品的使用经验（例如喝了思尔克豆奶），就会消费更多的保健产品和享受更多的保健服务。

4. 被认为只售卖易致病产品的零售商和餐厅业者，现在同样改弦更张，加入保健产业革命行列。

2002年时，绝大多数的保健食品是通过指定的如保健食品商店和保健食品餐馆零售的。然而随着保健产品的需求越来越多，大多数的保健食品将通过传统的食品零售商和普通餐馆销售。

2005年，麦当劳（McDonald）开始销售水果和核桃沙拉，一夜之间，麦当劳成为美国最大的苹果消售商，据统计，年消售苹果54 000万磅左右。麦当劳有解决社会问题的悠久传统，以前这个饱受社会批评的最大祸首（例如纪录片《麦胖报告》中所描述的那样，人们连续一个月只吃麦当劳造成健康状况下降），现在将成为主要的保健产品贡献者。20 世纪 70 年代,美国许多企业不雇用和培训贫民区青年,但是麦当劳却没有,并因此成为了这些青年的大型雇用企业。80 年代,麦当劳调整经营方式,在特定的市场通过更加灵活的工作时间和大按钮的收费机,开始雇用老人做工。这个沉睡的巨人每天为超过 4 600 万的人提供餐食,已经清醒开始关注保健产业了。

2006 年初,全食超市(Whole Foods Market,年销售额为 70 亿美元)是全球最大的保健食品市场。但是 2006 年 3 月 26 日,沃尔玛(Wal-Mart,年销售额为 2 750 亿美元)在得克萨斯州布兰诺市(Plano Texas)开设了第一家有机食品购物中心;与此同时,沃尔玛所有分店开始将保健产品作为自己的特色商品。也许你读本书的时候,沃尔玛已经成为全球最大的保健食品零售商了。

所有这些对保健产业尤其是对保健业者都是好兆头,因为这大大增加了保健产品在市场上的认可度,为以后大规模生产的保健产品提供了更多的销售渠道。

5. 改弦更张的现象并没有在医疗产业供应商(例如传统的药品业)之间大规模发生。

年产值 2 万亿美元的医疗产业不像年产值为 1.3 万亿美元的食品产业,它还没有接纳保健产业,甚至还没有迹象表明它会接纳保健产业。虽然不是全部,但美国绝大多数的医院、药厂和健康专业组织不是忽视保健产业,就是打击进入其市场的保健产业。

传统的医药或医疗产业正在进行一场注定失败的战斗。正如 20 世纪初的铁路产业,视自己为最佳的运输工具,后来很快败给了卡车和汽车业,因此医疗产业注定要输给保健产业。

一百年以前,汽车刚刚出现,大多数人视其为没有马拉的车厢或不需要铁轨的火车头。有识之士认识到这不用马拉的车厢不是单纯的车厢或火车头,而是代表了一个新产业,该产业将会彻底改变美国人生活的每个方面——像亨利·福特(Henry Ford,汽车业)、约翰·洛克菲勒(John D. Rockefeller,石油业)、雷·克劳克(Ray Croc,汽车餐馆业)、霍华德·约翰逊(Howard Johnson,路边汽车旅馆业)这些人和其他数千人成了他们时代的亿万富翁和社会先驱。保健产业不仅是罗列保健食品的清单，或是替代的医疗方案，而是一场新的运动，一场革命，凡是认识到此点的企业家或保健专家都有相同的创业机会。

尽管读此书的人可能都希望传统的医疗业会以救死扶伤为其使命，从而接纳保健产业，但是许多传统医疗产品的供应商非常固执和短视，反而为保健产业的企业家和保健专家创业创造了巨大的商机。

6. 目前市面上已出现几千种新的保健产品和服务，其中一些我已经在 2002 年预测到，但也有很多我预测至少要到 2012 年才会出现。

2002 年，我预测大约用十年左右的时间，以 DNA 和其他科技为基础的营养补充剂才会走向大众，并认定年产值 800 亿美元的维生素产业的合理性。不过，我远远低估了保健产业产品的普及速度。2004 年，以 DNA 技术为基础的核酸提取试剂盒，可以用来确定哪一种维生素不足，做一次测试只需花费 10 美元。原来需花费 1 000 万美元、房间大小用来读取人体抗氧化水平的指尖光测仪器到 2005 年已被设计成书本大小，而且购买费用低于一台笔记本电脑，现在已经有 1 000 万人购买，用以检测自己身体的抗氧化水平。

另外，本书第十一章也介绍了另一项科技新发展——人体干细胞研究，该研究在保健产业中有光明的前景。虽然科学家现在仍不清楚干细胞如何工作，但是医学专家正在利用其重建人体受损器官，以及减缓器官的衰老速度。

本书解释了这些新进展和其他新产品，如何通过提供方便的医学检测技术和引入制药产业标准服务于保健产品和服务，使保健产业更加合理化。

7. 从 2004 年到 2007 年，美国国内的健康保险业发生了巨大的变化，消费者可以选择自己喜欢的健康保险，还可以将节省下来的医药费投入到将来的健康保险中（或退休养老保险）。

2002 年，我正确地预测到国会将通过法律使全美国人可以享受到健康储蓄账户（HSAs），但是我没有想到会这样快，也没有想到我的著作在推动国会通过法案时会起到一定作用。

本书介绍了 300 万美国人开通健康储蓄账户的原因和方式，同时也介绍了超过1 100万美国人享受到雇主支付的医疗报销安排（HRAs）的方式。健康储蓄账户（HSAs）和医疗报销安排（HRAs）让消费者在自己健康上消费时，既可以享受到100%的所得税减免，还可以让人们将从治病上节省下来的钱投入到将来的健康保险中（或退休养老保险）。

HRAs和其他以消费者为导向的健康保护（CDH）机制允许消费者选择自己的健康专家——这就把脊椎指压治疗师、整骨师、理疗师和其他健康导向的提供者放在与传统医疗产业医护提供者平等的地位上。医疗产业和保健产业在同一平台上竞争首先在南非出现，现在已经在所有发达国家扎根生长——因为政府最终认识到不断上涨的医疗成本威胁到了国家的经济，而预防疾病和支持抗衰老的研究是解决医疗成本不断上涨的唯一方法。

8. 2005年，为全美工人提供用于治病的保健福利成本超过了全美前500强企业的总利润——世界各地的持股者对是否继续投资那些曾经可信的大公司（像通用汽车公司）变得犹豫不决。

当人们数十年来谈论着老板为员工治病的支出不断上涨时，2005年是一个分水岭——这一年上涨的疾病支出，不但降低了公司的收益，而且威胁到了美国主要公司老板的切身利益。公司老板终于认识到，若想从长期解决不断上涨的治病支出，唯一的方法是发展保健产业，首先要制订增加健康和预防疾病发生的方案。

本书说明，如果能够在公司的场地上提供公司附属健身房项目，制定以HRAs授权的针对雇主的减肥和戒烟课程，那样这些保健企业家将会获得巨大的商机。

9. 虽然保健产业产值在短短5年间，从2000亿美元增长到5000亿美元，而且有数百万新客户加入，但保健产业的处女地却在持续扩大。单就美国国内来说，肥胖成年人的数量在过去的5年中从61%增长到65%，肥胖儿童增加了10%，在所有儿童中的比例从27%增长到30%。

1996年，我开始撰写有关肥胖和超重的文章，那时我没有想到10年后这种流行病会如此严重。虽然每天数百万的新消费者在保健产业中消费，但是更多的人却游离于目前的保健产业之外，变得更加肥胖，更加营养不良，缺乏锻炼或者长期吸烟。

本书解释了世界上各发达国家的人们已日益分化成两个对立的社会经济集团——一个集团内的人们健康，关注自己的健康规划；另一个集团的人们则恰恰相反。这种糟糕的现象会在经济和社会生活中产生灾难性后果。

美国学校体系已因支付员工医疗费用而面临生存危机。仅在美国，当地政府和州政府用于为退休员工提供全部医疗照顾的总花费就超过了1万亿美元，相比之下由此引发的腐败使得20世纪80年代金额为3 000亿美元的中小金融联合会（S&L）腐败案"黯然失色"。这种类型的腐败可能在欧洲和其他的发达国家更加严重。

10. 我已经以一名企业家的身份投入到这场保健革命中。

1999年，我成立了一家公司，通过改革健康保险来宣传扩展保健观念。2005年，该公司成为史蒂夫·凯斯（Steve Case）的革命健康集团（Revolution Health Group）的一员。今天通过员工们或沃尔玛旗下的山姆会员商店（Wal-Mart's Sam's Club stores）向数百万人提供健康导向的健康福利。

2006年，我创建了一家类似的公司，主要通过保健产业企业家和理财专家向人们分发类似的健康导向的健康福利，这家新公司叫做赞恩福利有限责任公司（Zane Benefits LLC）。此公司在成百上千的企业家和老板的支持下，通过向消费者提供更加实惠的健康导向的健康保险，使消费者的生活越来越美好、安全，已经使成百上千的大学校园脱胎换骨。

为企业家和健康或保健专家提供的行动计划

　　本书每章的结尾都为企业家和保健专家提供一些行动计划。这部分是专门为保健产业新企业家,或目前为公司做事却打算辞职自己创业的人士所写。我不想说书中的行动计划是大家必须照做的。我的目的是向大家展示保健产业中存在的巨大商机,同时激发大家的灵感,通过自身的背景、教育和生活经验使自己成为保健产业中的企业家。

绪言

保健产业是全球下一波财富狂潮

20世纪,由于汽车的发明、航空业的发展、个人计算机的普及和家庭计划的推广,颠覆了整个人类的生活方式。这些发明不但打造了许多企业帝国,抢占先机的企业家和投资者更积累了富可敌国的财富。21世纪的下一件重大事件已经开始,同样会彻底改变我们的生活,并在往后10年创造巨大的商机,那就是保健革命。

本书写的不是一种暂时流行的时尚,也不是一种倾向——而是写的关于人类新的和无止境的需要,这种需要渗透到我们的饮食、锻炼、睡眠、工作、储蓄、养老方式等几乎日常生活的各个方面。

人类的下一件大事就是保健革命。
我们每天早晨都用的牙膏、洗发液,白天的饮食到晚上睡觉的床垫及化妆品，日常生活的每一个决定，已经充斥着对保健的需求。我们需要产品带来更多的安全，也要预防产品可能造成的伤害。然而，社会大众对保健的需求才刚刚萌芽，因为大部分人并不知道一个简单的选择也可以影响健康，同时市场上许多保健产品和服务并不十分普及。

本书将详细介绍新兴保健产业的相关信息，读者不但可以利用这些信息把握致富商机，也可顺便保健养生。

我给读者讲解在这个巨大商机中如何找到自己的领地——在这个新的有关人的一生的产业中怎样找到自己的位置，这个产业不但能给读者带来财富，而且还会带来意想不到的其他好处。

下一件大事

亨利·福特（Henry Ford）率先以规模生产的方式制造人人都买得起的汽车时，许多人都不看好汽车市场。因为当时的路面大多颠簸不平，也没有加油站，而且大多数人生活在只要步行就可到达上班地点的地方。但随着汽车销量不断增加，需求也随之上升，搬到郊区的人们需要汽车去市里上班，加油站如雨后春笋般地冒出来。不久，汽车已经成为工作、生活上不可或缺的必需品。

如果回到福特推出 Model T 车款的时代，有人说汽车不只是项新产品，更将是开启全球万亿美元商机的新产业——在短短一百年间，全球会有将近 5 亿辆的汽车在道路上奔驰，并带动加油站、道路、轮胎、郊区住宅和快餐业的兴起。

你会赞同上述说法吗？当时不但缺乏平整的马路，没有加油站，而且人人都在自己住房附近上班，员工大都每周工作六天，工资很低，星期天也没空开车出去游玩。但如果接受上述说法，你就能料到日后员工每周只要工作 5 天 40 小时，而且生活日益宽裕。

如果你相信日后亨利·福特（Henry Ford）发明的汽车业和它的相关产业将

发达，会创造出万亿美元的产业，身为企业家或投资人，如何抢占一席之地？是要把赌注放在以汽油为动力的汽车上，还是以电力或柴油为动力的汽车上？或者投资修筑道路、生产像轮胎一样的汽车零组件，或开发住宅区？更重要的是，一旦决定投入某个产业，究竟该怎么做才能找到自己的领地？

1981 年，IBM 的个人计算机与苹果（Apple）和无线电音响城（Radio Shack）的关于模式的竞争共同催生了庞大的个人计算机产业。可能大多数人同样没有料到，这不只是一项新产品，而将更是为世界经济创造另一个万亿美元产业的部门——一个发展迅速的部门，到了 1991 年，短短 10 年间，个人计算机的销售额就已经超越美国汽车的营业额。

从当代经济史来看，以往需要 100 年或更长时间才会完成的重大变革，现在已经缩短为不到 10 年甚至更短。你能像比尔·盖茨（Bill Gates，微软，软件业）、迈克·戴尔（Michael，戴尔计算机，硬件业）、杰夫·贝佐斯（Jeff Bezos，亚马逊，分销）和无数其他人那样有先见之明，预见个人计算机万亿美元的商机吗？你又会踏入个人计算机的哪一块领域？

回顾历史，一些关键的新产品都是因为科技上的突破、降低生产成本而逐渐普及的。

汽车和个人计算机出现时，都被视为矛盾产品（oxymora）。毕竟，在以马和马车为交通工具的年代，社会大众很难接受交通工具可以是自动的。同样地，在主机计算机有如房间大小的时代，谁又能预见计算机有朝一日会"个人化"？

人类并不需要汽车和个人计算机，除非自己能买得起——就像今天我们对星际旅行的需求。但是，只要这些新产品的价格变得多数人能付得起，很快就会从一项单纯的新产品摇身一变成为日常工作或生活中不可或缺的必需品。

汽车和个人计算机等这类新产品究竟依靠什么因素迅速成功？它们成为我们生活中不可或缺的一部分这其中是否有脉络可寻？了解这些产品的特点，可能将有助于预测其他有发展前景的新兴产业。

一项新兴、普及化的产业通常具有五大特点，这点稍后再告诉大家。在此先给大家介绍一下如何正确看待保健产业，并了解其未来势不可当的成长的原因。

如何定义万亿美元的保健产业

我们正处在下一个万亿美元的产业萌芽的时期，这个产业将深入我们生活的各层面，并将在五年多的时间内创造万亿美元的销售商机。但是该产业却不被大多数人所知，就像 1908 年的汽车业或 1981 年的个人计算机一样。

汽车业由于化学、冶金和金属科学技术上的突破而催生，个人计算机业则依赖物理学和二进制数学破卵而出。

下一个万亿美元产业，将期望于生物和细胞生化科技的突破。

保健产业针对的是人类生命中最奥秘的难题之一，要解决的是现存的人类的神秘现象之一——老化和生命力，科技在这方面迄今为止仍未有突破性的进展。在定义保健产业和指出其商机之前，必须先区别其和另一个利用相同科技的产业——现在达到 2 万亿美元的健康救护产业。

美国的经济总量约有六分之一，总计 2 万亿美元是来自健康救护（healthcare）产业。健康救护这个字眼并不恰当，仿佛整个经济总量的六分之一是用在疾病（sickness）产业上——字典中的疾病定义是"身体不适、不健康、系统紊乱、虚弱、状态不佳或罹患某种疾病"。

疾病产业具有被动的特点，虽然其规模庞大，但人们只有发生特别症状或患某种疾病时才会成为治病产业的消费者。没有人想成为疾病产业的消费者。

从现在起五年后，美国经济总量中的另外5 000亿美元将产生于相对不为人所知但已经产生5 000亿美元市场的保健产业——字典中的健康定义是"良好的品质或状态，尤其指以主动积极的态度追求人生目标"。

保健事业是具有前瞻性的产业。人们自愿成为保健产业的顾客，想要更健康、减缓老化的现象和避免成为治病产业的顾客。每个人都认为为预防疾病成为保健产业的客户是最佳选择。

我对疾病产业和保健产业的定义如下：

> **疾病产业**，是指出现症状后对患有一般感冒到恶性肿瘤的病人所提供的产品和服务，目的在于治疗疾病的症状最终治愈疾病。
> **保健产业**，是指出现症状前对健康人（没有疾病缠身）所提供的产品和服务，让他们感到更加健康、健美，并减缓老化的影响或防患于未然。

怎样阅读本书

在本书中我着重指出了读者应该知道的重点，这些重点解释了保健产业作为一种新产业，对于家庭、团体、客户、顾客、发明家和合伙人的重要意义。

另外，为了帮助大家通过创业、投资、销售或利用信息改变自己今天的事业方向，找到自己的领地，我也着重指出关键几点。

第一章中，我将和各位分享我对保健产业远景的看法。当我着手撰写《下一轮创富风口》第一版时，认为现有的保健产业的名词如健身俱乐部、维生素等在美国的营业额或许已达数十亿美元。让我意外的是，事实上这个营业额在2002年就已接近2 000亿美元，到2007年这个产业的营业额接近5 000亿美元。现在仍只有少数人知道保健的意义，当愈来愈多的人了解保健对提升生活质量和寿命的功效时，保健产业将会商机无限。

第二章将介绍需求的概念，以及保健需求的变化和控制性需求的增长如何发生。我会向读者介绍，为什么现今5 000亿美元的保健需求仍然不过是冰山一角，为什么这些保健新产品和服务只是美国经济总量中新的万亿美元产业的开端而已（和现有农业或医药等产业的衍生产品有所区别）。

第三章说明现有以超重和肥胖人士为服务目标的农业和食品业，产值达1.3万亿美元，而且金额还在不断增长，其结果造成美国人口的65%超重、30%呈病态肥胖症状，导致了健康危机。这些数字在过去的20年中增加了一倍，在过去的5年中则增加了7%。其他发达国家，尤其是欧洲共同体也出现了类似的情况。

第四章将指出，正是上述现象创造了我们时代最巨大的商机之一：给予消费者保健知识、提供保健食物和今天食物所缺乏的维生素和补充品。

过去的保健和疾病产业有很大部分和健康息息相关。20世纪初，由于疫苗接种技术和抗生素技术的突破，使得千年以来的人类顽疾得到了预防与控制（例如天花、伤寒、肺结核、小儿麻痹）。不过，这些已经都是陈年旧事了。

美国现有约六分之一的成年人从事健康医疗产业，绝大部分着重于治疗疾病而不是预防疾病，这是因为该产业对那些研发治疗产品的公司更加有利可图。

上述情况也是由于第三方——保险公司和雇主支付了绝大部分医疗费用，在员工健康上，少有长期的财政支撑，如果你是健康救护产业那六分之一的一分子，本书第五章将讨论保健产业中对于医疗专家可以掌握的不断扩大的创业机遇。因为提供人们自愿且买得起的产品和服务，要比提供第三方埋单且人们没有选择不乐意接受的官方治疗方式，更有发展前景。

第六章将说明为什么现有的雇主付费的健康医疗制度正处在崩溃边缘，该如何应对以求保护自己和自己的家庭。虽然从 20 世纪 90 年代初开始美国经济就持续不断上升，但个人申请破产的案件，从 1990 年的大约 75 万件剧增到 2000 年的 200 万件，其中大部分是因为无力承担家人庞大的医疗费用所致。每年大约 100 万户的美国中层和上层家庭由于疾病产业的费用而被迫破产。

第七章将描述如何脱离目前的疾病导向的体系（即在今天获得永久的、可更新的、健康导向的健康保险）会在一年中节省出数千美元，用于支付投资于有关自己长期健康和活力的保健产业的产品和服务。

将现在用户采用的雇主付费且只针对疾病的健康保险，转变为健康导向的个人和家庭健康保险，这是保健产业中最大的创业商机之一。

今天一些产业的发展似乎让人振奋，但比起即将兴起的保健产业就是小巫见大巫了。正如 1908 年的汽车和 1981 年的个人计算机，最好的新产品和服务仍在实验室里发展，几年后将会走向市场。今天，可以通过检测一个人的 DNA，推测出人们患某些疾病的可能性。现在，同样可以利用一个便携式的激光装置间接读出人体的抗氧化剂和其他维生素的水平。利用这些信息，一个善于捕捉商机的保健产业企业家就可以开发特定的以运动、食物、维生素和补养为基础的疗法，这也伴随着客户生命质量和数量的提高。刚刚过去的几年所取得的这些突破只是一个开始。

即使是眼前的商机巨大，但与将要到来的商机相比还是小巫见大巫——因为我们处在即将破译基因老化的密码的时刻，一旦我们破译该密码，保健产业在销售上因此产生的产品和服务将处在最前沿的位置。

以新科技为基础的所有产业，能真正从中获取巨大利润的是经销商，而不是发明者。部分原因是在日新月异的科技领域，就像今天的 CD-ROM 就是明天的八声道录音带，只有经销商不会沉醉于某种特定的科技，而能随市场变化及时推出更新和更有效的产品。但最主要的原因还是第八章探讨的。

今天绝大多数零售产品的销售费用约占成本的 70% ~ 80%，这足以解释为什么世界最富有的富豪，都是从事销售事业，而不是制造产品的人。

第八章同时也指出，近年分销的性质已有很大改变，从纯粹销售产品的实体经销（Physical Distribution），转换成传播产品信息的知识经销（Intellectual Distribution）。山姆·沃尔顿（Sam Walton）20 年前利用实体经销销售商品给需要的顾客而成为世界首富。但是，最近杰夫·贝佐斯（亚马逊网站公司的创始人），因为销售连客户自己都不知道的商品，而荣登 1999 年《时代》杂志的年度风云人物（Man of the Year）。新兴的保健产业恰恰符合这种特性：产品和服务的多数成本在销售，且绝大多数的潜在客户还不知道这些产品已经出现。

对于本身不是医生、保健专家或有经验的商人的读者来说，可能会反问自己在保健产业中如何找到创业的最佳位置，处在该位置不会拿自己的积蓄和工作做赌注。对于上述读者中的绝大部分和经验丰富的商人来说，直销是从保健产业赚钱的绝好起点。正如第九章所解释的，读者可以从少于 100 美元的投资开始，将其作为自己的兼职工作，直到自己的事业开始起飞。即使读者发现直销并不适合自己，但从长远来看，读者也可以将学到的技术和领导方法运用于其他领域。

假如我在 1845 年告诉你，加利福尼亚州将在 1849 年掀起淘金热，除非你知道矿脉所在，否则就算你有满脑子的发财梦，抵达加州后辛苦卖命工作，仍可能一无所获。事实上，一辈子寻求黄金、希望发财致富的矿工很少如愿以偿。在加州淘金热中致富的人，都是利用自己在其他领域的技术和关系，提供淘金客所需的产品和服务，例如亨利·威尔斯（Henry Wells）和乔治·法戈（George Fargo）就是设立威尔斯·法戈公司（Wells Fargo Company）专门提供矿工金融和快捷运输服务而发财致富的。

我们每个人活了大半辈子，都有自己的天赋、专业技能和人际关系，到目前为止，我们正利用上述能力从事我们自己的工作。第十章将告诉你，如何在这即将来临的1万亿美元的健康产业中抢占一席之地。

不管是提供保健服务，还是销售产品，或直接投资创建保健公司，都可以说是商机无穷，但我们最好致力于能发挥手中现有资产的领域。

未来明星产业的五大特点

最成功的发明家和企业家，知道怎样区别昙花一现的流行和长期的趋势——我承诺告诉大家关于未来明星产业的五大特点。首先让我们看看这五个特点，然后联系正在兴起的保健产业仔细分析每个特点。

大多数人认为，1908年推出T型汽车的福特是汽车发明者，可是，那时汽车作为有钱人的娱乐工具已经存在了数十年[①]。用福特自己的话说："自己真正的发明是利用各种新技术来生产汽车，这种汽车价格非常低廉，人人都能买得起。"

收音机、电视、餐馆、飞机旅行、留声机、DVD、传真机、个人电脑、掌上电脑、电子邮件和其他许多发明创造已经无处不在，并且改变了我们的生活方式。这些东西的发明和生产经过大体与汽车相同。

以上产品，例如汽车，开始出现的时候只有富人买得起。一段时间以后，由于生产技术的成熟，变成工人阶级能够买得起的产品，变得无处不在。为什么它们变得如此流行？除了最初富人享用之外，这些产品和服务后来又融入了什么其

[①] 像大多数企业家一样，福特创业之初并没有获得成功。1899年福特建立了自己的第一家汽车公司，该公司最后倒闭了；1901年福特建立了自己的第二家公司，同样以失败告终；今天我们熟悉的福特汽车公司，是福特在1903年创办的，该公司在1906年也差点倒闭，原因是福特在决定生产价格低廉的T型汽车之前，在汽车表面材料升级上脱离了人们的购买能力。

他元素？

这些今天无处不在的产品和服务从奢侈品变为大众消费品之时，都具有以下五个鲜明的特点。

经验丰富的企业家和投资者在投身于一项新的拥有大规模市场的事业时都会先寻找存在于产品和服务之中的以下五个特点：

1．价格低廉；2．自我推销；3．持续性消费；4．老少咸宜；5．消费耗时短。

1. 价格低廉。

1976年录像机开始出现，每个家庭都想拥有一台，但是每台1 500美元的价格，让多数人望而却步。随着产品生产技术的成熟，每台录像机的价格降到不到100美元，因此大量的录像机被售出。到1990年，美国1.1亿家庭拥有1.21亿台录像机。同样的现象也出现在DVD播放器、iPod音乐播放机、卫星GPS定位系统上——只不过20世纪录像机在14年内才普及化，在21世纪这些产品只需14个月。有些物品，例如汽车或单身家庭住房，即使技术进步也不能使产品便宜到人人买得起，但新的产业——消费信贷——消费者按月分期付款，可以使他们拥有这些产品。

2. 自我推销。

不用大量的市场营销便使产品和服务普及化，除非产品能自我推销——一旦一定数量的人拥有某种产品时不用推销，该种产品有自己走下货架的能力。汽车、电视和个人电脑就是该类产品，一旦人们看到其他人正在使用该类产品，立刻也想拥有它们。市场营销"墓地"中堆积了大量的产品，这些产品在促销停止的那一刻销售也停止了。

3. 持续性消费。

今天要让消费者尝试使用一种新产品，大约要在广告和促销上花费100多美元，这仅仅是检测消费者是否喜欢该种产品。如果消费者确实喜欢该种产品，保证消费者继续购买是产品生产业和服务业成功的不可或缺的一部分。以电视和收音机为例，持续性消费产生更多的广告销售，产生更多精彩节目，进而创造更多的电视和收音机消费。一名消费者可能每五年花费 100 美元买一台摄像机或 DVD 播放器，而每一台摄像机或 DVD 播放器每年在销售和出租以前录制的电影又会创造数百美元的利润。人们买了新的个人电脑，随后他们就想要一台新的打印机，一台更好的主机和速度更快的互联网连接等。无处不在的产品要想成功必须是能将持续性消费的。

4. 老少咸宜。

今天要使消费者花费大量金钱购买某种产品和服务，必须是人们了解之后，都有拥有的欲望。今天人人都想要汽车、收音机或个人电脑，但并不是人人想要皮艇、山地车或者豪华游艇。可是一种商业受到大众欢迎并不意味着有一种全球通用的产品——人人有自己的需求，这种需求必须有一样的产品体系来满足。亨利·福特最初通过生产单一的 T 型车，使 T 型车的生产成本大大降低，以致福特经常沾沾自喜地说："你可以选择一种你喜欢的颜色的车子，但目前我们只有黑色的。" 20 世纪 20 年代，针对拥有福特 T 型车的人们想要购买更高质量的产品的需求，通用汽车公司通过生产消费者自选颜色的汽车，每年更换车的款式来刺激需求等方式吸引了更多的消费者，因此福特在与通用的较量中败下阵来。

5. 消费耗时短。

今天某种产品和服务要变得流行，消费耗时短是最大的挑战——忙碌的消费者必须有时间来享受产品。今天大部分流行的产品变成流行之时，除了可以让消费者享受之外，更主要的是节约了消费时间。汽车和喷气式飞机让出行更快；相比去电影院看电影，摄像机或 DVD 使消费者花费的时间更少（吃晚饭时欣赏自己最喜欢的节目，增加全家共处的时光）；用个人电脑写信远比用打字机省时。

保健产业是不会消逝的明星产业

直到最近许多保健产品和服务都只有富人才能享受。20 世纪 90 年代，当我在太平洋沿岸的加州巴利沙达斯（Pacific Palisades，California）建造海边住房时，开始注意到有钱有势的邻居们对食品和保健都很讲究，从那时开始，我意识到保健产品和服务的存在。我成为一名保健消费者之后，发现离开自己的上层社区后，要想获得自己需要的产品和服务非常困难——无论是从餐馆所能提供的保健食品还是旅馆所能提供的锻炼器材。

今天，情况正在发生着变化。餐馆竞相提供保健食品，更多新的锻炼场所营业，愈来愈多的维他命和补养品在主流广告上被吹捧，但是情况已经变化到保健产业已经准备好从高端消费普及到大众阶层了吗？为了回答这个问题，让我们仔细观察一下流行产品的五大特点，然后再看看保健产业与这五大特点的联系。

第一，保健产业的产品和服务是否价格低廉？以前吃到新鲜健康食品的唯一方法是自己下厨。餐馆不是提供昂贵的口味重的菜肴，就是提供经过包装加工过的食物。今天，保健食品不仅在专门的保健餐馆中可以买到，而且在大部分的餐饮店也可获得，因为大部分的餐饮场所在自己的菜单中添加了实惠的保健补养产品。同样，降价风潮也发生在保健产业的其他领域：私人教练在固定场所一个小时教数十人，不像以前在私人别墅里专教一个名人，高质量的维他命和补养品现在可以轻易获得，也不像以前需要自己搅拌混合。另外，在第七章中我们还会谈到，保健产业的产品和服务价格低廉，新的健康保险计划已经出现，这会让需要保健的消费者和工人每年每人有数千美元投入到健康消费中去，或者为将来的治病和保健节省费用。

第二，保健产业的产品不用促销而自己"长腿"自我推销走下货架了吗？每一次，成功的保健人士干体力活或减肥之后谈到自己的年龄，他们的同事和朋友都会好奇，究竟有何灵丹妙药让他们看上去年轻、强壮或者保持好身材。一旦遇到这些问题，他们都会给出相同的答案，那就是保健产业的产品和服务。

保健产业的产品和服务可能有所有产品和服务的最强壮的"腿",只要人们注意到某些人有了一种保健消费的成果,其他人会立刻效仿以期获得相同的效果。

第三,保健产业的产品和服务是持续性消费产品吗?就其性质而言,维生素、锻炼、食物和其他保健产品和服务可能是我们经济中最具有持续性消费的产品和服务。一旦消费者发现某些产品对他们起作用,他们会成为该种产品和服务的忠实消费者,而且会尝试其他的保健产品和服务。例如,一旦人们开始锻炼身体减肥,自然也会开始服食一些饮食替代营养品,寻找更加健康营养的菜肴。

第四,保健产品和服务受到大众欢迎认可吗?一个人无论现在多么健康,都会希望更加健康,因为人们对健康、健美的追求是无止境的。保健产业为解决人类的衰老难题提供方案,而不仅是告诉正在衰老的消费者接受自己每况愈下的健康状况。

正如第二章所述,现代经济的增长依靠的是消费者将他们增长的税后工资花在奢侈品上,而这些奢侈品不久会变为必需品——被消费的这些产品和服务在消费者出生之前并没有出现。可是,最近关于这类新产品和服务的研究显示,这将限制未来经济的增长。

绝大多数的奢侈品,无论是哈雷摩托车还是家庭花园除草机都有一个共同的缺点:它们需要花费时间来消费,这是现代生活中最大的忌讳之一。消费者每年拥有的税后工资越来越多,但是拥有的消费时间越来越短。相比过去"空闲时间多"和"工作工资少"的生活状况,今天绝大多数阶层税后工资与拥有的空闲时间成反比。

几年前,如果问某人为什么没有买某种产品,最常见的回答是买不起。今天最可能的情况是一周或一月前买的新产品,到现在也没时间去享用。

另外,今天不断增长的消费需求中不断上升的是娱乐业和服务业,而不是身体力行的产品,那些耗时消费的产品,无论是按摩还是豪华旅行或是歌剧票,在需求上都有限制——它们受一天 24 小时和一年 365 天的限制。一些消费者坦承今天使他们时间受到限制的主要是休闲活动而不是工作。

由于非货币因素的影响，现代经济可能停滞，除非现代科技能产生新的产品和服务，而这些产品和服务并不需要花费时间来享受。

保健产品和服务可能代表了唯一不需要时间享受的消费部门。用于这方面的金钱会使一个人感到更强壮，更快乐，更年轻或更健康，无论在工作中还是在家庭生活中时刻都能享受快乐。

保健产业会像汽车或个人计算机一样改变我们的生活，这一点毋庸置疑。在我向读者和企业家介绍如何从具有巨大增长潜力的明星产业和终生产业中获益之前，首先让我们看看保健产业的历史及它为什么会普及。

第一章
我们为什么需要一次保健革命

首先，让我们看一下革命的定义：

a：一次突然的、激进的或完全的改变

b：在政治组织上一次彻底的变革

c：在一定的社会经济条件下，为了产生根本性的变化而采取的特定的行为和行动

d：思考方式或观察方式的彻底改变：范式的改变（哥白尼式的革命）

e：在工具使用或偏好上的颠覆，尤其在技术领域里（计算机革命）（外国车革命）

17世纪的英国作家约翰·米尔顿（John Milton）认为，革命是社会反抗无道暴君的权利，可以打造一个反映民意的新秩序。对米尔顿来说，革命是实现自由的手段。

18世纪的德国哲学家康德（Immanuel Kant）相信革命是人类进步的原动力，是奠定社会更高道德基石的"自然"步骤。

19世纪的德国哲学家黑格尔（G. W. F. Hegel）则认为革命是人类的宿命，革命领袖是煽动和执行革命不可或缺的。

这些关于革命的真知灼见也适用于保健革命。

企业家和革命家都是天生改造环境的人。他们认为需要改变现状，也都愿意冒险尝试，享受改变的果实。

正在兴起的保健革命是对治病和食品工业"暴政""专制"的反应，是对人类需要自由选择保健产品的一种满足。健康是我们的宿命和人类进步的自然步骤。如果能延长自己健康的寿命，你就能完成你想完成的任何事情。

保健革命领袖就是推广和普及健康的企业家，是推动保健产品和服务的发明家，是让全社会了解最新保健信息的从业者和销售商。自己能选择成为这个新兴产业一名领袖的途径。

革命和创业的过程通常来源于灵光乍现，往往受到某个人的启发而踏上追寻革命之旅。每个人的灵感来源各有不同，有人可能从这本书的内容中得到灵感，有人是因为自己或亲人的一场疾病而有切身之痛。我的灵感则来自1996年的一场演讲。

保健产业如何成为我的事业

在我成长的 20 世纪 50 年代，几乎 95% 的日常生活都围绕着经济议题。我父亲每天清晨 5 点半出门工作，晚餐后回家时刚好看见母亲哄我们兄弟上床睡觉。父亲每周工作 6 天，周围邻居和亲戚也都过着相同的生活，除了那些不幸失业的人。虽然每个人整天嘴上离不开经济话题（如何赚钱、到哪里找工作），但对如何赚钱致富却一筹莫展。这是我立志成为一名经济学家的

· 第一章 我们为什么需要一次保健革命 ·

原因：找到致富的方法——这些对我生活的圈子至关重要——无论是对我的父母亲、亲戚还是好友①。

25年后，我在中西部的一场演讲中才发现入错了行，为了寻找致富方法而选择成为一名经济学家是欠考虑的。

1996年9月7日星期六，我准备在印第安纳波里斯（Indianapolis）的RCA体育馆内面对4.5万名听众担任主讲人，讨论我的新书《上帝要你富有》（God Wants You to be Rich）。正准备上台之际，有人递给我一个装着演讲费的信封，这45分钟的演讲费比我刚从沃顿学院（Wharton）毕业时到花旗银行的年薪还多。

我应该对此感到自豪，但心中却涌起一丝罪恶感。看到大批等着进入礼堂的听众，我觉得自己仿佛是讹诈他们的骗子。

像多数美国人一样，听众当中，有一半人身体不健康和超重，从他们无精打采的脸庞和粗胖的腰围，可以看出这是饮食和不良的生活习惯造成的。除非他们先学会照顾自己的身体，否则我所要谈的经济将提高生活品质的内容，只是空谈。

刹那间，我心中涌起一股莫名的冲动，想放弃原先准备的演讲稿，即席告诉听众良好的健康是比金钱更重要的一笔财富，但我还是临阵退缩了。我不想得罪主办单位，而且说真的，当时也不知道该怎么做才能让大家永葆健康。

第二天一早搭机返家途中，我开始思索这个问题：为什么一些精明的人在生活其他方面懂得如何花费金钱和时间提升生活品质，却独独对眼前最迫切需要改善的健康问题视而不见？更重要的，一个不健康和超重的人，该如何着手控制自己的生活？

---

① 1971年，当我开始上大学选择研究经济学时，世界上一半区域是社会主义，各国领导人都争论到底是社会主义好，还是资本主义好。在美国，对于是美国政府还是私人企业应是社会公共服务（无论是邮政还是电话服务或是火车旅行）的唯一提供者上，人们产生了分化。

为什么我们需要一场革命：巨大需求划分出两种国民[①]

我在星期天早上10点到达洛杉矶，接着赶到太平洋巴莉莎塔（Pacific Palisades）去见装潢我的海边住屋的承包商。我们站在外面讨论施工细节，看到邻居以慢跑或骑自行车方式前往海滩，他们个个显得健美健康，这令我感到惊讶。这和我在印第安纳波里斯看到的听众简直有天壤之别，这些邻居好像是另外一个星球的居民。

从那个星期起我开始研究与此书有关的各项议题，想到一个经济学家必须动笔写保健和体重的文章，就变得很兴奋。

我很快发现许多人不健康和肥胖的原因，和经济学的关系远大于生物学。

令人难以置信的强大经济压力阻止人们控制自己的健康甚至促使人们增肥——这种力量如此强大，除非有一场革命，否则这种力量不可阻止。

对于许多人来说，在了解目前年销售额1.3万亿美元的食品业和2万亿美元的疾病业占美国经济总量1/4之前，让他们去减肥简直是天方夜谭。

我发现肥胖和不健康对一个人的影响绝不仅限于外表。在千禧年，原本的种族和性别歧视变为历史，取而代之的是以个人体重和外表为基础所形成的新歧视。过去，我们常常把贫穷和瘦弱、富裕和肥胖联想在一起。然而，今天多数的患有肥胖的人却是经济阶层中相当弱势的一群。

富有的肥胖病人已经成为过去，贫穷和肥胖成为了同义词。

[①] 1845年，未来英国首相本杰明·迪斯累利（Benjamin Disraeli）避免了英国分化为两个国家，这两个地区好像各自是不同地区的居民或来自不同星球的居住者。

第一章　我们为什么需要一次保健革命

令人难以置信的是，尽管我们正享受人类前所未有的经济繁荣，全美却约有 65% 的人口超重，病态肥胖者也高达 30%。这些数字在我写完此书的第一版之后短短五年间（从 2002 年到 2007 年）就增加了 7%—10%。

今天，个人的体重和外表就像 19 世纪家族的姓氏和出身，代表人们的社会地位和经济机会。

一个肥胖的人，不是指超重 15 磅，而是病态的肥胖，不但找工作不容易、人际关系难处理，甚至对日常生活所需的最低体力要求也显得力不从心。

即使体重标准的人也有很多身体不健康而自己不知道。现代医学向大家灌输一种观念，即人们一旦上了年纪，就免不了疾病缠身：头痛、肠胃不适、身体疼痛、疲倦、关节炎和其他各种常见的疾病。其实，这些病态和超重、肥胖一样，都是糟糕的饮食习惯所致。

经济发展怎样助长肥胖和营养不良

社会大众都把肥胖和营养失衡怪罪于经济发展。产值达到上万亿美元的食品业利用精心设计的广告信息，对大众进行疲劳轰炸，引诱大家吃下愈来愈多的垃圾食物。

有意领导或加入保健革命的企业家，了解今天的食品业运作模式是极其重要的。

通用食品（General Foods）和宝洁（Procter & Gamble）这类包装食品公司都雇用一批最优秀的人才，专门研究消费者心理和各地区的人文特点。他们在推新产品上市前，总是恪守一条不成文的营销法则：相同的产品，推销给现有的客户比新客户更容易。换言之，让一位每个月吃四包土豆片的常客买一包新的土豆片，比说服一位从未吃过的客户买一包，容易多了。

像荷斯蒂（Hostess）的云奇、奥利奥（Oreo）饼干和麦当劳欢乐餐（McDonald's Happy Meals）这类加工产品的销售量大都遵循业界所谓的"土豆片营销法则"，根据该法则，90%的销售量都是靠不到10%的客户消费。然而加工食品业中10%的受用者，大都是体重超过200磅和年收入低于3.5万美元的人。以超重客户为目标的生意的确有利可图，因为这群不幸的人每餐的消费量大约是正常体重者的两倍。

每家食品公司都会把这10%的客户当实验室里的老鼠般仔细研究，也就是所谓的目标市场(target market)。他们利用消费者调查找出客户的喜好、厌恶、希望、梦想、偶像和欲望。偶尔邀请高消费的客户加入关注群，请他们试用新产品、观看广告片和提供意见。

只要能触动目标市场的心理因素，厂商绝不吝惜花大笔钞票。如果该客户群喜欢某位演员或歌手，不久这位明星就会出现在收音机或电视上促销产品；如果该目标市场喜欢某种外观、感觉或生活形态，一群风格大师和设计师就会驾临摄影棚。消费者就像被猎人在近距离内看得一清二楚的驯鹿，毫无逃脱的机会。

有时候，这些年薪20万美元、负责营销的主管会因为参与这种残忍的过程而良心不安。有些人不愿意出席关注群的访谈。他们宁可选择仔细阅读锁在办公室保险箱里的报告，也不愿意直接面对未来的受害者。不妨想象这些主管在家里的闲聊内容："我今天访谈了十位几乎没有体力参加关注群的200磅妇女。"或者他正和家人吃着晚餐时说道："如果我能让这组人再多消费一些公司的土豆片，4月份每个人胖到210磅时，我就可以达到第一季的销售目标，到时候就可以领一笔奖金带全家到巴巴多斯（Barbados）度假了。"

这位主管说这番话时，嘴里可能正吃着健康餐。

垃圾食物文化中最让人不耻者之一是广告代言人，他们在表面上极力

推荐该种产品，私下里却从来不碰这些食物。

另外，今天许多人饱受情绪变化无常和疾病反复侵袭之苦，无论是脾气暴躁、忧郁症还是癌症，和冷冻比萨、低脂饼干一样，都是垃圾食物公司的产物。

这些食品公司的恶劣行径还不只是将产品瞄准低收入、不健康、超重的消费者。一旦目标群体上钩成为产品的顾客后，公司里的化学家就会保证让这些消费者继续吃其他类的产品。

举个简单的例子，我给你一个苹果、一根香蕉、一根芦笋或其他的天然食物，当你吃下两三口的苹果或香蕉后，你就会想尝尝其他食物，因为每咬一口，味蕾感觉的乐趣就减少一些。但如果我给的是巧克力棒、麦当劳的法式炸薯条、一听可乐或其他加工处理过的食物，你就会常常渴望吃下更多同样的食物，因为化学添加剂对你产生了作用，让人想一吃再吃。这种化学变化导致饮食过量、助长肥胖，并且破坏味觉寻找多样化食物的天性[1]。

人体每天需要摄取 13 种重要的维生素[2]，其中多数是体内无法自己制造的。这些维生素和其他矿物质是维持身体每天数百万种化学反应不可或缺的要素。只要每天吃下多种新鲜蔬菜和水果，就足以吸收每天所需的营养元素，而且人体会自然设定寻找身体所需的各种天然食物。但多数美国人因为吃加工和快餐食品而在身体内发生的化学变化，使身体连每天所需的最低量的维生素和矿物质都达不到[3]。

---

[1] 在家中仍然有几张相片，上面我们四个年轻的孩子常常在手里拿着蔬菜和水果。他们手中的蔬菜和水果各不相同，因为各自爱好的口味各不相同。

[2] 维生素一词由波兰生化学家芬克（Casimir Funk）在 1912 年提出。他发现了人体中不可或缺的四大氨基物质，他称之为"与生命有关的胺"或"维生素"。后来，科学家找出 13 种人体需要的重要维生素，但发现并不是所有都有氨基物质。

[3] 这些缺陷产生的另一个原因是我们越压缩自然食物——主要是为了形成品牌和防止变质——食物中的维他命越少。另外，其中一些维他命的吸收还必须同其他的食物一起食用。

人体一旦缺乏这些营养，短期内会出现心神不定、体力不济、关节痛、视力减退、听力丧失和其他数千种疾病，这些都是医学上告诉我们年纪增长人体衰老必须接受的事实。长期而言，则会导致癌症和心脏病等重大疾病。

20世纪美国的烟草公司通过改变产品的化学成分以增加消费量，让青少年沉迷于特定品牌的烟草，创造终身的顾客。最近的立法已限制主要的烟草厂商利用这些手段促销香烟，但他们不会辜负自己累积多年的专长，于是他们购买知名的几家食品加工公司。全球最大的烟草公司菲利浦·摩里斯（Philip Morris）公司买下了几家最受孩子们喜爱的加工食品品牌，包括奥利奥饼干（Oreo）、瑞兹饼干（Ritz）和莱夫糖果（Life Savers）。由此，菲利浦·摩里斯公司生产的产品包括奥斯卡梅尔培根（Oscar Mayer）、波斯特（Post）麦片和费城奶油奶酪等，成为全球仅次于雀巢公司（Nestle, Inc.）的食品公司。2003年，菲利浦·摩里斯公司更名为Atria公司，目的在于防止消费者发现卡夫食品公司和其他儿童食品品牌原来和生产万宝路（Marlboros）和维珍妮（Virginia Slims）香烟的是同一家公司。

行销怎样引发疾病

我研究医疗产业后意外发现，和大型跨国医疗公司的恶行比起来，这些食品公司简直是小巫见大巫。我清晰地感觉到，经济学家应该写文章宣传如何得到良好的医疗照顾和健康生活方式所需的食物。

病人看病时，总认为医生会针对他们的病情开最好的药或给予最好的治疗，其实不然。

有意领导或加入保健革命的企业家，了解今天的食品业运作模式是极

第一章 我们为什么需要一次保健革命

其重要的。

就像肥胖消费者是食品公司的目标市场，医生则是医疗和制药公司的目标市场。

病人所吃的药或接受的治疗，基本都是医院、健康保险公司，有时甚至是医生最有利可图的治疗方式，未必是对病人最好的治疗方式。美国各地的医生对相同疾病开出的处方截然不同，这完全取决于哪一家药品公司在他们的区域有支配性的市场占有率。

今天的医疗科技和药品的发展可以说突飞猛进，往往医学院的学生一毕业，原有的医学知识就已经过时了。在实践中，执业医生是从被称为详情员（detail person）的特殊销售员身上学的最新药物和治疗方式。所谓"详情员"就是"迷人、高薪，年轻异性"的委婉代名词。"详情员"大方地送出免费试用品，并按照医生和其同事促销该公司产品的金额多寡，给他们提取巨额回扣。医生和他们的家人经常收到出席高级餐厅、游轮和免税的观光旅游招待的邀请。他们在那里利用纳税人的钱"学习"更多的关于新产品的知识。

虽然全球各地处方药的药品公司指出，药品价格昂贵是因为研发成本很高，但实际上药品公司的营销费用远远高于研发成本。另外，药厂推出新药所需的研发费用，有一大部分来自联邦政府通过对大学、医学院和国家健康局（National Institutes of Health）的补助。

当保健消费者支付昂贵的处方药时，药费中也包含着药品公司的营销费用，药品商用这笔钱利诱医生在处方笺的格子上勾上"DAW"——按所写配药（dispense as written），意思是说这张处方要用比较贵的品牌药（brand drug），而不是其他90%处方常用的价格较低的学名药（generic drug）。药品公司的利润通常来自过时的品牌药，这些药都是病人多年前第一次发病时所开的，而后长期需要服用的药。药品公司会尽量避免告知客户和医生，市场上最新的改良药，因为药品公司担心病人要求医生更换处方内容时，会将现有的客户拱手让给竞争品牌。学名药有时候比品牌药更安全或更有效，因为学名药使用普遍，因此包含最新的改良配方。

教育消费者如何正确服用处方药就蕴含巨大的商机：如何取得更有效、更便宜、副作用更少或三者兼备的不同处方药。

近年来，药品公司与食品公司一样聘请广告公司，以形象广告直接向消费者宣传。这些广告的处方药虽然只能依照医生的处方合法调配，但病人已认为这种药品是良药，而要求医生开"DAW"处方，如果医生拒绝，这些病人大不了另找一位愿意配合的医生。

可悲的是，绝大多数医生已经沦为大型跨国医疗公司的产品和服务的"技术分配师"，这些公司在利润和病人利益的天平上，总是将利润置于更重要的位置。

以上种种行为导致美国的药价奇高，以至于每年大约有22%的处方药是病人无力负担的。美国65岁以上老年人每个月要在处方药上花300美元，成为最大的个人开销，数百万人被迫在买食物或药物之间做艰难的抉择。一般医疗保险支付医生的诊费，通常不包括处方药。

此种和其他数百种现象使发达国家医疗救助制度面临两个深层次问题，这两个难题基本是经济面而非科学上的问题：

1. 对医疗提供者而言，生产消费者一生都需要的产品，比生产只使用一次的产品更有利可图。这意味着研发经费将用在治疗病症而不是根治病因的产品研究上。

2. 支付医疗费用的第三方——保险公司和最后付钱的雇主，与员工的健康没有长期的财务利害关系。大多数个人几乎无须直接负担或支付很少的医疗费用，而且几乎所有预防疾病的费用（例如健身、维生素、营养补给品）都不在理赔范围内。

正如我将在第六章中指出的，美国健康保险制度的付费方式缺乏实用性，整个制度设计成让最穷的人去承担最多的成本。

看不见解决方案

我研究愈深入就愈觉得心烦。因为对于困扰全国多数人口的肥胖和健康不佳的难题，眼前似乎找不到任何答案。

虽然年产值 1.3 万亿美元的食品产业（多数问题的根源）和年产值 2 万亿美元的医疗产业（只治疗病症，以便让目标顾客返回工作并能继续消费），并没有直接共谋，但两者都攫取庞大的经济利益，仿佛事先串通好让美国消费者掉入这最凶险的旋涡中。

年产值 1.3 万亿美元的食品产业和年产值 2 万亿美元的医疗产业由数千家公司组成。这些公司都遵循着经济法则，从而步调一致地行动，好像是一个巨大阴谋机构的一部分。

从微观经济层面而言，只要消费者每次获得控制健康的真实信息，食品和医疗产业为了保障自己的利益，就会操纵一些对消费者不利的信息。

例如，早在 1990 年之前，消费者就已经知道摄取过多的热量是肥胖的主要原因。20 世纪 90 年代，当社会大众认识到饮食中的脂肪含量是热量的主要来源时，食品产业立刻做出反应，推出诱人的低脂和脱脂食物，利用广告告诉消费者现在想吃多少就吃多少，不用担心身体发胖。食品业者更进一步重新包装不含脂肪的产品，像是裹糖衣的糖果、椒盐饼干，以此显示他们推出了全新、健康、不含脂肪的新产品。

食品产业大量的广告中，并没有告诉消费者，这些低脂和脱脂的产品含有极高的糖和碳水化合物，一旦被人体吸收后还是会转换成脂肪，更不用说添加了更多化学物质的食品，长期食用对身体所造成的伤害比"致胖"产品更严重。整个20世纪90年代，肥胖病和低脂与脱脂食品的销售量同步稳定增长。

在宏观经济层面上似乎也摆脱不了食品产业的掌控。

至于如何控制我们的联邦政府、州政府和当地政府，食品和医疗产业则遵循着自己的黄金法则：给政府送金钱，政府就会制定对自己有利的法律。

食品产业的说客已经成功游说政府强制规定学校营养午餐和牛奶计划，但这只会让孩子们更难脱离加工食品的诱惑。药品公司也推动由政府赞助的计划，把数百万儿童置于危险的药物之下，以减少饮食不当的影响。在有些情况下，政府甚至威胁父母，如果孩童有所谓失常的举动，却拒绝强迫他们服用治疗多动的立得宁（Ritalin），会丧失孩子的监护权。

当初设立美国食品与药品管理局（U.S.Food and Drug Administration，FDA）本来是要保护消费者，避免消费者吃下有损健康的产品。现在却以防止内部竞争和延长药品公司某些药品的专利年限为目标，保护原本要规范的厂商。

原本新闻媒体为了自身的利益，在兼顾社会大众和收视率的情况下，应该向社会揭露这些恶劣行径，但媒体在这方面的表现软弱无力。至于消费者自身、媒体工作人员受限于信息不准确，很大程度上不了解这些问题。另外，食品产业和药品公司还是广告媒体收入的主要来源，特别是电视网的广告收入。

举例而言，医学界几年来早就知道饮用乳牛的牛奶有损健康，但每年从美国乳品协会（American Dairy Association，ADA）赚取大笔广告费的媒体对此几乎没有报道。想象一下虚伪的名人拿着巨额的广告费，在电视上弄个牛奶胡子，但自己私下里却只喝豆奶。

更令人气愤的是，这些靠长相每年捞进数百万美元的大牌演员、歌星和模特从不用自己代言的产品，而且他们的日常饮食也大都是不含加工和添加物的素食。然而，这些被社会视为健康、美丽典范的明星的经纪人却警告他们，千万不可把精致的饮食习惯透露给媒体，以免受到电视制作人的抵制，因为加工食品业和快餐店是电视台广告收入的主要来源。

虽然明知时下年轻人不只崇拜影视明星的专业技能，但今天这些知名人士大都小心翼翼避免在有争议的事件上表明立场，以免影响自己的前途。就像一位好莱坞经纪人说的，没有人希望成为"健康饮食的简·芳达"（Jane Fonda）——这位著名女星在20世纪70年代因为其有争议的"左"倾政治立场而被影迷抵制[①]。

在自由经济体制中，如果人们无法从营利组织中得到想要的东西，就会转向政府（最后手段的提供者）求助。在20世纪最后的几十年，消费者要求政府限制企业破坏环境的行动就非常成功。

但政府对这件事似乎无能为力。我们选出的官员其实和媒体一样，都是信息不正确的受害者，对于健康议题也是浑然不知。

如果你想知道政治人物对食物和健康的想法，只要看看他们的腰围和饮食内容就清楚了。我们的政治人物长期以来被食品和药品公司有效控制，所以政府现在已是问题的最大根源，而不是解决问题的求助对象。

有件事我一直想不通，虽然民主观念比以往更受重视，但却不得不承认，现在有一半以上人民生活形态受到束缚的情形，如同独裁政府或独裁者钳制其日常生活、梦想和幸福一样。

[①] 一个比较著名的例外就是天才艾丽西亚·希尔维斯通（Alicia Silverstone，生于1976年），主演过电影《无影无踪》（1995）、《蝙蝠侠和罗宾》（1997）和其他13部著名电影。尽管有许多的素食演员（布拉德·皮特、金·贝辛格、理察·基尔、亚历克·鲍德温、德鲁·巴里摩尔、保罗·纽曼、丽芙·泰勒、威廉·夏纳、大卫·杜楚尼、达斯汀·霍夫曼），但是，只有希尔维斯通女士，不惧对自己的声誉产生损害，利用自己的影响力和名人地位反对压缩和奶制食品，力图教育自己的影迷吃健康的食品。

根据我对 1996 年到 2002 年间的调查发现，美国超重和肥胖人口增加了 10%，也就是有 27% 的人肥胖和 61% 的人超重。这些数字在 2002—2007 年分别增长到 30% 和 65%。

同样重要的是，医疗产业花费在 2000 年达到 1 万亿美元。治病产业的销售额在 2006 年则翻倍达到 2 万亿美元，约占美国经济总量的 1/6，生病所需的医疗花费成为家庭破产的主要原因。

想到这些饱受折磨的人口数就不免感到难受，这 9 000 万个病态肥胖和 1.95 亿超重和健康不佳的美国人，只因为缺乏资源、信息和动力，而无法捍卫他们最宝贵的资产——健康。

每个美国人迟早都会超重，而且半数以上的人口将是肥胖和不健康的，似乎这只是个时间问题。我决定密切观察这 39% 的身体健康、体重标准的美国人的变化，看看我们还剩多少时间。

当我开始观察这 39% 未超重的人口时，意外发现保健革命的种子已经悄然撒下。

经济问题的解决方案

在我仔细观察这 39% 未超重的人口后，发现现在约几百万的美国人吃的和活的比以前健康。这群注意保健养生的人，包括社会上的平民百姓和靠长相赚钱的名人。这群人已经悄悄地采用具有革命性的健康方法——饮食、运动、维生素、营养补给品、医疗照顾和最重要的延缓衰老过程。

古希腊时代，体力、健康和美貌是一个人美德（artre）的核心，就和创造天赋、聪明、勤勉或道德感一样是优秀的要素。他们确实认为外在美是内在美的表现。今天真正致力于这种美德的是那些靠保健和外表赚钱的专业美丽人士。电影明星、脱口秀主持人、娱乐节目主持人和许多商界大亨都居住在神秘的世界里，那个世界的基本生理需求（食物、运动、维生素、营养补给品、医疗照顾和老化）从某个角度来看完全不同于多数人。

对于保健产业精英来说，在私人教练的陪同下，每一次在饭店里点菜都会有明显的痛苦和否定，但这是一个积极的，几乎是具有宗教意义的经历。

这些人在乎的是每次大运动量后的几小时感觉如何，或是午、晚餐吃什么食物后会感到更加强壮。因此，在旁人眼中痛苦的事情，对他们来说几乎是一种立竿见影的愉快体验。

起初，我以为事先考虑食物对健康影响这种革命性的方法，只是在好莱坞或西洛杉矶才有的现象，但当我进一步研究后才发现，这将是席卷全球的革命性运动。

原因很简单。每个人无论现在如何健康或健美，也绝不会满足现状，他们会继续追求。每个人都希望不管是容貌或实际感觉都更年轻有活力。然而，到目前为止，只有少数有钱人才有能力购买市面上稀少、有效的保健服务和产品。现在，这些东西的价格变得低廉而且日益普及，企业家急于推出各种保健产品和服务取悦于社会大众，以经济手段解决一个本质是经济的问题。

在我的成长过程中，餐桌上的话题总是离不开个人的经济问题，而现在餐桌上谈论的话题则愈来愈围绕着健康，该吃何种食物、服用哪些补给品、怎么运动和如何避免生病、延缓老化的症状。这仅仅是一次强大保健潮流的开端。

第一个2 000亿美元（2002年）

我开始研究撰写此书之初，有两个心愿：（1）揭发食品产业和医疗产业的恶劣行径；（2）教育大众如何才能得到健康和获得良好的医疗救护。告诉大家一个赚钱的商机并非我的初衷。

我越深入研究肥胖和疾病，就对现况越感到悲伤。越是悲伤，就越觉得大家对健康、饮食和医药使用的思考模式需要革命性转变。我预见到这场革命终将爆发，但从最初研究中我最惊奇的是发现了这场革命其实已经有很大进展。

今天新生的健康产业包括：

维生素

营养补给品

皮肤护理产品和服务

外科整形美容

自助眼科手术（激光或射线角膜切除）

皮肤美容

基因工程（性别选择和提高生殖力）

牙齿美容与重建（做牙套，移植）

预防性医药

健康储蓄账户

高回报的健康保险

健身俱乐部（包括教练）

健身和体育锻炼器材

自助处方药剂：伟哥（治疗阳痿），罗根（促进头发生长）

保健食品产品

保健食品饭店

减肥产品

· 第一章 我们为什么需要一次保健革命 ·

虽然保健产业在二三十年前并没有在经济中占显著地位，但2002年的年销售额已近2 000亿美元，相当于美国汽车销售总额的一半。

当我看到保健产业已经达到这种营业规模时，就知道保健产业已经不再是少数有钱人或专业美丽人士的专利了。我开始观察社会上什么社会群体是这2 000亿美元的主要客户，以及未来消费的潜在需求。

毋庸置疑的是，保健产业的产值在10年后将达到甚或超过1万亿美元，而且保健产业将产生21世纪的惊人财富，这笔财富甚至连20世纪90年代末期那些互联网的亿万富豪也相形见绌。

在下一章我们解释为什么会出现这种情况，同时指出保健产业的发展方向。在此之前我们应该首先了解，目前保健产业的发展状况以及为什么食品和医疗产业这么晚才引入保健的概念。20世纪70年代末，法律允许企业家说明自己的产品和服务的功效时，保健产业就真正地开始了。

今天我们的保健产业能够存在，很大程度上多亏了20世纪70年代一场具有历史意义的"战役"。这场战役由我们时代最伟大的保健革命先驱，已故的罗代尔（J.I.Rodale）发动。他是《预防》杂志和罗代尔出版公司的创立人。

罗代尔如何为保健革命开路

1954年，身为企业家和作家的罗代尔出版了《预防》杂志，它的主要内容是教育读者怎样预防疾病，而不是治疗疾病。

罗代尔得出结论，认为每天吃大量红肉和奶制品，会大大增加患心脏病的几率，而每天适量的体育锻炼，会减少患心脏病的危险。当时美国政府正花费巨资鼓励美国人民每餐吃更多的红肉和奶制品。医生也告诉患有心脏病的病人要减少或不参加体育锻炼。难怪心脏病是当时导致美国人死亡的主要原因。

罗代尔在《如何吃出一个健康心脏》（How to Eat for a Healthy Heart）和《运动不会要你命》（This Pace is Not Killing Us）两本书中写出了自己的新发现，坚信这些信息会挽救数百万人的生命。可是像20世纪50年代的许多作家一样，他的名字并未在国会议员约瑟夫·麦卡锡（Joseph McCarthy）所拟国会非美活动调查委员会（House Un-American Activities Committee）核准的名单上，因此出版商拒绝出版他的新书。

罗代尔只好自己掏钱印刷该书，并努力通过其他出版机构销售这些书，但是许多书商也拒绝销售他的新书。罗代尔毫不气馁，坚信公众需要尽快获得这些信息。因此，他在国家级的出版刊物上作了整幅的广告，允许消费者以促销价邮购他的新书。

联邦贸易委员会（Federal Trade commission，FDA）借口书中的医学建议没有科学根据，命令罗代尔停止宣传和销售这些书。对于当时宣传与政府医学建议相左的其他出版商，联邦贸易委员会也采取了相同的措施，并成功地达到了目的。

罗代尔愤怒了，他感到联邦贸易委员会的做法粗暴地违反了美国宪法中保证出版自由的第一修正案。

1955年，联邦贸易委员会计划召开听证会，要求罗代尔拿出证据证明遵循他建议的人确实降低了患心脏病的危险。罗代尔声称，宪法第一修正案给予他出版任何书的权利，因而拒绝参加[1]。

在这些听证会上，国家最有威望的医疗专家证明心脏病与吃大量的红肉和奶制品之间没有必然的联系；还证明如果按照罗代尔的建议，通过增加体

---

[1] 此案第一次听证会上，联邦贸易委员会委员菲利普·艾尔曼（Philip Elman）预测了联邦贸易委员会将采取的行动方式，他写道："国会没有允许这个委员会来控制书中非正统的想法和理论，无论是政治领域还是健康领域。我们应该记住，在上述两个领域，今天的异端邪说是明天的信条。"

育锻炼来避免心脏病,即使不会产生致命行为,也会产生严重副作用。以此为根据,联邦贸易委员会命令罗代尔停止直接或间接宣传读他的书会提高健康水平①。

罗代尔以宪法第一修正案禁止联邦贸易会管制信息类产品为由,继续上诉。他和联邦政府之间关于合法性的斗争持续了近20年,其间罗代尔几乎耗尽家财。那些年,联邦贸易委员会因为担心违宪而想与罗代尔和解。但是罗代尔面对巨大的经济困难,却拒绝撤诉,坚持联邦贸易委员会承认宪法第一修正案禁止委员会管制书籍和印刷材料的出版。

诉讼案的最后几年,罗代尔的律师引用了全国一些著名医生的新证词,令人奇怪的是,这些医学专家有些是二十年前为联邦政府提供医学证词的。随后一个接一个的"专家"宣称"当时并不知道",现在却推翻原来的证词,承认罗代尔原来的许多医学建议是有医学事实为根据的。

1971年,罗代尔在国家电视台与联邦政府官员讨论他的官司时,突然死亡。直到他确实停止呼吸之前,观看电视节目的观众还认为,罗代尔是在幽默地表演心脏病来为自己与联邦政府间的恩怨加上一分。

官司最后没有闹到最高法院。

保健革命先驱罗代尔去世后不久,美国政府改变立场,规定联邦贸易委员会不再要求信息类产品证实它们的有效性。这次政策的变化打开了保健信息自由传播之门,促使维生素营养补给品、体育锻炼和另类医药产业发展到今天这个水平,从而为以后的保健革命奠定基础。

今天,《预防》杂志拥有1 200万读者,罗代尔出版公司成为全球最大的

---

① 联邦贸易委员会委员艾尔曼在他的异议报告中写道:"对于一个自由社会来说,一个人写本书来挑战地球是平的或月亮由新鲜奶酪构成的或上帝已经死了,即使没有官方机构所要求的那些确凿可信的证据来证明他的判断,也代表了这个社会的繁荣进步。在任何知识领域,无论是健康领域或其他领域,假定所有的答案已经存在是非常大的。"

健康导向的出版公司,每年发行100多种新的保健出版物,销售量达2 000万册。

今天,罗代尔公司和像你一样以科技为基础的企业家们面对的最大挑战之一是,人们对新事物的自然排斥和不了解,尤其是当这种新技术要求人们重建自己的信仰时,排斥反应更大。

我们为什么经常排斥新想法

了解人类排斥行为产生的原因,知道如何消除这种反应,对渴求成功的企业家至关重要。

人类对宗教和科技知识的渴求其实是人类对生活规律渴求的反映。一旦人们认为自己发现了规律,即使面对不可反驳的证据,也会冒天下之大不韪,捍卫自己的信念。例如,大约公元前4世纪之前,人们都认为天空中出现神秘的光是因为诸神在天空漫步。事实上,"星球"一词来自于古希腊文"漫步者"。多数人用该词是说明当时人们对日常生活中不能理解的自然现象的。天神(星球)在天空中漫步,这促使庄稼生长,天空降雨,导致人们生活中的喜怒哀乐。

古希腊哲学家亚里士多德(Aristotle)反驳了这种信念。他认为事物中包含着规律,人们可以理解并且应用,使自己的生活有规律,尤其在了解季节和季节对农业生产的作用时。公元前340年,他提出理论认为行星和天空中其他物体不是诸神,而是围绕静止的地球周期性旋转的简单球体。

虽然亚里士多德的"地球中心说"认为地球而不是太阳是太阳系中心,这在根本前提上是错误的,但是这种学说为以后1 800年的文明发展奠定了基石。回首过去,我们看到这个学说能持续2 000年并不奇怪,因为它与我们感官认知完全符合。毕竟站在地球上,看到的每个物体确实像在围绕我们转动。

但是,亚里士多德的地球中心说将地球置于宇宙的中心位置,这并不正确。大约每过100年,罗马就会在7月份下雪,教皇必须将日历调回6个月。因此,许多天文学家要求去创立一种关于宇宙的新历法,不但要更准确地反映月份又要能预测出季节的更替——通过新历法可以极大地提高农业和经济产值。

直到16世纪初期,波兰天文学家哥白尼(Nicolaus Copernicus)成功地创立了新历法。通过计算数学方程,哥白尼发现太阳居于太阳系的中心,天空中的各类天体,包括地球,都围绕太阳转动。幸运的是,1543年他死后,他的《天体运行论》一书才出版。五十多年以后,他关于宇宙的太阳中心说才为人所知。

1609年,意大利数学家兼天文学家伽利略(Galileo Galilei)开始利用自己发明的天文望远镜观察星空。他观察到是太阳而不是地球是宇宙的中心,于是他写了一篇关于哥白尼理论的论文。这篇论文用通俗的意大利语而不是传统上的拉丁学术语言写成,因此平民百姓也读得懂。此论文引起了对太阳中心说的广泛支持。

但是,支持的人们大部分来自教会体制之外,体制之内的反应却大相径庭。伽利略受到学者和神学家的恶毒攻击。1616年教会以死刑相威胁,命令伽利略绝不能再"以任何方式保持、宣传或者维护哥白尼的理论"。7年后,1623年,伽利略的儿时好友巴贝里尼(Maffeo Barberini)成为教皇乌尔班八世(Pope Urban Ⅷ)。倚赖于与教皇的友谊,伽利略又开始写关于太阳中心说的理论。这次教会的反应非常迅速,他们命令伽利略跪在宗教裁判所门前并且放弃对太阳中心说的信念。可能是他与教皇的友谊避免了在火刑柱上被烧死,但教会借口他违反了1616年的命令,判处其终身监禁。他的作品一直列在《教皇的禁书名单》(*Index of Prohibited Books*)上,直到1992年罗马天主教会才正式重审该案并承认当时自己的错误。

回首过去,似乎很难理解教皇作为上帝在地球上的使者,会极力维护地球中心说。毕竟信仰耶稣基督与上帝是把地球还是太阳设为宇宙的中心并没有联系,可能在不同的层面,大多数人还是倾向于脑中已形成的信念。

人们从孩童开始,就被父母灌输宗教信仰,成年以后就寻找证据不断加强这种信仰——包括排除异端杂念,避免对信念形成挑战的东西。试想上次你去一个不同于自己从小到大信仰的基督教堂、犹太教堂或者清真寺,你的感受是什么。再想想看，上次你读一本书，书中的作者所持的政治观点与你不同，你会怎么想，感受是什么。

我们不愿接受不同观点的原因是害怕出现思维混乱——人的思维会自动逃避和排斥违背现有秩序的新思想。

我的一个朋友从事法律工作多年，经手许多死刑案。他认为在一些案件中，陪审团看一眼被告，案件的审判结果就已经出来了。尤其是受人关注的死刑案中，每个陪审员都会迫切想尽快解决罪犯是有罪还是清白的混乱思想。为了达此目的，他们有时一看被告走进法庭就已经打定好了主意。在接下来的审判中，当某些证据支持他们先入为主的看法时，会点头并仔细聆听，当提出相反的观点时，他们的两眼就会不停地转动。

如果要提出挑战现状的假设，必须先能解释某种观念的形成历史，还要能解释自从这种观念树立以来，我们的社会哪里出错了。

下面将解释人们形成对许多保健疗法不正确看法的原因。

传统西医排斥保健革命

纵观历史，每个人，尤其是那些富豪，一直都在追求健康。从古埃及文明到中世纪欧洲文明，炼金术士认为溶解在王水中的黄金是长生不老药，他们耗尽财产力图找到正确的配方[①]。从16世纪到19世纪，像庞塞·德莱昂

---

① 炼金术士虽然没有找到制造黄金的方法也没有发现长生不老药，但却为现代科技奠定了基础，像药剂学、医药学、冶金学、物理学、化学等。现代科学的成就真正完成了古代炼金术士想要达到的目的：药剂学和医药学以及无尽财富。

· 第一章 我们为什么需要一次保健革命·

（Ponce de León）寻找传说中不老泉一样①，这一时期君主们都支持探险。可是这些追求除了在其他一些领域产生丰富的成果之外（例如炼金术士发现了化学原理，庞塞·德莱昂发现了佛罗里达），在寻求保健的目的上全部失败了，寻求健康的先驱们还被贴上了江湖郎中的标签。

20世纪，科学证实"疾病和衰老"的产生与"食物和运动"有关。1908年在波兰出生的生化学家芬克（Casimir Funk）发现了人体中不可或缺的四大氨基物质，他称之为"与生命有关的胺"或"维生素"。长期研究码头工人和其他以体力劳动为主的人发现，体力活动对整个身体的健康和预防慢性病是大有裨益的。但在很大程度上，这些现在被广泛接受的医学常识在当时的西医学界不被认同②。下面来解释原因。

19世纪以前，医生们掌握的药物很少，而这些药物都是通过实验室或偶然错误观察出的各自的疗效。医学知识就这样积累了数百年，有时也会在不同文化间传播。

但是当一种药物或疗法起作用时，医生们不知道其中原因。能够解释感染、接种和抗菌素原理的理论，一直到光学复合显微镜（在17世纪初期发明，一直到19世纪末期才被广泛使用）发明后才出现。正是显微镜的发明与使用，人们才发现了细胞和细菌，科学家才发现它们的工作原理。

19世纪末20世纪初，医生们消灭了一个又一个困扰人类的顽疾，例如天花等。医生因此成为国际上的英雄。

西方医学在成功事实的鼓舞下，开始使自己区别那些运用巫术而不是医药的江湖医生。由于某些疗法和治疗手段在当时的技术水平条件下不能被解释，西医开始强烈排斥古老的疗法和治疗手段。

---

① 正如炼金术士最终发现化学而不是黄金一样，虽然庞塞·德莱昂没有在巴哈马的比米尼岛找到青春泉，但在其探险过程中，于1516年3月偶然发现了佛罗里达。

② 这也解释了为什么直销（相对于电视对人或商店对人的特殊的人对人的方式）常常是推销一种挑战人们现有观念的新产品或服务的最佳方法。当人们遇到挑战他们观念的东西时，他们通常采取两种简单的方法：改变道路或是沿着老路走下去——就像在听一位朋友或熟人的话时，礼貌性地打断一样。

生物学中的基本单位是细胞，直径大约 20 微米。1 000 个人体细胞才有曲别针的针头那么大。由于物理原因，当时光学显微镜只能观察到直径为可见光二分之一以上的东西，而单个细胞细菌直径大约只有可见光波长的十分之一。

今天我们知道，运动、维生素、矿物质和营养补给品所起的关键性作用，并且知道这些作用发生的层面不是细胞层面而是分子层面。由于一个细胞由数十亿个分子组成，用简单的光学显微镜就观察不到它们之间的作用。

近代电子显微镜发明之后，直到 19 世纪初才普及使用，这时科学家能研究构成细胞的分子结构和分子的工作原理。

这导致了今天西医学校中忽视营养的重要性和维生素、矿物质及自然补给品的作用。

在整个 20 世纪，当西医忽视膳食和运动在阻止疾病和衰老方面的重要性时，由于机器的使用，人们以前在家中和工作中所干的那些体力活大大减少了。我们日常饮食所包含的多种纤维素和矿物质大大降低，食物加工越来越细，品种越来越单一。食物中脂肪含量增加了 75%——从 1910 年大约占我们能量的 20% 上升到今天的 35%。上述种种原因导致肥胖和不良疾病在美国传播，这也为以后保健革命的爆发埋下了种子。

保健革命的目的不仅在于赚钱

在本书的结尾我们会研究正在成长的保健产业和由它产生的大量财富。

第一章 我们为什么需要一次保健革命

如果你往后读，开始思考自己在新兴保健产业中的位置时，应始终记着有些东西比自己的经济收益更加重要，那就是你对我们生活世界的影响。

经济上，我们生活在和平幸福的年代，而且是我们祖先做梦都想不到的生活环境，但这种生活是在祖先努力奋斗的基础上出现的。可是由于肥胖和健康不佳"瘟疫"的流行，新千年开始后，我们人类所遭受的痛苦将比历史上任何时期都要多。

美国65%的人口被过度肥胖和营养不良所困，他们中大约30%是病态肥胖——已经超重到对自己的体重感到绝望、求助无门的程度。

这些美国人营养失调的情况非常严重，经常感到头痛，身体疼痛，胃部不适，四肢无力，关节炎和数百种其他疾病，而当代医学对这些疾病的解释是人体自然衰老的迹象。医药公司向人们兜售数百亿美元的药品，而这些药品只是针对病人的症状，医药公司从不解释症状出现的根本原因。相同的情况也出现在西欧、中国台湾地区和多数其他发达国家，另外，在中国大陆地区也出现了慢性疲劳综合病症。

多亏了保健革命，这种情况将会被改变。历史上从没有出现一种商机，具有的潜力能像保健革命一样对消费生活产生不可思议的积极影响。

在阅读下一章之前先看看

为企业家和健康／保健专家提供的行动计划

1. 列出十项你最感兴趣的具有潜力的保健事业。
2. 评估自己可以参与的领域。

  a. 企业家

  b. 投资人

  c. 经销商

3. 利用流行产业的五个特点分析每个事业领域。
4. 根据自己以前的技能和经验，选出你最适合从事的三项领域。
5. 分析这三项保健产业的商机已经存在或尚未存在的原因。对于已经存在的部分，分析每个领域的潜在竞争和发展机会。
6. 根据当前的分析，重新思考你原来选择的这三项保健商机，可能会另外做出三项相反的选择。

  从第二章到第九章，在每章结尾时思考你所选择的三项保健商机，考虑是否应该放弃或更换一种或全部。

第二章
婴儿潮一代：理解和控制保健需求市场

现今保健产品所掀起的热潮其实是由 1946 年到 1964 年间的婴儿潮（baby boom）所带动的。这段时期出生的人口虽然只占美国人口的 28%，但是所创造的经济价值却占美国整体 14 万亿美元经济总量的 50%。婴儿潮一代最近才发现保健产业可能保存他们最珍惜的东西：青春。虽然保健产业现今还处于萌芽阶段，但是由于现代经济需求的特点、技术进步带来的经济扩张，以及消费者一旦使用保健产品有了正面评价后，将产生对更多的保健产品和服务的需求。

实践自己的信念

我和其他同时期成长的许多人一样，在 1994 年到了 40 岁步入中年后才知道所谓的保健。以前保持健康的唯一方法就是一旦觉得身体发福就力行节食，因此经常对身体产生损害①。

从那以后，我每年花几千美元，每天挤出一些时间在保健产品和服务上。我对食物的要求重点在食用后的感觉，而不是满足短暂的一时之快。我每天服用维生素、矿物质和其他补给品。我们家有一个健康保险项目，一年我们要拿出 5 450 美元用于健康消费支出，另外一年还要拿出 5 450 美元投入个人退休储蓄账户型（IRA）的健康储蓄账户（HSA）上用于未来健康救护需要。每周举重健身两次，天气好的话就骑越野自行车闲逛，每天几乎花一到两小时玩滑板。开始动笔写本书之初，我想全美国像我一样真正保健养生的人，每年的花费应该超过数十亿美元。

如前所述，当我发现 2000 年全美国的保健支出已经达 2 000 亿美元时，的确大吃一惊。更惊奇的是，这 2 000 亿美元只不过是以后 10 年保健产业的冰山一角。以下解释其原因。

婴儿潮一代是保健革命的第一代

美国人口出生率在"二战"后激增。1946 年到 1964 年这段期间约有 7 800 万婴儿呱呱坠地。相比之下，1946 年以前相同的期间有记录的只有 5 000 万婴儿诞生。1964 年以后相同的期间，尽管人口总数增加，却只有 6 600 万的出生人口。

我们通常把美国在这段期间出生的大量人口称为婴儿潮或婴儿潮一代。我们之所以如此称呼，是因为在 1964 年后出生率快速下降，否则战后出生率的增长可能就是一种长期趋势，就不足以构成一个明显的人口群。

我们不能忽视这个现象所具有的重大意义。

---

① 一直到 40 岁，我才通过变换食谱减少热量的摄入，保证身体每天都能摄入人体所需的最低量的维生素和矿物质。40 岁以前，由于不健康的饮食，我会患周期性感冒，呼吸道感染引起的感冒和免疫力低下的感冒。最糟的是，直到我开始食用健康食物、锻炼身体、摄取维生素和补给品的那一天，我才知道整个青年时期自己失去了什么。

在任何社会，在特定时期社会关注的焦点都限于一定的数量。在人口正常增加的社会，社会关注的焦点通常是青少年的关心与偏好，这是因为这群人会越来越多。然而，我们关心的话题却几乎都是美国1946年到1964年出生的人口，而不是下一代[①]。

这种现象在20世纪60年代后期和70年代初期就已经开始萌芽。当时播放老歌的电台比播放新歌的电台更受欢迎，因为第一批婴儿潮人口成年后习惯听青少年时期常听的音乐。

70年代初期，这批婴儿潮人口流行复古，崇尚自己年轻时的服饰、汽车、房屋、家具、工业设计和商业活动。当时出现一个新词来描述这种现象——复古（retro），这个词在1974年成为我们的日常用语（并收入词典）。

现在，这批婴儿潮一代（年龄介于38～56岁），正处于经济生产力的高峰期，社会上迎合他们的现象将持续增加。这群人统治经济的力量至少将持续到2010年，也就是第一批婴儿潮出生的人口到了65岁在经济和社会的影响力逐渐降低的时候。

婴儿潮对健康产业的经济影响力远远大于其人口数，因为这群人的行为方式和上辈人迥然不同；婴儿潮一代拒绝被动地接受身体老化。

最近罗素（Cheryl Russell）写了一本书。该书从营销角度入手对这种现象给予了最佳诠释：

> 婴儿潮出生的人口最重要的现象之一就是他们仍然是年轻的市场。在他们十几、二十岁的年纪，这批人创造了年轻人的市场。当这批人到了四五十岁，则证明年轻人市场是一种心态而不是生命的阶段。大多数婴儿

[①] 西欧出现了相同的现象，1946—1964年出生的人口激增，人口大量增加。虽然这要归因于20世纪60年代后出生率的急剧下降而不是"二战"后人口的急剧上升。

潮出生的人口仍保持着那种年纪的心态，不愿意接受父母一代的生活态度和模式，能够觉察到这批人口需求的出色企业家，将会掌握这一拨消费者一生的需求。

婴儿潮出生的人口已经创造了历史上最大的股市涨幅和房屋需求、国际航空、个人计算机、互联网和运动休闲工具的需求。简言之，他们约占整个国家14万亿美元经济体中的7万亿美元。要掌握商机，清楚婴儿潮出生的人口最常购买哪些消费性产品就变得更加重要。从现在出厂看起来就像1956年老爷车的雷鸟（T-Bird）敞篷车，到复古的家具和衣服，婴儿潮出生的人口对引起他们年轻时记忆的产品和服务，都会大量购买。

如果说引起年轻回忆的东西就能让他们花费这么多钱，那真正能让他们永葆青春或延缓老化的保健产品和服务，就会有更加巨大的市场。当他们不计代价希望保存最珍贵的东西时，就不难得出婴儿潮出生的人口将促使保健产业成为我们经济中创造1万亿美元的部门。

另外，现有的5 000亿美元保健业的绝大部分销售额中，消费者是接近1946年出生的人口，而不是后期1964年的人口。5年后，婴儿潮出生的人口花在现有保健产业相关产品的支出，就会从5 000亿美元上升到1万亿美元以上。成长的动力部分来自市场年龄层的扩张（从43岁到61岁，变成48岁到66岁），部分原因则来自保健产业相关产品和服务的技术进步和效用提升。

在接下来的5年中，将有数百种，甚至上千种效果更好的保健业相关产品和服务问世。这包括改良型的维生素和矿物质，预防感冒和疾病的新型补给品，以及真正能延缓皱纹产生和维持细胞活力的天然荷尔蒙和抗老化的豆类（soy-based）面霜。

5年中增加两倍的市场规模只是开端而已。婴儿潮出生的人口从复古的音乐到住房和独立自主的生活形态需求，都将成为人类下一代模仿的对象，而人类下一代也会跟着他们的保健革命步伐前进。另外，就像第七章将详述的，美国现在以治病为基础的健康保险制度，正被减重、锻炼计划、营养咨询、维生素、矿物质、戒烟和其他数百种有关保健或预防性治疗的新式保健制度取代。

到了2010年，1965年到1982年出生的X一代人口，将迈入生产和消费的高峰期。这一代和以后几代都会以婴儿潮所建立的积极保健和抗老做法，作为标准的医疗程序。

但保健产业能迅速发展的主要原因在于，任何年龄层的消费者只要有第一次使用保健产品的经验，就会对保健产品和服务有无尽的需求，成为一个"贪心"的消费者。以上种种强大的发展趋势，将使美国的保健业产值在2010年超过1万亿美元以上。在讨论这股强大的潮流之前，应该认清当代经济体的需求本质，以及过去与现在10年间，是哪一种经济扩张力能支撑起新兴的1万亿美元产业。

许多人犯的错误：对需求的误解

经济学家凯恩斯（John Maynard Keynes）在20世纪30年代经济大萧条（the Great Depression）时，曾预言美国先进的科技能力有朝一日必能满足美国人对所有产品的需求。

他对罗斯福总统做了一番乐观的预言，认为多数的美国家庭不久之后就会拥有一部电话、一辆汽车和一栋四室一卫、室内排水的房子。然而，他同时也向总统提出忠告，一旦美国人实现了这个美国梦，人们就会丧失工作的动力。这些具有高生产力的美国人将停止消费、增加储蓄，导致经济成长停滞，成为自己成功的受害者。

因此，凯恩斯建议美国政府应该采取征收收入累进所得税，以防止社会高收入者的收入增加时，储蓄也相应增加。

这在当时算是比较激进的想法。联邦政府于1913年第一次建立单一税率的联邦个人所得税时，许多人就认为这种税制并不公平，因为一个每年赚10万美元的人缴纳的联邦税是所得1万美元人的10倍——但每个人都只有一个投票权。凯恩斯主张以收入级别提高联邦所得税，也就是一个人的收入越高，适用的税率也越高。

多亏凯恩斯和采纳凯恩斯建议的美国政府决策者，联邦个人所得税税率在20世纪中持续升高。1964年之前的最高边际税率高达92%到94%，1980年之前一直稳定维持在70%左右。

第六章将详细介绍雇主和工会为了逃避这些惊人的所得税，并规避政府对工资和价格的管制，联手游说国会同意公司提供给员工的福利，像员工们及其直系亲属在内的医疗健康费用必须列入免税条目。今天，美国面临医疗成本不断上升的难题，其背后的最大经济因素也在于此。

我们有时候从历史上大人物所犯的错误比从他们的成功之处，可以学到更多东西。虽然凯恩斯认为财富的增加必然导致心满意足和过度储蓄的理论似乎逻辑合理，但以今天的眼光来看是错误的。凯恩斯的预测与事实完全相反。

现在来看凯恩斯著名的过度储蓄理论，很容易指出其中的错误。在20世纪30年代期间，消费需求不足是持续性经济萧条的根源，政府对如何刺激消费似乎束手无策。凯恩斯说服大家相信，除非政府提高税收，并透过政府支出的方式将税收返回经济，否则经济灾难不可避免。

很多人认为在那个时期凯恩斯的影响有言过其实之嫌。人们认为30年代和40年代许多政府项目都与他的建议有很大关系，但那只是政府积极介入经济活动罢了。凯恩斯的《通论》只是用来事后证实行为的正确。20世纪30年代罗斯福政府的新政要比凯恩斯的《通论》出版早几年。

第二章 婴儿潮一代：理解和控制保健需求市场

20世纪，尤其是过去的20年间，上层的消费需求是永无止境的。我们赚钱愈多，消费愈多；消费愈多，拥有愈多；拥有愈多，欲望更多；欲望更多，就更加愿意卖力地工作。

如果今天社会上真有一群丧失工作动力的人口，那就是一群我们无法伸出援手帮助其购买第一部车或第一栋房子的穷人，一旦首次购买之后，将带动永无满足的消费需求，形成永无止境的消费循环过程。

我们生活的时代，先进的科技已经可以满足大多数美国人的基本生活需求。

先进科技不断创造本身的需求——新的产品和服务不久会被大多数人认为是基本的生活需求。

电动洗衣机大约发明于第一次世界大战期间。在此之前，很少美国人会在意一件衣服穿多久才洗一次，对衣服材质的要求是耐脏。例如，衬衫的领子和袖子是可以分开的，因为这是最容易弄脏的部分。洗衣机普及后，美国人每天都可穿干净的衬衫，分离式衣领和衣袖从此在人们生活中消失。

亨利·福特（Henry Ford）率先以规模生产的方式制造人人都买得起的汽车时，许多人都不看好汽车市场。因为当时的路面大多颠簸不平，也没有加油站，而且大多数人生活在只要步行就可到达上班地点的地方。但随着汽车销量不断增加，需求也随之上升，搬到郊区的人们需要汽车去市里上班，加油站如雨后春笋般地冒出来。不久，汽车已经成为工作、购买生活上不可或缺的必需品的必要工具。

电话被应用到商业用途之前，许多商人的沟通方式是先口述交代秘书，再由秘书打成文字传递给对方。许多人认为使用电话根本是多此一举，浪费时间。谁会希望先向秘书口述内容，再打成文字，再由秘书通过电话把信息念给对方的秘书听，然后对方的秘书再把接听的内容转换成文字交给对方。

当然，电话不久就改变了商人的沟通方式：不必通过秘书写纸条，双方直接在电话上交谈。就像 20 世纪 70 年代的传真机和 90 年代的电子邮件一样，电话不久就成为商场上的必要工具。

我们可以从电话一开始被商业人士拒绝使用的故事中学到重要的一课。绝大多数人只知道利用计算机和其他新发明取代现有落后过时的做事方法，而不会利用手上最新的工具进行工作改造。许多投身于保健产业产品和服务的企业家势必会犯同样的错误。

今天，多数人都认为是必需品，而且是我们花钱所购买的 95% 的东西，是我们出生时还不存在的东西，例如电视、航空旅游、迪斯尼乐园、高级服饰、音响、光盘、空调、个人计算机、白天看护、电影、快餐店、干洗店、互联网等，数不胜数。健康产业也是如此。

时至今日，即使像食物、衣服和房屋，传统上认为是基本必需品的，也不再被视为是必需品，因为我们对这些产品的消费量远远超过基本需求。1935 年，每个美国人平均的居住面积是 136 平方英尺，今天已经超过 750 平方英尺。

消费者之所以有永不满足的需求，主要原因在当今科技社会里，有两种不同需求类型：数量需求和品质需求。企业家必须认清这一点，尤其在拟订成功的长期发展计划时更有必要。

数量需求和质量需求

数量需求是指消费者对已经购买的产品的更多需求欲望：多部电视机、第二辆汽车、更大的房子、多套衣服——即使是刚刚第一次购买这些产品。

· 第二章　婴儿潮一代：理解和控制保健需求市场 ·

就以刚刚毕业参加社会工作的年轻人来说，可能是这辈子第一次需要上班的正装。他们高兴地跑到商店选购第一套职业装，但上班第一天之后才知道，为了避免每天一成不变，一套衣服是不够的，更别提搭配衣服需要的领带、围巾、衬衫和鞋子。

再想想刚买了第一部车的年轻夫妇，这辆车即将改变他们生活的每个方面：工作的地点、旅游的方式、用餐的地点等等。但不久他们又发现有以前做梦也不敢想的新需求：为了可以各自上班和购物，需要购买第二部车。同样地，夫妻可能购买第二台电视摆在卧室，不久又会需要在孩子房间或厨房购买第三台电视。

人们可能认为许多年轻夫妇购买完第一栋房子后可以松口气了，然而这只是开始而已。一旦买了房子后，就有添置不完的家具、厨房用具、娱乐设备等。新楼建造率是预测零售业最重要的指示器。

出色的产品和服务零售商都知道，客户一次满意的购买是建立关系的开始而不是结束。

男士服饰店一年可能只卖100套衣服给刚刚参加社会工作的年轻人，却能卖2 000套给已经有一套以上的客户。汽车销售员最重要的营销信息是潜在客户现在拥有的车款。在美国，每年每一笔第一次购屋交易的完成，相对地至少有针对已经有住房的人五件房屋交易的完成，他们通常是搬到较大的房子。

然而，像凯恩斯这类的古典经济学家可能会反驳认为，需求总有饱和的时候。毕竟，一个消费者能买多少衣服、车子、房屋和电视呢？这个问题的答案虽然看上去简单，却把许多商人搞昏了。

当人们的数量需求满足之后（正如今天发达国家多数人民的生活），品质需求就会介入。一旦你拥有所有需要的食物、衣服和电视机，就会想拥有更精致的食物、更体面的穿着和功能更强的电视。

数量需求反映了消费者对现有产品大量供应的需求，而品质需求反映的是对不同或改良产品的欲望。

就以电视机为例，品质需求反映的是消费者对功能更强的电视的欲望（例如具有画中画和六声道音响的高画质彩色接收器）和其他相关的全新产品（例如TIVO卫星接收器或DVD录放机）。一般中产阶级的夫妇有了两部车之后，可能就没有兴趣买第三部车，但很可能淘汰其中一辆而升级到一部新款运动多用途车（Sport Utility Vehicle，SUV）。一位衣柜摆了8套200美元西装的年轻主管，可能无意再买第9套，但可能会偶尔买套著名设计师设计、价值400美元的新式西装。

另外，这种需求本质的两种形式转变是并行不悖的。当消费者开始满足高品质的需求后，数量需求又会开始发挥作用。现在，这对年轻夫妇为了不在谁该开SUV上争吵，可能会买第二部车。年轻主管可能想要另外7套400美元著名设计师设计的西装，因为觉得原先200美元的西装穿起来"感觉不对"。当然，理论上，当消费者拥有足量市面上最好的车子或西装时，对于更多或更好产品的需求就会满足。但只要科技继续向前发展，就不可能有最好的车或正装——至少也不会持续太久。每年都有更好更新的设计款式出现，于是上述的循环又重新开始。

越能摆脱现有市场地位、情感因素的干扰，你就越容易了解数量需求和品质需求，进而驾驭这两种需求，创造永恒、持续性的需求。

例如，谈到驾驭美国和欧洲消费者的数量需求和品质需求的不断转换的能力，日本的能力无人能及。日本在20世纪60年代以廉价产品席卷全球市场，这是满足数量需求。但到了20世纪70年代初期，日本人将生产重心移转到提高产品质量上，也就是从数量需求提升到品质需求（把现在无利可图的廉价品市场留给后来者）。不到20年的时间，日本从消费者心目中几乎是所有廉价产品制造商的形象，提升到几乎所有最高品质商品生产者的形象（通常也是价格最高的）。

20世纪90年代，日本汽车业为了凸显尼桑（Nissan）和雷克萨斯（Lexus）的品牌，而在市场上倾销达特桑（Datsun）和丰田（Toyota）这些传统品牌车。这让通用汽车（General Motors）百思不得其解，不明白为什么客户不再买通用最受欢迎的雪佛兰（Chevrolet）。

刚进入市场的企业家容易犯的最大错误之一就是忽视品质需求，尤其像保健业这类新技术产业。许多企业家一开始以低品质产品抢占市场，希望等事业稳定后再改善品质提高价格。这是眼光短浅的做法。

如果首先以低品质产品进入市场，当公司产品的消费者转而需求高品质的产品和服务时，留住这批消费者非常困难。一个企业或销售商一旦给人造成低价的印象，消费者往往就把低价和低品质画上等号，这个企业或销售商就很难扭转这种先入为主的观念。

今天，最成功的保健产业公司是生产或销售最高品质（通常也是最高价位）的保健产品和服务的公司。

从市场上可以很清楚地看到消费者对高品质产品有持续的需求。每年由于科技进步降低了产品和服务成本，于是出色的生产商和供货商就会认识到必须维持现有的客户关系。他们的做法是自动提高产品的品质而不是降低价格。

假如你在1997年花600美元买了一台27英寸的彩色电视，到2007年想换台新的，于是来到同一家商店选购。你会发现原先的机型现在只值300美元（如果考虑通货膨胀因素，实际上只剩231美元）。但你可能不会再选购原先的品种，而是愿意再花 600 美元（相当于 1997 年的 462 美元）购买 36 英寸的机型，或是花 1 000 美元（相当于 1997 年的 777 美元）购买配备六声道音响和画中画功能的超高画质的机型。另外，你也可能见不到 300 美元的机型了，因为商家知道客户要的是不断提升的高品质而不是低价格，所以不再出售现在已经落后的机型。

如果你在 2000 年进入医学院时，希望花 4.5 万美元买辆敞篷车，可以用到 2007 年工作定居。当你 2007 年再找同一家销售商时，会发现当初梦寐以求、配备齐全的车现在只要 2.5 万美元。但你不会买这款车也不会把多余的 2 万美元存起来，而是希望用同样的 4.5 万美元购买性能是 2000 年车款两倍的车型。

今天，消费者这种品质需求优于价格考虑的现象非常普遍，所以绝大多数人并未感到自己的物质生活水平已经逐年升高——由于不断提升的品质、安全和所需产品的低价格。不管是我们所说的电视或玩具、汽车或空调、牛仔裤或寝具、数字相机或折叠式沙发、电冰箱或 MP3 下载音乐，今天人们正在以更低价格享受历史上前所未有的更高品质的产品。

保健产业的数量和品质需求

以上所有现象对保健产业来说有重要的借鉴意义。

今天大多数的消费者根本还没意识到保健产业的存在。但我们发现周围有些人已经有了保健的经验：

1. 一位单亲妈妈改变饮食习惯而减重 35 磅。
2. 一个男孩服用新型维生素营养剂后，在学校学习的注意力倍增。
3. 一位父亲利用磁疗治愈慢性疼痛。
4. 一位女孩服用紫锥花（echinacea）后不再因为感冒而缺课。
5. 一位前自行车选手服用葡萄糖胺（Glucosamine）后，膝伤痊愈，从而重返赛场。

6. 前列腺肥大的病人因为服用锯棕榈（Saw Palmetto）而免受开刀之苦。

类似的例子不胜枚举。

现在想象一下上述每个人经历保健初次体验后，生活中可能有的其他变化：

1. 这位单亲妈妈可能会拟订包括像慢跑之类定期运动的新计划。
2. 这个男孩因为学业轻松，于是积极参加各项运动。
3. 这位父亲因为不再受疼痛困扰，所以想要增强体力，能跟得上孩子们的体力。
4. 这个女孩的父母正思考该让其他的孩子吃哪一种补养品。
5. 这位前运动选手想要提高记忆能力的产品，因为他现在已经相信营养补给品的作用。
6. 这位前列腺肥大的病人彻底改变饮食习惯，并且想要知道其他的医疗方式。

上述的每个人在第一次使用一种保健产品和服务之后，就会引发数量需求——购买更多相似的产品，虽然他们并不知道在他们购买之前这些产品早已经存在。更重要的是，当这些保健产品和服务发挥作用后，就会引起品质需求，要求不同或更好的保健产品和服务。

由于数量和品质需求的作用，对保健产品满意的消费者们，可能在人生各阶段都会使用提升生活品质的保健产品和服务，从而成为终身保健消费者。正是保健产品和服务具有这种无止境消费的倾向，所以保健产业产值在 2012 年前将达到 1 万亿美元以上。

一些未来的企业家怎样误解我们的经济

不久以前，人们开会迟到最普遍的原因是爆胎或化油器阻塞，但是这些难题由于先进的科技（放射状轮胎和电子燃料注入）已经从我们的日常担心中消除。

有时，一些潜在的企业家被定期出现在媒体上的所谓的经济指标吓倒，尤其是在经济衰退或经济紧缩之时。但是由于科技的发展，这些经济预测指标显示不适合创办企业的迹象事实上却是那些打算创业的企业家开始创业的好消息。

例如，有时媒体报道质优价廉的产品将减少而不是增加我们的财富。这是因为我们最常见的经济指标，像国内生产总值（GDP）和商品零售额，不能作为产品质量提高或科技促使价格降低引发的价格紧缩的指标。当医学院的学生花费 4.5 万美元买了一辆性能是原来想买的车的两倍的新车，那么他经历了物质生活中没有报道的 2 万美元的增长。如果他花费 2.5 万美元买了那辆以前梦想的原价 4.5 万美元的车，媒体就会报道国内生产总值或商品零售额下降了 2 万美元。

同样，政府公布一套新房子的平均成本时，并没有反映这套房子是 20 世纪 60 年代一套新房面积的 2 倍或者这套新房包含一些特色设计和其他用具要花费消费者 2 倍的钱。我们大多数人是在 1960 年以后的中产阶级家庭中出生成长的——所住的房间大约 900 平方英尺，没有洗衣机和空调。相比 2007 年平均面积 2 300 平方英尺，包含有一切现代化用具和设备的新房子，20 世纪 60 年代的房子在今天只能算是简单的标准住房。

可是我们社会最有可能误解的经济指标就是失业率——尤其是由于技术变化，或是经济学家所说的结构性失业造成的失业。

下面我们将看到这种由技术替代造成的失业，确实是经济增长的首要标志。我们还会看到，正是因为结构性失业使新产业的开发和成长拥有充裕的劳动力。

这将我们带入有关下一个1万亿美元增长潜力的产业的另一个话题：支撑了以前和以后10年的为我们提供足够的新产品和服务的经济增长的动力是什么？未来还将继续吗？

失业带动经济增长

假定在一个能自给自足的小岛上有10个男人，他们在共有的一艘船上通过钓鱼谋生。一天，一位传教士向这些人展示了一种新的更加先进的捕鱼方式——用网捕鱼。两个渔民，其中的一个驾船，另外一个撒网，他们捕捉到的鱼的数量和10个人用钓竿钓到的数量一样。

表面上看来，这个小岛上的失业率会从零升至80%，10个渔民当中有8人因为这项新的捕鱼技术的引进而失业。然而，尽管其中8个人没有了工作，这个小岛整体上却仍然保持繁荣，因为两个渔民用网能够捕到和10个人用钓竿钓到的鱼一样多。

现在，这个小岛必须决定如何安排这8个失业的渔民和他们的家庭。他们有三种选择：其一，他们可以通过一项法律让使用网捕鱼变得非法；其二，他们可以向用网捕鱼的两个人征收其总收入10%的税，然后把这些税收重新分配给另外8个失业的渔民；其三，他们可以帮助这8个失业的渔民在新的产业部门找到新的工作（如教育、医药、食物筹备等），如此一来增加整个小岛社会的财富。

如果一个文明社会故意通过限制新技术的运用来刺激经济增长，这个社会会成为什么样子？而这个征收最好的生产者总收入80%的社会又会是什么样子？当新技术的应用使得某些人变得比其他人更加富有时，上面这些做法就是最传统的反应。

在整个19世纪和20世纪，政府会通过推行有利于工会的法案来限制私人公司以技术替代劳力。1913年到1960年，美国和西欧大幅提高个人所得税，甚至把这种税率提高到91%，对效率高的市民则会更多（像那些用网捕鱼的渔民）。

1930年美国大约有3 000万农民，他们生产的粮食足够1亿人所需。在随后的50年中技术的突破使得农业的生产效率大大提高，到1980年300万农民生产的食物足够3亿人所需，这样就有2 700万农民或者他们的子孙会转移生产新的产品和加入服务业，以此来增加整个社会的财富。这就是经济在文明开始以来演进的轨迹。

新的技术使得工人们效率更高，这就导致结构性失业，但是，过了一段时间，这些失业的工人会去生产新的产品和参加新的服务，以此来增加社会总财富。这一进程中唯一的新事物就是技术演进的速度在加快。

过去数百万年或者数百年发生的变化现在几十年、几个月甚至几天就可以发生，就像在上述小岛上发生用渔网捕鱼的事情一样。这种增长的速度构成我们今天就业挑战的基础，因为一个人一生必须经历几次的职业生涯的改变，而不是经历几代的时间。

那些失去土地的2 700万农民相对还是比较幸运的。他们经过50年使得自己变老，然后退休，看着他们的孩子发展自己的新职业生涯：他们有做内燃机汽化器技工的，有从事黑胶唱片制造的，而这些职业在当时都是前沿的新科技。他们的孩子离开了家庭农场而去追求新的职业生涯，他们并不像他们父辈那样幸运，因为他们只有5年甚至更少的时间去适应这种变化。

1980年，美国大约有30万人从事制造业和内燃机汽化器的修理工作。过了5年到1985年，这些工作基本上都消失了，因为自动化作业以效率更高而又更便宜的计算机化燃油打击器取代了更贵的内燃机喷射器。整个社会大大受益于燃油打击器，它能使燃油消耗减半（通过双倍提升燃油经济），并且使得汽车污染减半。

1985 年，美国大约有 10 万人从事塑料唱片制造业，5 年之后在 1990 年，这些工作都消失了，音乐工厂取而代之，一张塑料唱片要花去 2.5 美元，而数字压缩唱片只需要 25 美分。（今天音乐公司开始抱怨，因为消费者自行刻录 CD 并从网页上免费下载音乐在 MP3 上播放。）

同样，在过去的一个世纪里，美国经济整体的增长之快使得整个世界羡慕不已，以至于 20 世纪 90 年代初"冷战"刚结束，东欧和中国就迫不及待地选择自由市场经济。

今天，世界上大多数的国家领导人都意识到如果阻止结构性失业，就会破坏经济。这在自由贸易的环境里尤其如此，在这个环境里，跨国企业的雇员可以自由在海外找到工作。这会导致更大的整体经济输出，创造出更大的财富，但对个人来说，会使就业变得更加的不稳定，他们现在必须时刻准备面对解聘通知。

保健产业的经济学含义

由于经济数据的误导，我们的经济增长确实比报告中说的要快。尽管一些媒体大唱反调，我们经历的失业却大都是结构性失业，这是我们经济增长的第一个征兆。这些事实也符合保健产业。

以目前的经济增长率而言，支撑一项 1 万亿美元产值的新产业绰绰有余。

就像美国的国内生产总值在 1997 年到 2007 年从 7 万亿美元增长到 14 万亿美元一样，即使对美国经济增长最保守的估计，到 2012 年，美国的国内生产总值也会达到 17 万亿美元。

尽管有些低层次的失业存在，今天的劳动力却能足够支持一个价值1万亿美元的新兴产业。

经济增长常常伴随结构性失业，因为技术替代生产能力强的个人，并使他们在自由经济里自由择业。

对我们这些商业人士和企业主来说，主要的问题是：哪一经济部门会分到这一增长的最大份额并雇用到被技术替代的雇员们。健康产业会平稳地取得我们经济下一个1万亿美元的份额，因为每个人不管他是多么健康或健壮，他都希望更加健康健壮；还因为它拥有普遍产业所有的五大特征：

1．支付能力，也就是说大家都负担得起
2．口耳相传
3．持续的消费
4．巨大的需求
5．缩短消费时间

保健产品和服务可能独占了那些没有时间享受的消费者花费的一部分。

说起来很浅显，但是它常常被忽略，因为消费者直到最近才了解到购买健康产品和服务。直到现在，大多数人都被告知他们身体功能退化是年龄增长的一部分，人们对此无能为力。

维生素产业如何从医药产业走向保健产业

保健产业中增长最快的部分之一就是维生素和补充营养品产业。尽管直到最近这个产业的用途都被限制在治疗疾病。

坏血病或者维生素C缺乏是最早知道的营养失调疾病之一，这种症状被

· 第二章 婴儿潮一代：理解和控制保健需求市场 ·

记录在十字军的历史之中。它一直是导致英国水手伤残和死亡的最主要原因，直到苏格兰外科医生詹姆斯·兰德引入柑橘之后才根除了坏血病。1795年，"莱姆"果汁在所有英国海军舰艇上强制推行，英国人今天仍然把它叫做"莱姆"。

软骨病，或者是维生素D缺乏病在历史上就有记载，这种病导致骨骼畸形，在孩子当中很普遍。18世纪这种病开始出现时人们的医疗方法是鱼肝油和日光浴，成效明显。

脚气，或者是维他命B1缺乏病，是由于维生素被以非自然的方式从碾米和谷物中移除造成的。从字面上讲，脚气在僧伽罗语（南斯里兰卡部族僧伽罗人的语言）中的意思是"极度的脆弱"，此外，自从1 000年前去壳白米被作为主要食物以来，脚气病在亚洲已经有记载了。在上面所述的例子中，科学家只有在治疗严重疾病中才承认这是由于营养的缺乏引起的。

在20世纪发现，要保持身体健康就需要13种维生素，而这些维生素并不能在人体内生成。最近又发现同样的维生素也能够阻止疾病的发生，使我们感觉良好，甚至能减缓衰老。

今天，大约50%的美国人要摄取一些营养物作为补充，且这些营养物的销售额达到1 000亿美元。然而维生素和矿物质产业只是所有可能作为营养物的潜在市场的一小部分，因为我们只是刚刚开始了解维生素、矿物质和其他营养物工作的生物化学。

就像在第一章解释过的一样，当谈到理解我们的细胞怎样在分子水平上工作时，我们处在疾病产业占据主导的19世纪——我们知道许多健康产业产品和服务，但是我们却不能充分地了解它们为什么可以发挥效用。

同样，尽管科学现在还不能解释保健产业疗效背后的分子层面上的秘密，我们还是可以看到健康产业在美国的销售额每年可以达到5 000亿美元。即使我们在不久的将来还是未能探究到这些秘密，但这5 000亿美元的销售额也只是个开端。

许多潜在的消费者从来没听说过保健产品和服务,更别说用它们了。就像我们前面所了解的一样,那些尝试消费保健产品和服务并且感觉良好的消费者通常都会敞开心扉去接触其他保健产品和服务。

就拿我来讲,35岁到43岁时,由于经常参加一些大型和竞争激烈的坡道滑雪比赛,我的左膝盖一直疼痛。每次拜访整形外科医生,我都会得到同一个结论:进行外科手术。一个年轻的整形外科医生甚至开玩笑说,他希望我的左膝盖能够在未来资助他孙子的大学教育,因为即使在进行手术之后,我也可能下半辈子成为他的病人。43岁时,我终于考虑进行手术的时间表了。

我开始服用葡萄糖胺,而左膝盖的疼痛竟在两个月内消失了。一年后,同样一个外科医生问我是谁为我做的手术。当我告诉他是葡萄糖胺时,他给我照了X光并且告诉我不要把我的经历公布于众,因为那样他会失业的——只有这次他是认真的。我一个经济学家要教外科医生关于葡萄糖胺的东西,对此,我很吃惊。

这次经历使我茅塞顿开,我在思考在我的生命中还有哪些医药从业者是我所不知道的。在进行一些研究之后,就像今天一样,我开始每天服用维生素和矿物质,未来我还会服用其他和饮食相关的膳食补养品。

很久以来,医药科学一直告诉人们要预期并接受慢性疼痛,健康日趋下降和到一定年龄时减少能量级别的现象——部分原因是许多医生只是掌握初步的营养知识,部分原因或者是医药行业的最终付款人和提供者都没有金钱的刺激去买健康产品。我们会在第五章和第六章深入探讨这两种现象。

但是,我们要在第三章首先探讨的是由于我们食物供应的变化,使得很多疾病问题出现,在第四章中我们要讨论的是解决这些问题的机会,用同样的企业家式的技能去克服这些问题。

行动方案

1. 做一个关于你和你的家庭目前消费的保健产品的列表,这些产品是你们10年前没有的。当你向别人解释新出现的保健产业时,你自己的关于保健行为的陈述具有很强的说服力。

2. 根据你目前从事的富有潜力的保健产业分析列表中的所列项,你已经是这些领域的任一消费者吗?为什么是或者为什么不是?

3. 根据婴儿潮人口市场(那些出生在1946年和1964年之间的消费者)分析你目前有潜力的保健产业。

4. 根据X代市场(那些出生于1964年之后的消费者)分析你目前富有潜力的保健产业。

5. 为你目前富有潜力的保健产业的每一个领域做一个产品列表,目的是你能够满足数量需求(初始消费者的需求要多于一种产品)。

6. 分析每种产品看看你如何能使产品最终完成向质量的转变——一种或者是更高质量的产品需求。

7. 你所在的地区哪一领域有结构性失业(由于技术进步造成的失业),并且这些失业人群是在你三个保健产业领域中的哪一个领域工作?

根据这些问题的答案,重新思考调整这三项不同的保健商机。

第三章
掘金食物和日常饮食产业

今天大多数对保健和保健产品的即时需要主要是由两个与食物相关的问题引起的。为了了解保健产业，你要了解我们为什么需要食物以及和我们的食物供应有关的两个问题的起因。

一旦你开始从事健康产业，仅仅了解和食物供应有关的问题是不够的，你必须要能够给你的客户、合伙人和投资商解释，告诉他们这些问题的起因。因此，也许你应该多读几遍本章。

如果你继续选择追求保健产业的机遇，那么你需要仔细阅读这一章的内容，注意每一个关于食物的问题，以及我对提升你的日常饮食的个人建议并分析如何尽可能把这些建议转化为你的保健产业的机遇。

我们吃的食物

亚当和夏娃对食物倒是不太担心。《圣经》里记载，伊甸园里面有各种各样的树，用于观赏和满足食用。之后，因为夏娃偷尝禁果，大地受到诅咒，从此人类只能卖力工作才能生产食物。从那时起，对食物孜孜不倦的追求就成为我们生活的主旋律。但是什么样的东西才可以叫作食物呢？什么是人类所必需呢？

除了享受食物美味外，人类需要食物还有三个理由：

1. 能量（Energy）提供体能劳动和心、肺与其他器官运转所需的燃料（热量）。
2. 建构（Building blocks）提供制造血液、皮肤、骨骼、毛发和体内器官所需的原料（例如蛋白质、矿物质）；人体每天、每月都不断有细胞新生更替。
3. 触媒剂（Catalysts）。化学成分（如维生素、酶和一些矿物质）对把食物转化为能量从而进入人类器官的化学反应是必须的。

每过几个小时人类就需要补充食物，并且每天或每半天就需要特定的食物维持建构材料和触媒的运转。当我们需要能量时，我们的身体会立即产生饥饿感的生理反应——我们会感到饥饿。不幸的是，只有我们的身体由于这些东西的缺乏而生病时我们才会意识到我们缺乏建构或触媒所需的物质。为了保持机体的运转，出于人类的本能，我们需要摄取那些高能量的食物，而那些如糖、脂肪之类的高能量食物吃起来往往味美无比。

那些从事食品供应的商人和企业家对人体的生物设定了如指掌，是今天发达世界肥胖和疾病发生的最主要原因。

当谈到健康，美国是发达国家里面健康质量最低的一个——美国市民是最不健康的，并且和欧洲或者亚洲比起来，它却花费三倍的钱在医疗保健上。这种巨大的差别不仅体现在医疗保健的花费上，而且体现在由健康质量的低下引起的忧郁上，所有这些都是由于极其恶劣的日常饮食习惯造成的。

食物供应的两个主要问题

美国和其他发达国家大多数人的日常饮食主要有两个问题：

1. 我们吃得太多，也就是说饮食过量。美国足足有 65% 的人超重。
2. 大多数人并没有从日常饮食当中得到我们身体需要的能量与物质。

为了了解过量饮食和营养缺乏这两个问题和解决这些问题所蕴含的商业机遇，首先了解我们的身体如何把食物转化为能量和生命物质的。

我们身体是如何把食物转化为能量和生命物质的

所有的食物至少包括一种或超过 6 种的营养素
1. 水
2. 碳水化合物（包括糖、面包等）
3. 脂质（包括脂肪、油等）
4. 蛋白质（包括肉、鱼、蛋、蔬菜等）
5. 维生素（包括水果和蔬菜等）
6. 矿物质（包括水果和蔬菜等）

当食物进入你的口中，消化也就开始了，这些食物经过牙齿的咀嚼，被唾液中的酶素所部分消化。接着，肠胃中的化学物质也开始工作，把这些食物转化为上述的 6 种营养素。

水中所蕴含的商机

人类的身体有 60% 是水，并且每天都需要至少两夸脱（约 1.9 公斤的纯净水）。据估计，75% 的美国人长期处于脱水状态，其中又有 37% 的人将缺水的身体反应错误的视为饥饿。如果身体流失 2% 的水分，就会导致疲劳甚至是心智失常。作为预防措施，每天饮用 5 杯水能使患结肠癌的概率减少 45%，乳腺癌减少 79%，而膀胱癌则减少为 50%。

如果可能，请在不影响你获得身体所需的每天最低水量的前提下，尽可能避免在进餐过程中饮水。以避免胃中的化学物质因水的稀释而作用变小，很多有价值的营养物被水带走而不是被你的身体吸收。

一种最为简易的保健产业商机是在最为合适的时间和最适宜的地点每天为你的客户提供干净和健康的饮用水。

我们如何摄取和消耗热量

食物中所包含的能量和我们身体需要的能量都是以热量（卡路里，calories）来衡量的。一种具体食物中所含热量数可以食物消耗的重量来衡量，热量也可以衡量产生的热。另外，对某一具体的行为产生的热量进行衡量也是可能的，如睡觉或在陡峭的山上慢跑。

在 6 种营养物中，只有糖分（每克含 4 卡路里）、脂质或者肥肉（每克含 9 卡路里）和蛋白质（每克含 4 卡路里）提供能量。女性每天大约需要 2200 卡路里的能量，而男性则需要 2900 卡路里。如果一个人每天进行竞赛性训练的话，他每天消耗的卡路里比静止不动的人消耗得多。下面的表格显示的是每小时不同的行动所消耗的卡路里。无论哪种形式的行动，人类身体出于满足如呼吸和血液循环之类的新陈代谢所消耗的能量可以占到这一行为所消耗能量的 65%。

30 分钟的不同运动方式所消耗的热量指数

运动方式（30 分钟）	体重 120 磅的人	体重 175 磅的人
以每小时 14—16 公里速度骑车	288	420
滑雪（下山式）	230	346
骑自行车登山	230	336
慢跑	191	278
游泳（中速）	166	242
网球（单打）	166	242
高尔夫球（背球具）	166	242
每小时 4 公里速度步行	140	205
常规的举重	94	136
高尔夫球（坐车）	94	136
静坐	29	42
睡觉	25	37

当你每天摄入的热量超过你身体的需要时，那些多余的热量就会转化为脂肪，这些脂肪会被储存到身体的各个地方。而正常符合人体需要的脂肪大约占整个身体重量的 15%—25%，这些脂肪对人类机体的正常运转十分重要。这些机体的运转包括从保持体温以便我们身体能够吸收消融脂肪的维生素到对极度重要的器官起缓冲作用。如果你机体内脂肪很少，为了满足获取能量的需要，机体就会破坏性地分解肌肉和内部器官。

然而，当你在一段时间内获得的热量比身体需要的多时，你的身体就会储存多余的脂肪，通常这些多余的脂肪对男人来讲，会首先出现在腹部，而对女人来说，则会出现在大腿上。多余的脂肪和疲劳、心脏病、癌症以及危及人类生命的其他数百种疾病息息相关。

脂肪很难消除的四个原因

储存的多余脂肪在人类肌体再需要更多的热量时会重新转化为能量。但由于以下四种主要原因这种情况不太容易发生。

1．我们在消耗脂肪转化的能量之前，已经消耗掉了可利用的糖分。
2．在使用储存的能量之前，我们身体会发出寻找更多食物的信号。
3．大量可利用的食物使我们为了新陈代谢稳定而保持高脂肪的水平。
4．我们今天的食物和以前的不太一样，那是因为我们储存能量的人类肌体需要进化。

首先，就像一个饥饿的人会食用大量的食物一样，人类肌体也会消耗很多易于转化的能量。热量营养品中的分子结构最简单，因此最容易被很快转化为能量。这就是为什么一些人很长时间没进食或者在进行艰苦的训练之后渴望进食碳水化合物的原因。

与此对应，脂肪分子结构十分复杂，并且需要额外的能量和时间来重新转化为能量。人类肌体总是在分解消化储存的脂肪之前首先消耗可利用的碳水化合物以补充能量。

其次，当一个人需要能量时，在多余的脂肪被转化之前他或者她会经历很长一段时间的饥饿。这种肌体运作在史前时代就已经存在了——史前时代的人们使用囤积的能量之前，在食物充足的情况下，要经常不断的进食。

人体的生物设定是要求我们每次进餐都尽量多吃食物，仿佛这是最后一顿，在很多情况下确实如此，因为史前人类不知道如何保存食物，不知道如何耕作，不知道如何驯化动物。

能做与我们的生物设定相反的选择使我们和大多数动物区别开来。人类和动物从根本上讲有相同的生物欲望和意愿，当这种欲望和意愿得到满足时，我们同样会心情愉悦，但是和动物相比我们有一个巨大的优势：人类有思想和灵魂，有控制人类肌体运转的强烈愿望。对大多数人而言，情况的确如此，除了饮食习惯。

一些动物已经知道在今天食物充足的世界如何优化它们的肌体运转。今天大多数拥有宠物的人经常给自己宠物喂食压缩食物，而且经常把这些食物随意放在一个地方任由宠物自己进食，而不是等到下次宠物需要时再给它们。兽医和宠物拥有者都知道，如果你在宠物非常饿时喂它食物，它下次再进食时即使吃撑着也会把食物全部吃完。然而，当食物源源不断时，大多数的宠物会调整自己的饮食习惯，只有为了保持身体的健康它们才进食。颇为悲哀的是，这还需要美国的医生和市民为自己和子孙多多学习。

我们今天进食的速度也比我们的先辈要快得多，那时人们经常围坐在桌边，慢条斯理的闲话家常。

我们从吃下食物到饥饿感消失需要 10—15 分钟的时间，这就是当主菜上的比较晚时你为什么不再感到饥饿的原因。

如果你吃饭时细嚼慢咽，你对热量的需求得到满足时你就不再感觉饥饿了。但是，当你有约会或者在快餐店，你吃得很快，你会觉得很饿而不停地吃，其实已经吃下超过身体所需的热量。

再次，当大多数的人有额外的脂肪时，如一个人在度假时大吃大喝，增胖 15 磅，他日常基本的新陈代谢对热量的需求就会增加。以前，他每天对热量的需求在 2500 卡路里，而现在为了消除饥饿感他每天需要 3000 卡路里热量的食物，他的身体和食欲会达到一种新的平衡，这种新的平衡有额外的 15 磅的负担。只要食物充足并且人们听从他们胃口的指挥而纵情吃喝，他们的体重将会有增无减。

一旦一个人有超重情况出现，那么，他或者她大多要采取积极措施（如对食谱进行改进）来减肥。

最后，人类身体储存的多余脂肪不能转化为能量的主要原因是我们今天的食物和我们肌体生物性运转时需要的食物是不一样的，今天的食物含有更多的脂肪。而我们的祖先在发展肌体生物性运转设定时，吃的大多是低脂肪的蔬菜类食物（尽管有一些围捕来的肉食）。而且肉食含有的脂肪也比今天的肉类脂肪含量低很多，过去围捕到的肉食包含的脂肪只占总重量的5%，而今天经由商业生产出来的和有激素催生的家禽肉中脂肪的含量占总重的30%。

过去脂肪十分珍贵，用处十分广泛，以至于我们的味蕾从开始都对其垂涎欲滴，而这些脂肪大都在动物体内。不幸的是，今天这种味蕾的强烈渴求被我们的食物供应者所利用。就像主要是关于七个僧侣罪状的电影《火线追缉令》中第一个受害者一样，我们会因为吃的东西而死亡（这里指的是高脂肪食品）。

在过去的一个世纪里，我们日常饮食中脂肪的含量几乎翻了一番——从1910年的20%到今天的35%。

这个35%的平均数不能掩盖涉及健康的这样一个事实，我们的国家处在分裂中：数百万美国上层人物的日常饮食的热量大约20%甚至更少来自脂肪，而其他数百万人的日常饮食中热量的50%甚至更多来自对生命构成威胁的脂肪。专家认为，人体饮食的生物设定大约20%的热量需要来自脂肪。

蛋白质、维生素和矿物质的重要性

美国人日常饮食的第二大主要问题，是他们从日常饮食中得到的身体需要有助于建构材料和（或者）触媒剂的东西非常少。

《圣经》的首卷《创世记》（伊甸园这个发源地对于犹太教、基督教和伊斯兰教信众来说都很熟悉）把伊甸园描述成是上帝制造的，园中每棵树都可以用来观赏和食用。这意味着各种各样的食物除了具有观赏价值以外还可以食用。

尽管大多数的成年人认为他们的身体已发育完全，但是组成器官的各个单一细胞需要以一天到一个月的时间来更新。

人类肌体每天生产 2000 亿个红细胞，以备周期为 120 天的更新血液中红细胞之用。皮肤的全部更新期是一到三个月。而如果断裂的旧骨骼被新骨骼取代则需要 90 天的时间。

这些组成更新旧器官的细胞含有超过 10 万种不同的蛋白质，这些蛋白质由 20 种不同的氨基酸构成。我们所吃的植物和动物蛋白质包含有氨基酸，它是我们身体构建活组织结构之必需。

如果没有蛋白质、维生素和矿物质的日常供应，不论我们获得多少卡路里的能量，我们的身体都会每况愈下，因为我们不能完全替换人体内部和外部器官已经死掉的细胞。

我们吃的食物当中也含有某种必需的矿物质，它是我们修补和再生身体活组织所需要的。基本矿物质共有 14 种，一些是催化剂而不是构建材料的。下面七种矿物质我们每天都需要 100 多毫克：钙、氯、镁、磷、钾、钠和硫。

另外七种是微矿物质，像铁和锌。为了提供构建材料需要的蛋白质和矿物质，我们身体需要的食物要包含13种至关重要的维生素，像触媒剂能把食物转化为能量，还能把氨基酸转化为身体组织组成部分。触媒剂作为一种促进特定化学反应的物质必须以很少量的方式存在。例如，如果没有维生素B3的话（叶状蔬菜和粗谷类植物中含有维生素B3），我们的身体就不能分解吃的植物和肉类蛋白质，进而把它们转化为基本的氨基酸。如果你的身体不把摄入的蛋白质转化为构建身体材料成分，那么不管你摄入了多少蛋白质也没有用。

当我们摄入的蛋白质、维生素和矿物质不够量时，我们的初始症状就是情绪波动、疲劳、焦虑、头痛、思维紊乱以及肌肉无力。如果时间长的话，这种营养的缺乏能诱发癌症、高血压、老年痴呆症和其他我们习惯性地认为由于老龄化导致的许多疾病。

现代医药只是对症下药，却只是治标不治本。正本清源的做法是关注我们吃的东西，或正确地说，关注营养不良是缺乏哪些食物造成的。

在你的身体发出警告，告诉你缺乏某些关键的营养之前，你也不必过于担心，因为我们身体每天需要的蛋白质是少量的，而需要的矿物质和维生素则更少。

女人每天需要46克（1.6盎司）蛋白质，而男人则需要58克（2.0盎司）。由于牛肉和罐头公司具有误导性但又成功的广告运作，使得大多数人认为他们需要的蛋白质要比上述的数量多很多。颇具讽刺意味的是，肉类和奶类品中含有的蛋白质其实很少，因为和其他富含蛋白质的鱼类、豆类、面包以及蔬菜相比，它们含具有很高危害性的脂肪。

人类每天对身体需要的13种维生素的剂量不同，从每天60毫克的维生素C到每天200毫克维生素B8。我们每天吃的新鲜食物，可以满足上述中的身体必须摄入的维生素的量。

同样，我们身体所需的 14 种矿物质也包含在新鲜的食物中，而且量非常充足——100 毫克只是盎司。

下面是坏消息。

尽管我们每天需要蛋白质和矿物质的量相对很少，尽管天然食物中含有的这些营养很多，但是由于现代食物供应的原因，人类肌体需要的这些营养往往得不到满足。

绿色革命是如何改变食品生产中的经济机遇的

当我们的祖先因饥饿而苦苦寻找食物时，他们活下去的希望就寄托在丰富的植物上，如豆类、水果以及根作物，再加上一些围捕来的肉食。如果单吃一种食物的话，肯定不够，所以为了获得热量不得不寻找各种各样的食物，这些食物中含有多种身体需要的营养，如蛋白质、维生素和矿物质（他们的身体也就适应了他们进食食物以获得各种各样营养的多样化特征）。

随着时间的推移，这些狩猎者变成了农民。利用人类的创造力和专业化产生的经济效益，这些由狩猎者变成的农民学会了如何高效地大量生产某一种食物，而这些食物在之前都需要通过物物交换来获得。此外，他们还学会了生产那些风味佳且保存久的食物，像脂肪含量很高的干肉和陈年干酪。从那时开始，世界人口迅速增长，从耶稣诞生时期的 2 亿人到 19 世纪末的 10 亿人。

在 20 世纪，农业技术的增长最终使食物匮乏的老旧时代成为过去，食物增加幅度惊人。多亏了绿色革命，中国和印度从饥饿经济转为食品的净出口国。世界人口也由 10 亿蹿升到 60 亿。由于美国倡导的耕地技术的提高，1930 年到 1980 年间，美国从 3000 万农业人口生产 1 亿人的食物降到 300 万农业人口生产 3 亿人的食物。农场生产越来越有效率，而且这种势头似乎不可阻挡。

美国农业局成立的目的原本在于保护农场工人的经济利益，特别是在干旱和饥荒时更是如此。在农业效率日益提高的时代，美国农业局财政预算重心发生转向：政府为了农业收入稳定而支付给农民数十亿美元以便他们不再生产更多食物，并以此保持农产品价格高昂，最终保护农民的经济利益。今天，尽管这一补贴是为了让消费者以更高的价格购买农产品，但是，因为此，美国农民不再使用新的技术，也不再生产消费者真正需要的农产品。最糟的是，这一津贴政策使得许多年轻人成为农民，而这些农民都不是我们经济所需的。

然而，尽管美国农业局的政策作用适得其反，但是在 20 世纪后半叶，由于供过于求农产品的价格还是跌得很厉害。

由于基本食物价格下降，农民为了生计，不得不从生产农业初级产品（如小麦、牛奶、水果和牲畜）转向有商标而又能保存长久的制成品生产（如谷类、调味品、精制干酪、罐装食品、冷冻食品、垃圾食品或者称为零食）。

从事零食业变得非常有利可图，一开始消费者们并没有这类需求，但是随后他们对这些食品就欲罢不能了。

此外，在战后美国经济中，一种新的食物供应兴起了。这种食物的特别之处在于它不是根据味道、价格或者方便定义的，而是根据它能够保存很长一段时间和快速服务界定的，这种食物就是快餐。

现代食品创造保健商机

在我们食物供应技术大大发展期间，我们对基础营养的认识仍处于启蒙阶段。许多食物科学家和工程师们对蛋白质、维生素和矿物质需求都所知不多，更别说是一般社会大众了。每家食品公司都集中精力把食品制作得尽可能比竞争对手美味、保存期更长以及免受微生物污染而更加安全。

回顾这个过程，可以看到食品业者做了令人尊敬的工作，完成了他们的使命。因为"二战"结束时，对大多数美国人来说加工食品和快餐还是很陌生的，人们对此并不是太了解，但到 20 世纪末美国加工食品和快餐业已主宰了美国 1 万亿美元的食品市场。

尽管我们的食品产业为每个人提供了基本需要的热量，但是它却无意识破坏了我们国家大多数人的健康。为了使食物更加美味可口，厂家往食物中加入脂肪。食物越美味可口，消费者们就越愿意购买。他们吃得越多，就变得越胖。他们变得越胖，每天吃的食物也就越多——如此循环不已。

为了使它们的食物变得更加安全而免受微生物污染，这些食品工厂会高温杀毒或者将食品熟煮。今天，所有的罐装食品，几乎所有的牛奶和果汁都经过高温消毒。不幸的是，熟煮的食物和储存很长时间的罐装食品以及其他真空包装类食品，它们含有的大多数维生素和矿物质都被破坏。总体来讲，罐装以及其他形式的加工食品不会破坏蛋白质、脂肪和碳水化合物。

为了延长产品的储藏时间和安全性，生产厂家在食品当中要添加防腐剂，这些防腐剂不仅有大量的钠，还有含量极高而又被认为是安全的化学成分。然而一个标准成年人一天只需要 500 毫克的钠，这些钠在天然食物中就可以摄取，而加工食品中普遍存在添加盐的行为，以至于美国成年人每天平均消耗的盐是 500 毫克的 10 到 14 倍。我们的味蕾也因加工食品而钝化，非加工食品的口味也不再那么好，盐更是导致高血压的罪魁祸首，而高血压能诱发中风、心脏病和肾衰竭。

食品供应的主要问题：空热量（高热量，低营养）

由于以上种种原因，导致今天美国食品的供应被营养专家称为含有高热量而维生素、矿物质和蛋白质含量很低的空热量食物所占据。

在没有变得极肥胖的情况下，人类身体每天所需的热量仅为 2200—2900 卡路里，但是，我们的身体必须摄入蛋白质、维生素和矿物质以及对身体有益的脂肪及其相关热量。仅仅快速浏览印在加工食品标签上的营养成分就可以得知，现代人在吃下热量的同时还缺少哪些营养素。

一罐普通的汽水包含 140 卡路里的空热量（此外，它还含有 38 克的糖、70 毫克的钠、添加的咖啡因、各种各样的防腐剂，但是没有一点蛋白质、维生素和矿物质，这就是我们为什么称之为空热量）。一份标准的快餐食品含有令人吃惊的 1000 卡路里的热量，有时甚至更多；但是，蛋白质、维生素和矿物质的含量却非常少。一盎司乐事炸土豆片含有 230 卡路里的空热量，外加 270 毫克的钠。

但是这些食物因为其含有的东西而不是它们没有含有的东西而变得更糟：许多高热量和低营养的食物含有的脂肪量高得让人难以置信，而这种高脂肪的添加只是为了使食物更加美味可口。一份健康食品的热量 20% 来自脂肪（每克脂肪中含有 9 卡路里的热量），而其余的热量则来自于碳水化合物和蛋白质。一个麦当劳大汉堡包含有的热量就高达 810 卡路里，其中有 490 卡路里的热量（55 克，或者 61%）来自于脂肪。尽管没有中量炸薯条的帮忙（这种食物中有 450 克的额外热量和 22 克的脂肪），55 克脂肪的量也足够你消耗一整天的，这还不是你消耗一种系列食物所获得的热量数。而一个美国人每周要吃掉三个汉堡包，外加四份炸薯条。

与此对应，在天然类食品（没有加工过的）中含有很高的热量、维生素、矿物质，但是脂肪的含量却很少。

水果中含有大量的碳水化合物、维生素和矿物质，但是不含脂肪。一根香蕉有 103 卡路里的能量，但是没有脂肪。新鲜的蔬菜含有大量的维生素和一些蛋白质，但是几乎没有脂肪。一把甘蓝菜没有一点脂肪，却含有 5 克蛋白质，而一个中等大小的马铃薯含有 100 卡路里的热量和 6 克蛋白质，但是没有一点脂肪。此外，当你食用天然食物时，会自然对所吃的东西感到淡而无味，会主动寻求其他天然食物——它们含有身体每天必需的各种维生素和矿物质。

鱼、牛肉和鸡肉含有大量而丰富的蛋白质、维生素和矿物质，但是却没有碳水化合物,而且脂肪含量差异很大。一条 6 盎司重的食用鱼(如大型比目鱼)含有 35 克蛋白质和 2 克脂肪。而 6 盎司牛里脊肉做的牛排含有 39 克蛋白质,但是却含有 55 克的脂肪。6 盎司的食用鸡(黑肉和白肉两种肉)含有 46 克的蛋白质和 25 克的脂肪。

遗憾的是,我们吃的食物和我们先辈大大的不同,甚至和我们的父辈也有很大的差距。以前我们都是在家就餐,主食也是脂肪、盐分以及含有化学添加剂很少的新鲜食物。

今天,我们大多数人太忙以至于没有时间去做以新鲜原料为主的食物,因此我们会买一些甚至全部买随时可以食用的食物,而这些加工过的食物添加了大量的脂肪、碳水化合物、钠以及化学添加剂。

自 1970 年以来,人们不在家就餐(在餐馆或者野外就餐)的比率已经增加到 50%。在外就餐的食物和在家就餐的食物相比,前者含有更高的脂肪和钠,但是维生素和矿物质的含量却很少(即使在外就餐和我们在家用半成品食物做饭吃相比,前者仍含有更高的脂肪)。颇具讽刺意味的是,我们随后会看到,人体的生物设定有嗜好脂肪的趋势——这种趋势为我们史前时代的低生存率所需要,但是现在这种趋势却成为最为严重的健康问题。

经济与贪婪和我们的食品供应问题

投入保健产业的企业家应该时刻铭记,虽然事后分析可知,业者操控食物供应似乎危害匪浅,但相信没有一位业者是存心害人的。

企业家和商业人士为了使食物变得美味可口而增加脂肪,他们的本意不是创造一个超重的国家以及极为肥胖的个人(暗指美国和肥胖的美国人)。企业家和商业人士对我们的食品进行罐装和加工是为了延长储存时间,而不是降低维生素和矿物质的含量以及减少食品的健康程度。此外，企业家和商业人士们为了使食物变得光鲜、亮丽，色泽较佳，并在超市保持长久，而在食物中加入氢处理油，这样做的本意不是把好的脂肪变成坏的脂肪，也不是为了增加患心脏病的风险。不幸的是，由于市场经济的综合作用导致数以千计的食品厂家模仿这种做法，从而对食物供应产生了相同的效果，看来就像桩恶毒的阴谋。

消费者因为口味被惯坏和营养认知不足，厂商于是顺势推出满足消费者不当需求的产品。我们会在第四章研究新的消费者对健康产业的需求，通过正确引导和信息注入引导企业家和商业人士修正他们先辈遗留的问题。此外，经济规律引起的健康产业问题可以由此得到解决。食品供应链中的每一个提供者都要被迫去拥抱健康产业，否则就只有被淘汰。

虽然食品供应中的问题让人忧心忡忡，但是产生问题的同时也给健康产业带来了机遇，这种机遇就是为消费者提供健康食品和饮食补品，从而解决现代食物供应问题。

我们在研究这些机遇之前，一些特别关注肥胖问题的读者，想知道更多关于美国超过 65% 的人口超重或者肥胖问题带来的健康需求的信息。如果你是出于个人原因或者是想做生意而关注肥胖，我建议你现在就读。

在进行下一章之前

为企业主和保健产业专业人员设计的行动方案

1. 分析个人领域的保健产业机遇如何改变我们的食品供应的。更具体点说，它对一个消费者消费下列食品产生了怎样的影响：

    a. 水

    b. 糖分

    c. 油脂（脂肪）

    d. 蛋白质

    e. 维生素

    f. 矿物质

2. 分析肥胖的流行对于你的三项保健产业事业有何影响。

3. 分析你的三项保健事业是如何影响你的消费者消费的热量以及消耗的热量的。

4. 想想你选择的领域对教育人们在食物中漏掉某种食物产生的影响。

基于这些问题的答案，重新思考调整三项不同的保健商机。

第四章
通过食品发财致富

作为对消费者需求和政府潜规则的响应，从事保健产业的公司要解决它们引起的问题。但是，真正的财富是属于那些率先满足消费者对保健需求的企业主们，像史蒂夫·狄玛士和保罗·韦勒他们一样，事先积极把产品和渠道准备就绪，进而等待消费者的光临，从而建造一个1亿美元的商业帝国。

食品中的健康财富来自于以下两个领域：
1. 栽种、寻找、收割、储存、运输以及调理健康食品。
2. 告诉消费者如何选择健康食物以及控制食物的总摄取量。

我们食品供应中蕴含的一些商业机遇被经济化扭曲了，这主要是由于以下两个方面的原因：其一，我们选择食物时的文化偏好；其二，政府的巨大补贴政策扭曲了我们食物的生产成本。我们的宗教和政府机构落后于消费者对健康的感知。在我们论述具体的保健食物商机之前，先来谈论现象背后的成因以及这个价值1万亿美元保健产业的结构。

就像你读这一章一样，讨论每一个问题时，不论是宗教、政府或者是一种具体的食物，都要停下来想一想，你如何能把这个问题转化为一种利润可观的健康产业机遇。

落后的保健脚步

人类文明的历史几乎是获取食物的历史，人类起源伊始便四处漂泊寻找食物，随后，人类学会怎样收割以及如何保存。栽种、寻找、收割、储存、运输以及准备和食用食物占据我们日常生活和世界经济的绝大部分，直到20世纪初这种局面才有所改观。

在那之后，一夜之间，绿色革命和其他技术使得我们主要的饮食问题从饥饿和卫生转向了饮食过量和营养不良。这种情况发生之快使得我们的宗教和政府根本没有机会反应。

今天，在食物充足的发达国家，许多宗教人士在正式用餐前都会感谢上帝赐予他们食物，而不是感谢上帝给他们吃健康的食物，从而提升自己的智力水平。暴饮暴食在犹太书的《出埃及记》章节中被强烈谴责，而且暴饮暴食也是基督教七宗罪之一。《旧约全书》也预言暴饮暴食会导致贫穷。然而，今天暴饮暴食被大多数宗教所忽视。即使那些对食谱重点关注的宗教如正统的基督教和伊斯兰教也是专注于古老的关于食物干净的法规（吃干净的食物），而不是去关注教徒真正的饮食需要（如吃健康的食物，吸收足够的维生素和矿物质以及避免肥胖）。

在今天的美国，美国农业局的主要任务也是保护农民的收入，而不是保护消费者的食物供应。美国农业局的这种政策在1776年或许是好的，因为当时华盛顿呼吁建立一个国家农业委员会是基于以下两点：其一，当时农民占美国总人口的95%；其二，农产品的收入占当时美国经济总量的90%以上。但是，现在这种政策过时了，因为美国农民人口只占美国总人口的2%，而农业收入在美国经济总量中的比重还不到0.5%，此外，绝大多数人都有超重和肥胖问题。

在过去的一个世纪里，由于生产、储存和分销技术的提高，食物的价格大幅下降，食品公司经济总量只占美国经济总量的不足9%，或者说，食品公司的销售总收入是1.3万亿美元，只是美国国内生产总值14万亿美元的一小部分。食品公司的总收入可以粗略分为：

农业	550亿美元
食品加工和分配	6000亿美元
餐饮业	5470亿美元
副食品业	1000亿美元
其他	530亿美元
美国总的食品收入	1.3万亿美元

在前一章节中，我们看到了技术提高如何导致今天我们的食物营养缺乏而空余热量的（我们的食物含有大量的脂肪和热量，但是至关重要的维生素、矿物质和蛋白质含量却很少）。这种状况需要得到改变，因为消费者受教育程度逐渐提高，并且要求各种各样的食物。

农业补贴政策

作为对消费者健康要求的回应，农业领域有两个方面需要快速改变：（1）农民生产的食物要更加的健康；（2）农民生产这些食物的方式（例如，有机农业与基因改造工程）。

我说应该得到快速改变是因为农民生产什么样的食物以及怎样生产食物是主要由政府过时的补贴政策决定的，而不是由消费者的选择和经济规律所决定（说它过时是因为这些政策几乎是一个世纪前制定的）。尽管健康产业中农民的商机还在，但是，如果农民不从政府干预中走出来满足消费者需求的话，商机就会悄悄溜走。

即使你对成为一个健康产业领域的农民不感兴趣，理解政府的补贴政策也是很重要的，理由如下：

1. 作为一个纳税人你要为这种补贴政策缴税。
2. 补贴性生产将会和你的保健食品生产竞争。
3. 它们使农民一直生产非健康的食物，这会增加更多的对保健食物和服务的需求。

今天的农业政策只代表了我们食品产业的很小一部分，以及我们14万亿美元经济的极少一部分，然而，农民和他们的经济问题却占据我们国家舞台的很大一部分。这是由于过多的联邦权力集中于人口数很少的农业州造成的。美国20个农业州，像北达科他州（63.7万人）和怀俄明州（50.9万人）的总人口比任何一个工业州，如得克萨斯州（2286万人）或者是加利福尼亚州（3613.2万人）的人口都少，然而这些农业州在参议院的影响力却是得克萨斯州或者加州的20倍——不幸的是，这种权力被富裕的农场主和特殊利益强权集团如美国奶酪协会所控制和滥用。

在20世纪20年代初，当时的选民大多是农民，联邦政府不得不为了保护农民的个人利益而稳定农产品的价格，以防止农产品的价格下跌而使农民蒙受其害。过了几十年，几十个不同的政府计划演进成我们今天的制度，在这一体系之中，农民在2005年不用生产任何农产品就可以得到250亿美元的福利。

在得克萨斯的一个县，联邦政府补贴可以相当于所有农场总收入的1/3，而且前10%的补贴接受者在1996年到1999年之间平均得到补贴为396131美元，在这期间，有几个农民得到的补贴超过200万美元。这些补贴政策以如"农地自由法案"之类的名义进行，明示它们有利于消费者和农场家庭，但是，大多数的补贴只是掌控在极少数富裕的个人和公司手中，而这些富裕的个人和公司有实力聘请律师和专家，以使政府通过有利于他们的补贴政策。和其他权利或者福利政策不同，联邦农业补贴政策对收入、资产或者债务是没有任何要求的。

250亿美元的补助款不会有危害，但糟糕的是，这些补助款无疑变相地鼓励生产一些不符合保健概念的过时食物。

乳品业的欺诈之术

这些食物中最令人气愤的是接受政府70亿美元补贴的乳品业。但是，乳品业从消费者获得的收入是联邦政府以法人补贴形式给予的许多倍。

牛奶和牛奶副产品是2万亿美元乳品业市场最主要的贡献者之牛奶能引起过敏症、肠胃胀气、便秘、肥胖、癌症、心脏病、传染性疾病以及骨质疏松症。

尽管大量的欺骗性广告活动都如美国奶业协会宣称的能防止骨质疏松症，但牛奶会导致骨质疏松症。

有几项研究得出结论：喝牛奶更多的是诱发骨质疏松症而不是避免它的发生，这是由于钙从骨骼中流失造成的，和钙的摄入没有直接的关系（你喝牛奶来补充钙是不科学的），因为牛奶中蛋白质的数量和结构会导致骨骼中钙大量的流失。对那些相信在成年补充钙来使骨骼强壮的人来说，蔬菜中含有天然钙，而且更加健康，也更易于吸收，量也更为充足。此外，一杯热带产的富含钙的橘子汁比一杯强化牛乳中含有的钙量要多，前者含有350毫克，而后者含有302毫克。此外，撇开钙的摄入是否能避免骨质疏松症不论，尽管美国奶业协会的牛奶广告宣称摄入钙是为了避免成人和老年的美国人患骨质疏松症，但是，人成年后，骨组织停止生长，钙的摄入能避免骨质疏松症的作用也就失去了。

但是，除了上面对牛奶诱发骨质疏松症的大量论述外，牛奶还含有荷尔蒙并能携带一些传染病。一头奶牛自然状态下每天能生产10磅牛奶，然而今天在牧场里受尽折磨的乳牛，每天最多可以生产100磅牛奶。这是因为今天的奶牛被喂食了大量含有特殊荷尔蒙的生长素（BGH）以增加牛奶产量——这使它们的乳房变大，以至于它们经常拖拉在地上，而导致经常性的感染，需要固定使用抗生素。美国农业局允许每千分之一公升饮用牛奶含有100万—150万的白细胞。这些增长荷尔蒙、抗生素和脓汁在加工后并不消失，在被人体摄入后会导致可怕的疾病，对孩子们来说更是如此。

任何美国文胸制造商都会告诉你，在过去几十年里，由于牛奶中荷尔蒙生长素的缘故，他们文胸的销量非常好，这是因为荷尔蒙生长素和其他荷尔蒙导致年轻女性乳房增大，并且降低了初潮的年龄。但是，文胸制造商们不会告诉你的是，这些荷尔蒙也是诱发成年人乳腺癌的罪魁祸首，因为这些荷尔蒙的摄入能诱发人们乳房中恶性肿瘤的出现，就像这些荷尔蒙造成奶牛的乳房异常增大一样。尽管许多消费群体都呼吁禁止含有生长素和其他激素的牛奶上市出售，或者是至少给这些含有生长素和其他激素的牛奶加上标签，但是美国食品药品管理局却向美国奶业协会妥协，拒绝禁止这些激素类牛奶上市或者给其贴上标签。

牛奶的生产环境和奶牛本身都很糟糕。一头奶牛每天可能产100磅的牛奶，但是它每天也有120磅的排泄物，这和24个人的排泄量等同（但是厕所、下水道或者净化结构没有计算在内）。每头奶牛每天消耗掉81磅的谷物和蔬菜，外加45加仑的水。一头牛的自然寿命为20—25年，而乳品业的奶牛的寿命只是4—5年，由于激素的经常性刺激以及经常人工受孕，奶牛奄奄一息，从一种生物变成了一部古怪的制乳机器。

· 第四章 通过食品发财致富 ·

乳品业最糟糕的事情不是它们诱发疾病的问题，也不是被折磨的动物，或者对环境的灾难性影响，而是它们是导致美国65%的人口超重和肥胖的主要原因。

尽管饮用牛奶和进食奶酪可能使一个女孩的乳房可以像布兰妮的一样（一个著名的美国流行音乐明星，她经常炫耀自己极大的胸部），但是大量饮用牛奶和吃奶酪却可以明显的给一个女孩像已故歌手凯丝·艾略特那样粗壮的大腿和肥胖的臀部（玛玛·凯丝是历史上最伟大和最令人感到温暖的歌唱家之一，不幸的是，就像他们乐队所演唱的那样，她极其肥胖，并于33岁时在伦敦守护神大剧院演出后死于心脏病突发。而她也被人们称为胖妈妈）。

一个美国人平均每天要吃掉重达4磅的食物，其中40%是牛奶和乳产品。牛奶中不含纤维质，但却含有大量的脂肪和胆固醇。一杯牛奶中含有49%的脂肪，奶酪中含有超过65%的脂肪。牛奶确实应该被称为"液体肉食"——一杯重12盎司的牛奶中含有的脂肪足有8条培根肉中的那么多。谈到超重和肥胖问题的诱因时，牛奶比牛肉更为严重。一杯12盎司重的牛奶含有300卡路里的热量和16克的脂肪，而12盎司重的牛肉含有144卡路里的热量，但是没有脂肪。加入一杯咖啡的四汤匙牛奶含有15克的饱和脂肪，而这是人每天要消耗的脂肪量的80%。为了掩饰这些毋庸置疑的事实，乳品业公司又欺骗性地出产了2%的低脂肪牛奶。现实中，这种形式的牛奶中含有24%—33%的脂肪热量，而且含有的脂肪量仅比全脂牛奶含3%的脂肪少一点点。牛奶生产商们还肆无忌惮地给家庭小作坊生产的奶酪以商标使用许可，而这些奶酪超过20%是脂肪。这种低脂肪的牛奶促使美国食品药品管理局命令牛奶生产商们停止给牛奶产品加什么"低脂肪"或者是"无脂肪"的名号。

我们怎么走到了今天这一步：大多数美国人都喝牛奶和食用乳制品？从前，我们的先辈对牛奶非常珍惜，因为它可以做成高能量的食物如黄油和奶酪，这些东西使他们安然度过冬天。

一般认为牛奶营养价值很高，因此企业主们绞尽脑汁生产出价格低廉的牛奶，然后利用赚来的利润建造一个永存的行销和政治组织，如广为人知的美国奶业协会。

美国奶业协会要求联邦政府就产品过剩给以产品补贴，然后通过学校强制午餐计划强迫牛奶进入孩子的日常饮食当中。我说"强迫"，乃因众所周知，95%的亚洲人对乳制品敏感，但是，我怀疑不同种族的大多数成年人对乳制品都无法适应。白种人是乳品业的主要消费者，但是，他们不得不接受随之而来的一系列过敏、心痛、胃痛、腹泻、胀气以及糖尿病等常见疾病，并且不断服用药用来"头痛医头，脚痛医脚"。

随着消费者对饮用牛奶的负面影响渐渐有所了解，他们逐渐养成一种对保健替代物的嗜好。这对乳品业来说不仅是这样，对其他数以千计并占据我们现代食物链条的非健康食物也是一样。此外，我们会在下面谈到，捷足先登的企业家又将大有收获，获取可观的利润。

保健新宠：豆类

幸运的是，有一种能替代牛奶的高能量和低脂肪的食物，它能长久保存，极其健康，还能预防疾病，对环境也没有破坏并且花费相对较小：这种食物就是豆奶和其他以大豆为原料的食物。然而，不幸的是，美国和其他西方国家的人们对此知之甚少。颇有讽刺意味的是：美国总人口只占全世界人口的不到5%，但是美国生产的大豆却占全世界大豆总产量的大约一半。每年有300万蒲式耳（1蒲式耳相当于36.4公斤）的大豆生长在美国，其中98%是用作动物饲料或者用于工业，只有2%直接供人消费，而这2%的大豆中绝大部分卖给了日本和其他国家，这些国家的日常饮食中早就有充足的大豆食品。

将农场生产的来喂养动物的大豆转化为生产供消费者食用的大豆，这对从事农业的企业主来说是一个最大的保健产业商机。

大豆第一次进入北美是在19世纪早期，当时大豆不是食物而是作为帆船的压舱物。1904年，一位著名的非洲裔美国化学家乔治·华盛顿·卡默尔（George Washington Carver），发现大豆蛋白质含量很高，适合当动物饲料，并且同时发现农民能通过一年到三年轮流耕作大豆来生产高质量的棉花和其他农作物。亨利·福特利用大豆为原料生产了很多汽车的塑料配件，到1935年，每辆福特汽车要消耗掉60磅的大豆。

但是，大豆成为健康食谱中最为主要的食物的情况到最近才得到发现。对人类来说，大豆是低脂肪和高蛋白的最好来源。而且，大豆含有很高的医药价值，它能预防许多疾病，如骨质疏松症、心脏病和癌症。

大豆中的钙含量高，但是和牛奶不一样的是大豆并不包括使骨骼中钙流失的酪蛋白。大豆甚至能够预防骨质疏松症，因为在大豆中发现的异黄酮能够增加骨骼中矿物质的含量和提高骨骼的密度。异黄酮是在人体器官内合成的无色有机化合物，如果异黄酮的量足够充足，就会影响动物的内分泌系统。另外一种名为金雀异黄素的大豆异黄酮，如果添加到装有活癌细胞实验试管中，能够阻止癌细胞的生长。其他种类的异黄酮能够减少更年期内女人潮热病发的强度和频率，作用类似于女性荷尔蒙补充剂。此外，因为大豆中的蛋白质能够预防心脏病，甚至美国奶业协会也通知大豆生产者可以声明：消费者如果每天摄入25克的豆类蛋白质，就可以降低（有害的）胆固醇量，减少心脏病发生的危险。一年以后，美国心脏病协会也支持同样的说法。

和同质量的牛肉、鱼肉或者鸡肉相比，大豆含有的蛋白质量更高一些，但是大豆中并不含有胆固醇，含有的饱和脂肪也很少。而且，对那些想限制或者不想摄入肉类蛋白质的人来说，豆类蛋白质是唯一高含量的植物性蛋白质。就如前面我们提到过的一样，人类需要的20种基本氨基酸都是来自蛋白质，其中11种可以在人体内生成。其余的9种必须从食物中获得。豆类蛋白质能够提供身体不能生成的那9种蛋白质，这使得豆类蛋白质和牛奶或者肉类中的蛋白质一样非常的完美，但是，豆类蛋白质还有一个优点，它不含有激素、饱和脂肪、热量，也不会对环境造成污染。

大豆及豆类饮料的生产和消费在中国已有5000年的历史，同时，大豆和豆类饮料在全亚洲也广受欢迎了近一个世纪。而在西方，奶这个字眼从12世纪起就被用作定义一种女性为养育幼儿自乳腺所分泌的液体，或未成熟谷粒的汁液。但是，所有这些根本无法阻止牛奶生产商们厚着脸皮向美国食品药品管理局提出抗议，要求禁止豆奶制造商在广告中使用"奶"的字眼，说这些广告中所说的奶必来自奶牛。如果美国食品药品管理局坚持有关牛奶和牛奶广告要真实，那么，就需要规定牛奶都要标示"牛浓"含量，并且每盒鲜奶上面都要印有警告语，就像在香烟包装盒上做的一样。例如，外科医生警告，人类消费的牛奶能够诱发过敏、便秘、气多、细菌感染、骨质疏松症、肥胖、心脏病以及癌症。

许多在日本料理店吃饭的美国高端消费者很喜欢大豆，但是对其知之甚少。在日本料理店里，绿色的食荚菜豆经常被用来作为免费的开胃菜，人们称它为爱达姆（音译：edamame），它只不过是煮过的或者蒸过的大豆。被叫爱达姆（可能发音为爱的阿赫马赫）这个名字只是因为它是在成熟之前就被收割的。然而，许多寿司店的消费者认为它们只不过是主菜上来之前为了消磨时光而吃的东西，然而，爱达姆确实极其的健康，它含有的蛋白质和营养物甚至比鱼还多——每杯含有22克。尽管美国爱达姆的种植只占大豆农业的很小一部分，但是它的利润极其可观，随着它渐渐广为人知，预计爱达姆的种植面积会成指数上升。

以科学观点来讲，豆类食物作为非常健康的食品早就应该在我们这个时代受到追捧。但不幸的是，科学和西方的日常饮食毫不相关。一旦涉及食物，我们总是被习惯、口味和便利所控制。

许多人并不愿意尝试新的食物，他们习惯于早上喝一杯牛奶或者中午吃一个汉堡包。我们当中那些渴望尝试新鲜食物的人，通常也只是满足口腹之欲，而不是为了长期的健康。我们即使对豆类食物相当熟悉，并且吃起来感觉良好，但是，如果要真正影响一般人的饮食，就必须像麦当劳的麦香堡或者是可口可乐那样便利，随手可得。

健康产业领域的革命要满足以下三个方面：符合传统，美味可口和便利。其中有些革命已经在我们食品工业价值5000亿美元的最大份额即食品加工业中开展起来了。幸运的是，这对健康领域的企业主来说才刚刚开始，那些成功的企业主们只是取得了以健康食物取代非健康食物而获得利润的只鳞片爪。

豆奶商机：构建一种健康的生活方式

1970年，史蒂夫·狄玛士从俄亥俄州保岭格林大学毕业，当时，他虽然满腹经纶，却不知道做什么来维持生计。和许多毕业的同学一样，他对自己要做什么没有任何概念，因此他去印度各地周游34年。在那里，他成为一个素食主义者，并逐渐形成一种强烈的意愿，即构建一种可以用于商业的健康生活方式。用他自己的语言来说就是：

无论是谁，哪怕你拿了一点点的国家税收，你就一定要为这个社会做好事。

狄玛士回到美国后定居在科罗拉多州的布尔德市，在那里，他决定开始从事健康绿色食物事业，特别是从事大豆生产，这些对他提倡的健康生活方式的哲学贡献良多。

和其他企业主一样，狄玛士在从事他喜欢的事业之前，也尝试了各种各样的事业。

他的事业是以一个名字为"天然坚果"的公司开始的，这个公司专门卖天然坚果奶油。他同时经营一家零售蔬菜熟食店，名字是"中国乳牛"。随后，他又开了一家名叫"白波"的豆腐店，今天这个豆腐店已经成为世界上最大的豆类食品和豆奶生产工厂。

白波豆腐店（现在是白波豆腐有限公司）在 1977 年 9 月 27 号上午 11：30 做成了他的第一笔生意。豆腐（又称为 bean curd）是一种由研碎的大豆制作成的温软、类似软冻的东西。狄玛士是这样开始他的豆腐生意的：他从邻居那里借了 500 美元，在自己公寓的厨房里开始豆腐制作。通过生产以豆类为基础的多样化食品，白波公司畅行商界 20 年，仅 1996 年销售额就达 600 万美元。在那些年里，他尝试生产许多不同产品，如"极豆冰激凌"和豆腐乳，这些产品是超越那个时代的，直到若干年后狄玛士的这些产品才大有市场。

在一种慢慢致富的哲学支撑白波走过二十载后，狄玛士在 1996 年意识到袋装豆类食品，像豆腐和印尼豆豉（用酒霉菌使之发酵后食用）可能永远不会像他当初刚开始建立公司时梦想的那样对社会产生影响。

大豆似乎是一个狭窄的市场，这个市场也只对那些了解大豆的素食主义者开放。白波公司曾尝试生产各种各样的食品以拓宽这个狭窄的市场，如蔬菜汉堡、豆腐热狗、冰激凌以及苦苦思索的数不清的创新点子以使美国的消费者能够接受豆类食品。过了若干年，狄玛士意识到他所追求的产品将会

· 第四章　通过食品发财致富 ·

是超过消费者意料之外的，这种创意产品所蕴含的主题有：新鲜、似曾相识以及便利，并且是可以直觉感觉到的。史蒂夫随后推出综合各种创意的终极版本："思尔克"牌豆奶。

思尔克豆奶是一种很新鲜的豆奶类产品，原料是自然长成的大豆，并以当天新鲜、冷冻盒包装的形式卖出，但是它看起来就好像是几夸脱或者是半加仑的普通牛奶。这种豆奶中加入了香草、巧克力、茶以及咖啡香料，而其中一种思尔克牌的豆奶中则加入了法国香草。对消费者来说，这种新型的豆奶是新鲜的、似曾相识以及便利的，特别是在美国91%的超级市场都可以买到。

1997年，思尔克牌豆奶推出后不久，白波公司的销售额就提高了37%，从600万美元提升到820万美元。以思尔克牌豆奶为旗舰产品，白波的销售额在1998年又增长了24%，达到1200万美元，而在1999年更是增长了39%，达到1420万美元。而在美国食品药品管理局和政府其他组织对豆类产品的好处大加吹捧之后，白波公司的销售额又翻了一番还要多，并在2000年达到2960万美元，在2001年又几乎增长了三倍，达到了8050万美元。在2002年，销售额又达到1.8亿美元，2003年是2.4亿美元，在2004年则达到3.62亿美元。

当2001年我第一次拨通白波公司的主机号码以作一个回访时，史蒂夫通过电话录音欢迎我：欢迎来到白波，我是白波总裁史蒂夫·狄玛士，下面的菜单将会帮助您。因为我在采访他之前曾经读了一些关于他的文章，看了他在CNN及其他地方上节目的录像带，故对于他谦虚地把思尔克牌豆奶的巨大成功归功于市场广阔，没有竞争对手以及它们就是市场的一切的说法并不感到奇怪。

令人惊讶的是，我发现这位之前曾脱离传统社会的人士，竟然对现代企业术语了如指掌，让我觉得好像是和《财富》500强的执行总裁或者沃顿商学院的教授谈话。

但是，史蒂夫所做的比仅仅学习21世纪商业语言要多得多，他从最高层次去实践它，这种层次在食品公司或者刚刚起步的企业主中是找不到的。

以史蒂夫的例子来讲，其他许多企业主是为失败而不是为成功而准备。因此，当他们成功后就把自己的商业拱手让给竞争对手。

1998年，史蒂夫准备放手一搏。首先，白波公司就几个战略目标和投资者达成共识，这些目标包括，如果思尔克豆奶的销量能够持续高速增长，那么投资者就为公司提供资金和运转支持。随后，在制定完成公司战略后，白波公司聘请了一位投资银行家来管理这些事务，并把公司的一小部分股份卖给了美国第二大乳品业公司迪安食品有限公司。但是，白波从来不使用它们的新乳品业合作者迪安的任何运转资源。

取而代之的是，史蒂夫把思尔克牌豆奶的生产线重新整合酪农业以及软饮料公司中最赚钱的生产领域。白波公司开始在自己公司拥有的面积达2000平方英尺的工厂里生产高质量的精制豆奶，这些工厂都被安置在战略要地，如新泽西、科罗拉多以及犹他州。这种精制豆奶用专门运牛奶的卡车运到五个主要的酪农工厂以制作和包装思尔克牌豆奶，白波公司仔细地挑选这些牛奶工厂，以确保白波是他们总体中的重要一环和一个最赚钱的客户。这些酪农农场不仅确保白波牌牛奶无限制的生产能力，它们还有运输车和销售组织以使得思尔克牌豆奶出现在当地超级市场的乳品类柜台里。就像我有一次访问史蒂夫时他解释的，白波公司拥有一个可以升级的模式：拉动我们精制厂500英里周围的工厂；找到生产设施，并加以拓展。

尽管大多数人把思尔克牌豆奶看做是牛奶的一种替代性选择，但是史蒂夫却并不把酪农工厂看作是它的竞争对手。我们不是牛奶的替代品，史蒂夫说，我们是一种选择，我们并不想成为牛奶业的敌人。我们要超越竞争对手从而变得独一无二。我们追赶可口可乐和追赶牛奶业差不多。据他讲，白波公司要生产一种塑料瓶装的重十一盎司而外表看起来像软饮的思尔克牌豆奶，但是它的储存期却是在常温环境能保质120天。在美国每个人平均每年要消费掉 24.2 加仑的牛奶，而每个人平均要消费掉的软饮料则达 54.6 加仑。

2003 年，史蒂夫和星巴克达成协议，生产一种特别的思尔克牌豆奶，用来与浓咖啡和茶类饮料搭配。

2002 年，在本书的第一版中写入史蒂夫·狄玛士的事情后不久，白波公司以市价 2.95 亿美元的价格卖给了迪安食品有限公司。那时候，白波公司有 150 个员工，其中 100 个员工为公司服务两年以上。在这场史无前例的盒装食品商业大动作中，史蒂夫和他的经理们认定，如果那些在公司服务超过两年的员工在这桩买卖中得不到任何好处的话，他们就不卖白波公司。律师们对史蒂夫的要求十分惊讶，律师们花了三个月的时间来完成相关的法律手续，而这本来有可能彻底破坏这桩买卖。最终，这桩买卖中总市值的 1500 万美元给了白波公司的 100 个员工，他们中大多数人不会说英语。其中一个叫皮特的卡车司机得到了 40 万美元。法律没有规定白波公司必须这样做，但是史蒂夫却亲自把钱送到他们手里，有时候要向他们解释为什么白波公司要给他们钱，他感慨良多。

谈到这桩买卖，史蒂夫说："这件事证明，如果你选择在正确的道路上做一些事情，那么就该在某个确定的点结束。它透露出的终极消息是：那儿有一条路，是关于健康生活方式的一条路，是创造财富而无半点罪恶感和消极心理的一条路。"

卖出白波公司后，大多数人认为迪安公司的文化会严重影响白波公司。然而，出乎大多数人预料的是，事情朝相反的方向发展，白波公司的企业文化大大影响了迪安公司。史蒂夫和他的管理层达成一致，团队以每人年薪至少 100 万美元留任，并因表现超出新东家的预期而额外获得 3500 万美元。史蒂夫得到提升，不仅管理白波公司，而且成为迪安食品公司下属冷冻产品公司的总裁，这家公司的营业额达 12 亿美元，其中包括"地平线"有机牛奶。2002 年到 2004 年间，史蒂夫演讲中有一句闻名遐迩的话：到底谁买了谁？

这个"到底谁买了谁"的故事于 2005 年 2 月 1 日出现在《华尔街日报》的头版头条。史蒂夫变得举国闻名，尽管他只是管理着 100 亿美元公司中一个营业额 12 亿美元的子公司，但他远比总公司的主席和老板有名。但是，在《华尔街日报》刊登他的故事一个月后，他被解职。

史蒂夫曾经和白波以及迪安公司达成协议，在2007年春之前他不会公开随意发言或者从事竞争产业。他最近刚刚结束在亚洲和喜马拉雅山脉的为期11个月的旅行，我们期望在协议到期后看到他的大豆奇迹以外的更多东西。

素食汉堡奇迹：一个保健产业的警示故事

史蒂夫·狄玛士在公司取得成功后把它交给竞争对手的举动是有根据的。企业主们必须随时为成功做准备。

保罗·韦勒是著名的素食大厨、作家和花园汉堡有限公司的创始人，而他的故事则值得健康产业企业主警惕。写本书的时候，在市场上首先推出素食汉堡的韦勒和他的公司好像出现了资金短缺问题。然而，保罗·韦勒确实进行了一场健康产业领域的革命，他所倡导的革命以及后继工作会对数百万人的生活做出巨大贡献。

保罗·韦勒刚开始的初衷绝不是要引导健康产业领域的革命，甚至也没想到会取得巨大的成功。当他名叫花园的高级素食餐馆于1981年在俄勒冈州的格林山姆开业时，他觉得自己的毕生梦想最终实现了。就像他在他的著作中描述的那样：和其他餐馆一样，我也面临该如何处理剩余食材的问题。我的解决方案是：我把由剩余的蔬菜和肉做成叫作花园面包三明治的东西。不久，我又想出个点子，把面包切成小馅饼的样子，花园汉堡包就这样产生了。很快，他餐馆里销售的午餐每两份就有一份是花园汉堡。

到了1984年，经济萧条给他的餐馆以沉重打击，他的餐馆因此而关门。尽管现在他认为这是发生过的事情中最好的了，但是，那时候保罗还是认为世界末日到了。顾客开始来电询问，问他们在哪里还可以吃到花园汉堡。一天，保罗的妹妹询问她的公司CEO能否为她哥哥重操旧业提供资金支持。CEO品

·第四章　通过食品发财致富·

尝了花园汉堡之后给保罗提供了6万美元让他重操旧业，并问他，这公司何时开始赚钱？保罗那时并没有答案，只是想到如果整整一年公司不盈利的话，这些股东无论如何都会抽回资金，于是回答道：13个月。

随着花园汉堡的发展壮大，保罗逐渐学会把负面经历转化为正面经历。当十个餐馆的老板中有九个对他说：我们餐馆没有任何素食客人。保罗的回答是：可能是由于你们的食谱上没有素食。

公司于1992年上市，保罗·韦勒也于1995年由每天管理日常事务成为食品行业里的专业人士，并成为公司的董事和创意总监。1998年，花园汉堡有限公司卖出了数百万个花园汉堡，公司的产品也出现在世界各地数以千计的超级市场和绿色食品店里。

不幸的是，随着花园汉堡的发展，它的增长速度并不能满足韦勒当初期望的市场需求。1993年，佛罗里达的另一个餐馆老板认为他也可以制作美味的快食素食汉堡，他把自己公司的产品称为波卡食物，1998年这种汉堡由蔬菜而不是通常的牛肉、鸡肉、香肠和其他命名的肉产品所做成。另外一个名字为沃星盾食品的竞争者也加入了素食市场，而他的叫作星辰的豆类产品生产线也更为完整。

花园汉堡在1998年的销售额达到1.001亿美元，这也只占了由它创造的素食市场1/5的份额。

经营花园汉堡的食品公司专业人士们在其他竞争对手赢得他们潜在客户源之前，要更加谨慎小心，要对他们的产品进行更加严格的测试。1998年，花园汉堡公司用150万美元在Seinfeld情景剧最后一集中插播广告，尽管有1.04亿人观看了这则广告，但是有批评指出，这则广告让花园汉堡的竞争对手获益，这些竞争对手隔天宣告他们食品店的销售额有很大提升，为了维持1998年那样的1.001亿美元的销售额，花园汉堡公司在那年又在广告上面投入了1500万美元，并且通过筹集更多等量的资本来维持这种广告费的持续投入。1999年花园汉堡公司优先股卖到了3250万美元，但是，也就在那一年，它的销售额下降了12%，跌至8880万美元。到2000年，销售额又下降了21%，跌至7100万美元，公司亏损额达3270万美元，也就是每股亏损3.67美元。

雪上加霜的是，在1999年，凯洛格有限公司（90亿美元销售额）花费3.07亿美元兼并了竞争对手沃兴盾食品有限公司。2000年，香烟制造商菲利普·莫瑞斯购买了波卡食品公司。华尔街对花园公司在面临如此强大的竞争情况下能否恢复元气失去了信心，花园汉堡股票价格也应声而落，从每股18美元锐降到每股50美分，这导致花园汉堡被纳斯达克除名。花园汉堡公司随之申请破产，但在2006年3月30日它又以一家私人拥有的名字为宝康的食品公司成功地从破产困境中走出。根据其最新的年度报告，公司的工作重心又放回到它的本源，即生产富含可吸收营养物而又美味可口的素食食物。

保罗·韦勒现在在夏威夷经营一家素食餐馆。他写了一本书，名字是《花园烹饪》，这本书一部分具有自传性质，一部分是关于如何经商的，一部分是关于如何拥有一个健康的体魄，一部分是关于如何防止虐待动物的，一部分是关于如何保护环境的。

鉴于保罗·韦勒曾对数百万美国人的生活产生过积极影响以及现在素食汉堡的销售额达数十亿美元，他的个人失败看起来则显得无足轻重了。

餐饮业企业主需要了解东西

像保罗·韦勒开创的许多类餐馆带给社会的不仅仅是素食汉堡。

第四章 通过食品发财致富

餐饮业是美国经济中最为活跃的组成部分之一，在过去的40年里它不断生产新的产品，推出新的发明。这类公司过去40年的发展昭示着保健产业未来几十年的发展走势。

1961年，很少有美国人在外就餐，同时，美国整个餐饮业的销售额还不到2000亿美元。而今天，每天大约有一半的美国人在外就餐，整个餐饮业的销售额也高达5470亿美元。如果有人能在1961年预测到餐饮业的销售额会在40年里增长27倍，有可能由于以下几个原因而令人难以置信。

第一（你可以把思维拉回到1961年），只有极富裕的美国人才有能力三天两头在外就餐。然而，技术的提高使得食品的生产成本下降，以至于今天外出就餐的花费比在家就餐还要少。

第二（你可以把思维拉回1961年），1961年的美国也没有那么多的餐馆能够同时容纳那么多的人。然而在随后的45年里，数以千计的餐饮中心建立起来，能够应付92.5万人预订就餐。

第三，1961年，那时候的人们不太情愿经常外出就餐，因为当时人们在外就餐只有三种烹饪风格可以选择，小餐馆、自助餐厅和法式菜肴。尽管当时有数以百计的餐馆，但是大多数来自泰国这类在1961年尚未完全独立的国家。

第四，1961年的餐饮业是劳动密集型的，当时美国根本没有那么多人来满足餐饮业的招工需求。然而科技的进步使得餐饮业在解雇数以百万计的劳动者之余还能够自如地开展服务，到2006年，共有1250万人从美国餐饮业退休。今天，餐饮业是美国吸收就业人员最多的私营企业。

第五，也就是最后，即使你能预见到下面这些低成本和令人难以置信的变化，如日渐增加的预订就餐量，烹饪风格的千变万化和充足的劳动力，但在1961年还是有人认为人们没有时间频繁地外出就餐。事实上，在1961年，有许多新式餐馆出现，这种新式的标准不仅仅是就餐价格、就餐地点或者是餐馆的国家来源，还有它们服务的态度，如快餐店。

影响人们选择在哪家餐馆就餐最主要的因素有价格、餐馆的位置、烹饪风格以及服务的速度，但是可供人们选择的一种新型餐馆出现了，这种新式餐馆为明日之雷·克劳斯、戴夫·托马斯们带来了财富，而像经营这种新型餐馆的雷·克劳斯、戴夫·托马斯们以高调姿态进入餐饮市场，敬候顾客光临。

也许你还没有猜到，这实际上就是保罗·韦勒在1981年所做的，那时他决定开一家主要经营健康食品的餐馆，尽管当时他所想所做远远超过当时的时代局限，他还是做了。

开设主要经营健康烹饪风格的特别餐馆时机已经成熟，这与那些今天在美国消费总额达5470亿美元中贡献最大利润的消费群体特征有关。

每个美国家庭在外就餐的花费平均占到整个食物预算的45.6%，但是那些收入5万美元以上的家庭在餐馆就餐花费比例则高达70%。尽管婴儿潮时期出生的美国人只占美国总人口的28%，但是他们占家庭收入超过5万美元总人口的一半还多，而占家庭收入超过10万美元的总人口的比重更是高达60%。以单个人来计算，"婴儿潮"一代在外就餐的花费是他们父辈的两倍多。

在第二章我们解释过，"婴儿潮"出生的美国人花费大量时间和金钱在外就餐约会的一个主要原因是，他们借由消费需求而购买年少的记忆。在餐馆内，他们并不需要做太多选择，除了那些菜单上镌刻着旧时美好记忆的少许菜肴。但是，如果"婴儿潮"一代选择提供健康烹饪风格的餐馆，这些餐馆里提供的如思尔克牌豆奶，或花园汉堡及素食小馅饼，或仅仅是普通的、未附加很多奶油以及高脂肪的健康食物能够使他们年轻或者延缓他们的衰老，那会怎样？

如果是这样的餐馆，"婴儿潮"一代肯定会纷至沓来。今天，这些具有健康食物风格的餐馆几乎遍布每一个城市，而每一份正规高级的订餐菜单里都会有一到两种健康食物或者是素食小菜。

到 2012 年，健康食物会遍地开花，而那些另类食物或者勉强可以写在菜单上的食物也会被健康食物取代。虽然今天人们仍然基于口味、价格以及便利与否来选择就餐的餐馆，但很快数以百万计的人会基于健康的烹饪风格或者是就餐后的感受来选择去哪家餐馆就餐。

第一，你听到这些预想，或许认为消费者不会因为健康的烹饪风格而蜂拥而至，因为准备这些健康食物既耗财力又费时间，然而历史证明，先进技术使得根据消费者需求而生产的产品价格越来越低，特别是在食品服务业内更是如此。

第二，你或许认为美国没有足够的合适地点再开数以千计的健康食物餐馆。但现有的 92.5 万家餐厅将被迫重新选择自己的主打菜，否则就只能将店转让给他人。而且，还会有大量的消费者拒绝到那些经营非健康食物的餐馆就餐。此外，今天那些上层人士为控制体重会节制外出就餐的次数，而如果我们给这些背后写着巨大利润的上层消费者以更多的健康就餐之地选择的话，他们会更多的在外就餐。

第三，你或许认为人们会因为总吃健康食物而腻味，然而各种风味的餐馆，从法国风格、意大利风格再到泰国风格，会形成包罗万象的健康食谱。不久，健康食物这个词语就会失去表述预定食谱上食物类型的意义，而变得像今天的餐馆这个词语一样。

第四，你或许认为健康食物可能不那么美味可口，然而，如果你把加工食物里的毒素、高阶钠以及危险的化学物从你的日常饮食里去除，你并没有失去什么。没有什么比天然味道更好的了，从香蕉到新鲜的谷物再到纯天然未加工过的蔬菜，只是我们的口感已经被加工食物化学式的改变了，这种改变让我们对自然味道反而迟钝了。

最后，即使你接受了上述更低价位、餐馆位置以及烹饪风格类型和美味可口的分析，你还是会认为由于消费者的饮食习惯难以改变因此餐饮业领域的变革不会发生。然而，还有比这些变革更为基础性的东西，那就是在美国开始的社会饮食习惯领域的变革。

每一个消费者很快都会理解到他们今天消费的食物和今天晚上身体（更别说明天了）感知这些食物的方式之间有极具纪念意义的关联。

当消费者在一家极具特色的餐馆尽情享用美食的时候，在第一章中提到的"个人式的美丽享受"已经部分的解释了这种关联。如果你四处看看，就会发现从新闻广播到广告，再到包装，都在促使我们的思想发生转变，你可以看到人们会很快接受由希波克拉底（公元前460—前377，古希腊医师，称医药之父）所说的极富智慧性的古老言语："让食物成为你的药，让药成为你的食物。"

在进行论述下一章之前

1．分析农业领域未来的变化是如何影响你目前从事的极具发展前途的保健产业的。

2．在一个消费者渐渐远离奶产品的情况下，你目前从事的极具发展前途的保健产业是如何发展或者是倒退的。

3．你目前从事的极具发展前途的保健产业是如何以美国人日常饮食的变化来为自己定位的。

4．史蒂夫·狄玛士（思尔克牌豆奶的创始人）曾花费21年的时间努力去改变美国人的日常饮食习惯（通过让美国人都吃豆腐来改变），但是他失败了。不过，当他生产一种新的产品思尔克牌豆奶，而美国人食用这些豆奶并不需要改变自己的饮食习惯时，他先前尝试改变美国人的日常饮食习惯的努力在1997年成功了。分析日常饮食习惯中的变化，以及克服这些变化对你从事极具发展前途的保健产业成功的影响。为获得这些变化，你有何计划？

5．史蒂夫·狄玛士把他最为危险的竞争对手变成了最好的同盟者，这是通过生产一种替代牛奶的保健产品而这些产品又由这些牛奶工厂分配来实现的。那么，你就要分析你或许也可以类似地通过一个很好的公司或者工厂来分配你的产品。在你选择战略合作者时，你的极具发展前途的健康产业是如何定位呢？

6．保罗·韦勒的花园汉堡有限公司最终倒闭是由于花园汉堡在竞争对手抢占自己的市场之前未能给消费者提供足够的食物。那么，你如何做才能成功而不被竞争对手吞并？

7. 在相同的情况下,你的极具发展前途的保健产业领域里什么样的产品要被取代,此外,针对竞争对手里的制造商或者工厂你要采取什么样的行动?

8. 你要分析健康食物对你从事的极具发展前途的保健产业的无处不在的影响,特别是如果从事保健产业领域里的餐饮业的话更要如此。

基于这些问题的答案,仔细考虑更新你保健产业领域的机遇。

第五章
通过医药发财致富

让食物成为你的药，让药成为你的食物。

——希波克拉底（公元前 460 年—前 377 年）

医药健康产业领域里大量的财富都是由医药产业领域之外的人创造的。在本章，我们会讲述几个人的故事，首先是一位经销商的故事，这位经销商发明了多种维生素剂；其次是两位医药博士扩大了传统医药领域；再次就是一位特别的女运动员，她用一亿美元打造自己的健康俱乐部事业；还有一位是按摩师，他发明了麦当劳特许经销模式；最后是关于一位大学教授的，他改变了职业的面貌。

很多消费者都错误地认为医药健康应该来自于传统的疾病医疗提供者，如医生、医院以及医药公司。这就是为什么每一个健康领域的企业家都要了解保健医学的历史以及目前与我们身体的健康、健美、年轻有关的科学知识如此重要的原因。

寻找黑匣子里有什么

有史以来，人类的身体就像一个黑匣子。黑匣子是一种装置，它像一台电脑或者一辆车，设计精密，性能良好，但是黑匣子里面的运作却很神秘，这种神秘可能是由于黑匣子里的内在运作不被人看见，又或许是因为它们不易被理解。

医药的历史就是对人类身体这个黑匣子内部有什么以及它是如何工作的答案的寻求过程。

石器时代，大多数人认为，那些致人衰弱的疾病是由没有任何规律和理由的至玄之物引起的，那时，人们对医药没有任何概念，因此也不能对疾病施加影响或者是去改变它。而那些自以为有一些医药实践经验的人相信，要治愈这些疾病就需要把导致疾病的恶魔从人的身体中驱赶出去，那些所谓的"医师"发明了复杂的宗教仪式和技术方法，如钻孔以治愈疾病（就是在人头骨上钻一个孔）。

上古，人类形成了这样一种观念：疾病源于超自然之物的惩罚，要想治愈疾病，就要向诱发疾病的愤怒的上帝忏悔，此外还要对自己的行为进行反思和悔过。这种因为自己的行为而导致自己或者所爱之人受到惩罚的观点，给人类痛苦之上又增加了更多的痛苦经历。

希波克拉底：健康实践的先行者

最早对上述那些观念进行驳斥的人之一是古希腊医生（公元前460—前377年）、现代医药的奠基人希波克拉底。他所写的希波克拉底誓词流传至今，今天医学院学生毕业时仍然复诵这段誓词。不幸的是，今天医药的发展已经和这位医学之父最重要的信念渐行渐远。

希波克拉底把人类的身体视为一个整体而不是各个器官的总和，而现代医药却经常孤立地治疗每个器官或者一种疾病。希波克拉底对病人的背景和习惯进行研究，如他们的职业、日常饮食。通过这样的研究，希波克拉底得出结论，健康是一种自然状态，疾病是一种非自然状态，而医生的角色就是帮助人类重新获得自然状态。但是，最为重要的是：

希波克拉底是第一个预防和治疗并重的医生。他告诉人们，正确的营养和锻炼对预防和治疗都是至关重要的。这就是保健和医药的根本区别：避免和预防。

我们从达尔文的进化理论和迈克尔的《智能设计论》了解到人类的进化过程，但希波克拉底关于日常饮食和锻炼的教义却更有意义。人体在这个星球上的进化是基于自然的日常饮食以及自然的锻炼而进入一种自然状态（如良好而健康的身体）。对 99% 以上的人类进化和存在来说，自然的日常饮食包括食用各种各样含有糖分、脂肪、蛋白质、维生素以及矿物质的食物，而这些大多需要通过素食来获取。自然锻炼则是指为了觅食和寻找住处而每天进行的体力劳动。

目光短浅

约翰·戈德弗雷·萨克斯写的寓言《盲人摸象》讲述了这样一个故事：六个盲人头一次遇到大象：第一个人摸到了大象的身体，并高喊："大象就像是一堵墙。"第二个人摸到了大象的牙，也高喊："大象就像是一支长矛。"

第三个摸到了大象的鼻子，于是他就说大象就像一条蛇。第四个摸到大象腿的人则认为大象就像是一棵树。摸到象耳的则说，大象像把扇子。而最后的一个人摸到了大象的尾巴，他就认为大象就像是一条绳。每个盲人都相信自己知道了大象的特征。

纵观历史，每一文明阶段的医生都认为他们完成了对人体这个黑匣子奥秘的诠释。而以后见之明，我们能够看出他们和六个盲人一样的愚蠢，因为由于他们从医时使用的有限医疗工具使得他们和六个盲人一样无知。

此外，每当一种新的医疗工具促使科学家打开他们认为的最后的黑匣子时，科学家们又发现了以前不为人知的黑匣子，而这个以前不为人知的黑匣子又要等到新的医疗工具出现来打开。

早期的科学家相信所有的物质都是由四种基本要素组成：土、气、火和水，因为这都是他们亲眼所能看见的。而那些初出茅庐的生物学家则相信所有生命肌体都是由他们所能看到的四种体液：血液、黄胆汁、黑胆汁以及黏液质所控制着的，而所有的疾病都是由体液超过正常量指标导致的。解剖在那时是禁止的，因此用于观察疾病的工具也受到了限制。

从希波克拉底时代到 19 世纪，医药主要关注的并不是为什么有些医药能够发挥效用，而是通过尝试的方法，找出有效的治疗方法。

一旦发现有些医疗工具发挥效用，人们就把它记录下来，并因此作为医药知识经过数百年积累下来，还偶尔通过文化得以传承。

苏格兰医生詹姆斯·兰德通过强制推广柑橘类的水果消灭了英格兰海军中的坏血病。然而，兰德对为什么柑橘类水果能够消灭坏血病并不太了解，他只是在阅读关于尼德兰海军数百年前曾经用过此种方法的书时碰巧发现了这种医疗方法。当时的尼德兰人或许也是在 15—17 世纪从事他们伟大的扩张时，从其他柑橘类丰富的文化之中学习到了这种医疗方法。

19 世纪可移动印刷的发明使得缓和某种确切疾病的医疗方法得以被世界各地的医生所了解。到 18 世纪，许多治疗的知识给医药以科学意义，医学也因此成为一门科学，与宗教和魔法分道扬镳。尽管那时大家知道数以千计的医药和治疗方法可以发挥效用，但是，一旦问到为什么这些药物和医疗方法能够发挥效用时，医生往往答不上来。

17—18 世纪，罗伯特·胡克和其他医生的技术突破使得廉价但复杂的光学显微镜得以出现。19 世纪科学家通过这种新工具能够看到以前看不到的微观世界里的细胞，科学家们认为这些细胞是组成人类有机体的最小和最后的建构单位。

能够看到细胞是怎样运作的，特别是这些细胞对病毒和药物侵入时的反应使得生物学家和医生相信他们最终找到了发现药物如何发挥效用的工具。医生因为能够治愈那些曾经是折磨人类的罪魁祸首的主要疾病如天花、肺结核、伤寒以及小儿麻痹症等而成为英雄。

大多数的医学实践者和研究者受到这种成功的鼓励，开始鲁莽地拒绝上千年积累下来的抗衰老疗法，只因为他们不能够科学地解释抗衰老疗法是如何运作的。

今天，我们知道关于细胞是构成人类肌体组织的最小单位的猜想是错误的，一个光学显微镜不可能看到比可见光波长 1/2 还小的东西，例如，有一种细菌细胞大约只有可见光波长的 1/10 那么大。人类脑袋上小钉子般大小的伤口需要一万个细胞才能覆盖得住，但每个细胞又包含了上万亿个分子，而这些分子即使是最好的光学显微镜也看不到。更重要的是：

从根本上讲，我们今天所了解的关于蛋白质、维生素、矿物质以及营养补充物之核心的生物性功能只是在分子层面发挥作用，而不是在细胞层面发挥作用。

当涉及人类的寿命、活力、力量和其他我们从超越治疗之功能的药物中想获取的这些东西，简单地说就是健康的时候，单个细胞的质量就变得极为重要了。

因为我们身体的细胞在从一小时到一个月不等的时间里不断的更新，这些细胞的质量由子层面的反应品质所决定，而这些不断发生的分子层面的反应产生于制造这些细胞的过程之中。

这些分子反应的质量取决于它们的成分，如构成细胞物质的蛋白质和矿物质，又如在从原料中合成分子中起催化剂作用的维生素和矿物质。

科学家在细胞再生需要什么物质意见还是比较一致的，这些东西就是：13种至关重要的维生素，14种至关重要的矿物质以及20种氨基酸（其中的9种需要从身体外摄取）。但是科学家对于这些成分是如何形成单个细胞的复杂蛋白质的看法却并不一致。科学家已经确定了人体内由20种氨基酸所组成的10万种不同的蛋白质，现在还在确定数以千计的更为复杂的蛋白质，而这种确定的速度比发现某种特定蛋白质的缺陷以及如何修补它们更快。我们已经发现每个细胞都有它自我更新的生物钟或者生物序列，如DNA序列，但是，我们要阅读这些序列还有很长的一段路要走。

今天，当谈到预防疾病或者是保健医药时，最好遵循古希腊时代希波克拉底所描述的日常饮食的自然特征和自然性锻炼。这意味着：

1．正确饮食和适量饮食（如未含饱和脂肪的肉、大豆以及含有纤维的食物）以保持最好的健康和避免肥胖。

2．避免食物中有毒物和有害化学成分的摄入，特别是那些包含于我们日常饮食和动物肉中的有毒物和有害的化学成分。

3．摄入的食物（包括补充物）要满足我们每天身体所需的维生素、矿物质以及基本的氨基酸（蛋白质）的量。

4．每天的锻炼量和自然性锻炼量程度一致。

但是说起来容易，做起来难。

进餐时保持身体所需的适量的热量需要极强的自我约束意识，特别是当你把每次就餐当作最后一餐，并因此拼命储存能量以备日后消耗时更是如此。而避免有毒物和有害化学成分的摄入根本就不可能，因为这些东西很难被发现，特别是它们含在肉类和日常产品中时更是如此。而至于维生素和矿物质，要维持最低供应量也是很困难的，因为在食品加工中很多都流失了，此外，很多的营养补充物并不包括它们包装说明的维生素和蛋白质等营养成分。最后，如果你确实能够采用与我们祖先一样的锻炼方式，那么你在一天的时间里也就做不成别的事情了。

庆幸的是，已经出现了保健医药领域的企业家，但是，我们需要更多的企业家从事保健医药工作，他们致力于比以前更容易的健康创造并利用技术去解决因为技术带来的健康问题。

多种维生素剂和多层次的市场

在1915年到1927年在中国做高露洁销售商时，卡尔·雷恩伯格（Carl Rehnborg）发现城市居民有严重的营养缺乏症状，但是这种严重的营养缺乏现象在农村最为贫穷的人群中却并不常见。他开始研究健康和营养之间的关系，并了解了很多对人们日常饮食至关重要的植物性物质。他曾经想制作出一种以植物为基础的营养品来补充人们的日常饮食。于是，在1927年返回美国后，他在加利福尼亚的巴尔博亚岛（以发现太平洋的人命名的）建立了一个实验室以研究人们需要哪种营养补给品。

雷恩伯格研究得越深入，他越发现在解决日常饮食中有关营养补充的复杂问题时需要简单解决方案。

经过数年的研究，雷恩伯格提出了在那时具有革命性的理念，那就是把人们每天需要的矿物质和维生素合成到一种食物里。他把他的公司称为"加利福尼亚维生素公司"，并于1934年生产出世界上第一种含有多种维生素和矿物质的食物补充剂。这种食物和公司的名称在1939年改为"纽崔莱"。

在那时，推广一种包含有不同维生素和矿物质的食物补养品需要向消费者详加说明，特别是要让消费者了解维生素确实存在。此外，因为这种含有多种维生素和矿物质的产品兼具食品和药物的双重特性，因此，它的推广和销售也不是由传统的超级市场或者药店来完成。

为了销售产品，卡尔·雷恩伯格的妻子建议他成立自己的销售团队，这些销售团队的成员本身就是营养物产品的拥趸。这种策略衍生出持续需求：公司在拓展业务时不断招募新的销售人员，并对之进行培训。

1945年，雷恩伯格和他的两个主要合伙人提出另外一个新的想法，这个想法不仅可以使他的补养品市场产生革命性变化，而且还可以催生一个全新的价值数十亿美元的零售业业态的出现。

雷恩伯格第二个革命性的创意是营销计划，这个计划能够让销售人员在销售纽崔莱产品的同时还能招募和培训新的销售人员，他们一部分收入来自于自己的产品销售，而另外一部分则来自于其新招募和培训的销售人员的销售。

每个独立的销售人员，现在被称为零售商，将会以他的销售量和招募新的销售人员的销量多少被公司平等的对待。当一个销售人员的销售额达到一定水平，就可以脱离当初招募他的销售团队，而成为公司直接的零售商。

1949年，两个来自密歇根激流市的年轻企业家杰伊·温安洛和理查·狄维士从纽崔莱公司批发了一套产品，并很快成为公司中销售额最高的销售人员。10年之后，在保留他们原有的销售网络的基础上，杰伊和狄维士基于相似的市场策略又开了一家新的公司以经销家用品。他们给这个公司起名叫"安利"，它的意思是"美国路"。

1972年，雷恩伯格82岁驾鹤西去，而同时安利公司收购了纽崔莱有限公司。今天，"纽崔莱"仍然作为一个独立的法人实体存在，每年有数十亿美元的收入，是世界上最大的维生素和矿物质补养品生产厂家之一。

雷恩伯格运用技术成功地解决了食物供应链中由另外一项技术（食品加工技术）导致的问题（供应链中维生素和矿物质的流失）。今天，有数以千计的机会来解决由食品加工和快餐业诱发的问题。

提供营养信息致富：分享信息是一个巨大的商机

尽管"纽崔莱"公司和其他产品质量很好的公司都取得了成功，但是拥有700亿美元市场的膳食补养品产业名声并不是很好。尽管数以千万计的人每天都在使用他们的产品，忠实于这些产品。但是，还是有数以百万计的人有负面的经历，并把营养补充类产品诬蔑为"昂贵的尿液"，意指一些产品只是经过消化系统排泄掉，而不会对人体有任何作用。此外，有些人甚至对这些营养补充物产品深恶痛绝，要求这些产品不准在市面上出售。有些证据明确证明上述一些猜疑和灾难预言并不是全无道理（但是，这并不能成为他们猜疑的原因）。

今天在美国销售的 1/4 的食物补养品（如维生素、矿物质以及草药类营养补充物）至少有一种，甚至更多的问题：

1. 这些产品并不包含其商标上表明的营养成分，产品标示不实。
2. 这些产品不易被人体消化和吸收利用。
3. 这些产品中含有污染物或者很难被发现的危险物质，而这些并没有在标签上加以说明。

美国食品和药品管理局本来可以通过 1994 年的《膳食补给品健康和教育法案》来管制和规范膳食补养品市场的，遗憾的是，由于人手缺乏以及经费有限，美国食品药品管理局对食物补充物的管制落实力度很小。这就给那些肆无忌惮、生产效率低下的膳食营养品生产厂家坑蒙拐骗提供了空间。但是，这也给专心于医药领域的像托德·库伯曼这样的企业家打开了方便之门，像托德·库伯曼的企业家们在保健产业领域创造财富的同时，也对保健产业做出了巨大的贡献。

托德·库伯曼在 1999 年创办了他的公司：消费者研究室网络公司，现在这个公司已经成为世界上以为消费者检测多种维生素、多种矿物质以及草药为主要经营内容的行业的领头羊。

消费者研究室网络公司独立购买了绝大多数品牌的膳食补养品，而后

对这些产品进行科学的检测，以验证这些产品中包含有它们商标所说的营养成分。

消费者研究室网络公司给消费者提供关于每种膳食补养品的健康信息，对某种特定产品给予质量评定，对营养补充物所含营养成分的安全性和功效给予总体的评介。

托德·库伯曼本来不想成为膳食补养品的消费监督机构创建者，甚至不想成为一个商人或者是企业主。他出生在纽约的弗拉欣（纽约的一个地名），在长岛长大。在公立高中毕业之际，他接受了颇有名气的波士顿大学药学院为期六年的硕博连读。在他24岁那年获得博士学位时，他发现医学的实践有一点按照食谱做菜的感觉，于是他希望能找到一条可以对社会做更大贡献的途径。

托德·库伯曼在药学院就读时，有一年夏天他在纽约的一家投资银行打工，主要工作是对刚刚成立的健康护理公司进行评估，他发现股票经纪人在没有任何根据去相信投资者的情况下疯狂购入生物技术类股票。在另外一个夏天，他在宾夕法尼亚大学的技术转换所工作，将实验室的医药新技术转化到市场中去，这种经历为他在毕业后从事第一份工作打下了基础：他在医药业领域巨头布里斯托尔·梅耶公司生物技术部工作。1987—1993年他在布里斯托尔·梅耶公司和其他新的医药技术公司工作直到他意识到：

病人真正需要的不是更多的新技术，而是能够在令人眼花缭乱而又彼此竞争的健康计划以及市场上已经出现的新的医药技术之间有所选择。

1994年托德·库伯曼发表了《保健数据报告》，以消费者满意度为基础来对健康计划和其他健康维护卫生组织进行评估。保健数据网站的业务也扩大到对制药业利润、牙齿保健业利润以及护理的未来前景进行评估。托德·库伯曼发现他喜欢成为一个企业家，为消费者提供信息，而通过这些信息，消费者可以对健康进行管理，特别是基于预防时更是如此。1997年，他把保健数据网站售出，现在J.D.鲍尔市场研究公司的健康医疗部门工作。直到1999年他意识到消费者对日常膳食补养品的信息有更多的需求。

托德·库伯曼建立消费者实验室网络公司的第一个举措就是聘用了一位世界上顶尖的膳食补养品方面的专家，名叫威廉·奥博迈耶。奥博迈耶在美国食品药品管理局工作了9年，主要职责是检测食物补充物里面含有的污染物，此外，他还帮助消费者对食物补充物进行取舍。总的来说，当且仅当有极为严重的健康问题出现时，美国食品药品管理局才会采取行动，而对诸如产品质量、标签能否准确表明营养含量等则没有任何评论。

到目前为止，消费者实验室网络公司已经为50个不同种类的1600种产品做了检测，这包含了美国膳食补养品总数的大约95%。据托德·库伯曼讲，所检测产品中大约有1/4的不合格，有些食品种类的不合格率甚至高达60%。他们也检测了一些强化食品，如热带产的富含钙的橘子汁、能量棒和强化水等。

食物的检测基于以下几个标准：
1. 特性和效用。这种被检测产品符合公认的质量标准吗？产品上的标签能真实地反映食物中所含的成分吗？
2. 纯净与否。这种被检测产品是否含有污染物？
3. 营养成分的品质。这种产品在临床研究领域有同样的生物化学效用吗？

消费者实验室网络公司所列通过检查的食品可以提供给消费者免费查阅。查阅者可以在这个网站查阅几乎每一种产品的详尽列表，而且也可以看到自己挑选的食品是否通过检查了。消费者实验室网络公司也把这些报告整理成书出版，名字是：《消费者实验室维生素和膳食补养品指南：葫芦里卖的是什么药》。

第五章 通过医药发财致富

消费者实验室网络公司在 2001 年 2 月开始接受订阅，到那一年的 8 月，共有 1.1 万名订户，此外，还有 100 万的人访问了这个网站。今天，消费者实验室网站大约有 3 万名订户。让古柏曼感到最欣慰的是，收到数以千计的消费者的邮件，感谢古柏曼协助他们选择正确的补给品。你或许不会对一位女士因其本来要选择富含维生素而又抗衰老的奶酪，但到手的却是营养含量平平的凡士林而大加同情，但是如果是下面的情况又怎样呢？

某位父亲决定服用沙巴棕（Saw Palmetto）治疗肿大的前列腺，结果发现只是糖粒而延误病情。

一位母亲有意识地每天给她 4 岁的女儿服用一定量维生素，但是每天所服用维生素的实际含量却是她女儿年龄层次所能承受量的两倍还要多。

一位父亲想通过服用人参来增加自己的能量，但是他所选择的一个品牌其人参含有潜在致癌物的杀虫剂。

某位女性服用某个品牌的缬草（Valerian）帮助睡眠，结果实际服用的产品完全没有缬草的成分。

某位母亲因为患有忧郁症而影响家庭生活，但她拒绝服用百忧解（Prozac）而服用圣约翰草（Saint John's Wort），几年后才发现买的是假冒伪劣商品。

对上述以及其他数以万计的保健产品消费者来说，库伯曼在保健产业领域所做工作的重要性不能被高估。就像库伯曼所解释的那样：在你不了解专家的评价之前，你是不会买一辆车、一只股票或者是债券的。那你为什么要购买没有被独立评估过的一种膳食补养品呢？

健康产业发展速度之快使得正常的管理医药、食品和商业的政府机构都跟不上了。像托德·库伯曼博士这样的私有企业的有奉献意识的企业家们，是为了服务于消费者而对质量进行监控，他们给消费者提供的服务可能比管理健康产业的传统政府机构要更有效率。

麦考拉网站——世界上最为著名的自然健康类网站

我获取有关自然类健康信息的渠道之一就是麦考拉网站。这个网站有85万订户，每月的访问量250万人。麦考拉（mercola.com）网站是世界上最著名的健康类网站之一。

"把麦考拉网站作为健康的民主论坛"麦考拉博士说。"你可以在这里找到有关健康的任何深刻知识和信息，你要进入网站才能获取任何种类的信息，这些最为有用的信息是数以千计的人通过投票选出的。这些信息是无价的，并且它还是改善你健康质量之非常便利的工具。"

像大多数新兴保健产业发生的故事一样，麦考拉网站的故事和它市值增长到一亿美元的事实就是有关一个人的故事。

约瑟夫·麦考拉博士出生于1954年，在芝加哥内城长大。13岁时他读了由肯尼斯·库伯博士写的《增氧健身法》，并养成了持续到今天的终生锻炼的激情。1975年他大学毕业，在进入药学院之前在伊利诺伊大学工作。在这里，约瑟夫在网上创建了一个可以查询肾移植接受者信息的覆盖全国的系统。约瑟夫解释道：一个可以被用来做移植手术的肾，只有在72个小时内移植到患者体内，否则肾就不能用了。这种经历使得麦考拉看到互联网对医药领域的巨大作用。

约瑟夫1978年进入药学院学习，并于1982年取得了整骨医师的资格。培养整骨医师的目的是治疗整个人体，并专注于预防和保健——我妻子生产时就聘请了一位整骨医师担任产科医生。整骨医师是全科医生，可以在美国全部的 50 个州看病和手术。约瑟夫 1982 年从药学院毕业，于 1985 年结束住院医师身份，之后在圣·阿列克斯医药中心担任了 5 年的家庭医药主任。

在这段时间，麦考拉博士用传统医疗方法治疗病人，直到他意识到这种方法对大多数人不太有效。于是，1985 年他在芝加哥外城开了自己的诊所，取名最佳健康中心，而开这家诊所的理念是基于：人们须被赋予力量去掌控自己的健康。他刻苦钻研以探究自然医药的秘密，并创建了一个网站以便医药外科医生们分享各自的想法和治疗病人的经历。此外，他又开始写时事医药通讯，以此来分享他与病人和同事共同学到的东西。

麦考拉网站于 1997 年建立，建立初衷是为分享时事医药通讯搭建一个平台。

几年后，麦考拉网站成长为世界上最大的自然健康信息集结地，麦考拉博士是网站的免费编辑和监理，以确保信息的真实性。他为这个网站投入了 50 万美元，而这还不包括他最初几年的投资，但是他的网站对每个人却是百分之百的免费。他意识到他必须做些事情来创收，以此来维持网站的正常运转，但是，他不想向网站的使用者收费或者是接受第三方的广告。

麦考拉博士有了一个想法：就是以医师身份向读者提供对病人建议的健康项目时才收费。2002 年，他的收入为 100 万美元，到 2006 年，收入高达 1500 万美元。这些收入远远超过维持麦考拉网站正常运转所需费用，通过分享自然健康信息但不需要向消费者索取财物或者通过广告获取收入，仍使得麦考拉博士和他的家庭成为百万富翁。

麦考拉网站在 2006 年更新为社会网络网站，在这里，健康领域的专业人士和消费者可以收集和分享信息。今天在快速发展的领域如健康产业中网络的一个最为重要的特征是上网者可以对每一篇文章中的观点进行投票，或者把文章贴出来和其他人分享他们的评论。因此，你不但可以获得最新的信息，也可以获得其他病人和健康专业人士关于这些信息的观点。

麦考拉网站每天平均有 3000 个新订户，此外它每月还有 250 万的访问者，假如这个网站要出售的话，价值会超过 1 亿美元。这对于由一位医生独自创建而没有外在资本的注入或者额外广告收入的网站来说已是相当不错的了。但是，麦考拉博士首先会告诉你：麦考拉网站仍在它的起步阶段。

尽管有数百万人访问过麦考拉网站，还有数百万甚至数千万计的人对保健产业以及天然药物一无所知。

健康心脏病医生的角色转变

弗兰克·亚努维奇博士向医学院大四的学生讲了一个故事：

这一天是哈佛医学院的毕业日，一位名叫迈克尔的最优秀的学生正和自己最喜欢的教授沿着河边散步。突然，一位溺水的男士呼喊救命，迈克尔跳入河中，在经过三次挣扎之后，把这个昏厥的男士拉上岸，并对其实施了心肺复苏和人工呼吸，直到这个溺水者恢复神智。迈克尔也因为有这个机会在老师面前展示一下而扬扬得意，在救护车把这个溺水者拉走时，他的老师祝贺他做得很好。

此时的迈克尔浑身湿透而又疲惫不堪，但是他继续陪着教授沿着河边散步，直到第二个溺水者呼喊救命。迈克尔又一次跳下河，把溺水者救上岸，并对其采取急救措施使他恢复神智。令人难以置信的是，这种事情一件接一件的发生，直到第七个溺水者出现，顺水漂流，而这时，迈克尔已经筋疲力尽，于是他对教授说，我是一名医生，医生的天职就是治病救人，但是我不能再这样继续下去了。这个时候，他的教授回答道："你为什么不转过头到上游去，拦住那些把这些不幸的人从桥上推下水的人呢？"

心脏病专家弗兰克·亚努维奇是 LDS 医院"山体际"健康和体能中心的医药主管和创建人之一，这个高技术医药中心在犹他州的盐湖城。

· 第五章　通过医药发财致富 ·

这家健康和体能中心由几个最好的外科医生和临床医学家经营，但是他们很少为病人看病。这家中心专注于个人的疾病预防——避免以健康为目标的人们成为疾病业的消费者。亚努维奇博士个人所讲的故事以及上述这家研究所能为我们提供未来医药健康产业的缩影。

弗兰克·亚努维奇1939年出生在纽约州东北角靠近蒙特利尔的麦隆小镇。高中时迷上了音乐，并学习了古典钢琴和喇叭。在康奈尔大学时，他游移于各种工程类课程，直到上了生理心理学和比较神经学领域的课程时，他才对医学产生了兴趣。

1971年，他进入位于得克萨斯州圣安东尼奥的美国空军航空医学院工作，在这里他第一次接触到"保健"。

和大多数心脏病专家的病人不同的是，亚努维奇在圣安东尼奥医治的病人健康状况都出奇的好。像喷气式飞机的飞行员，他们中有些人是这个国家里最为健康的。他们需要到亚努维奇那里做定期的检查，以此确保他们的飞行质量，他们甚至还需要报告他们身体上的任何一个极其微小的不适。

此外，亚努维奇被给予充足的预算来展开对飞行员身体条件的研究，并和他们一起工作来维持他们飞行所需的健康。这就给了亚努维奇一个观察日常饮食和锻炼对健康的影响的独特机会。

"在那里我看到了心脏病的最早阶段"，亚努维奇回忆，"而这要比我在一个普通医院里发现这些东西早很多"。这种经验教会了他很多有关日常饮食、锻炼和疾病之间的关系的知识。

|121|

在空军服役期满后，亚努维奇接受了位于盐湖城的 LDS 医院心脏病专家的职位，并且他还是犹他医学大学的教师。他到犹他州注意到的第一件事就是在对病人进行心脏手术时需要一个专业心脏复健计划，但是，那时针对这项计划没有任何相关的支持。当时有这样一种流行观点：一个需要心脏手术的病人已经预定了末日，不需要把时间和金钱浪费在一个已经快见到上帝的人身上了。亚努维奇并没有因此而被吓住，他和一位物理医疗师马林·舒尔德着手心脏复健计划，但是造访的病人很少，这些病人因为重获健康和学习到导入和安排日常饮食及锻炼而十分感谢他们，但是亚努维奇却说："我们很少能从医药同行中获得回响，而这些医药同行都认为病人手术后无须再复诊。"

20 世纪 70 年代后期，亚努维奇开始和三个同事一起工作：一位是博士生特德·亚当斯，他正在做运动生理学领域的博士论文；一位是整形外科医生汤姆·罗森伯格，另外一位就是上面提到的物理医疗师马林·舒尔德。他们于 1980 年创建了以恢复健康和运动医疗为宗旨的体能中心，旨在预防和保健，医治高危心脏病人，高危的需要心脏复原手术的病人以及运动治疗。但是直到 1980 年末，健康研究所主要关注对象就几乎全部集中在预防和保健上面了。

当他们创办这家体能中心时，希望能获得其他外科医生承认，但这却并没有发生，他们研究所在头十年里一直亏损。这迫使他们去学习如何直接和消费者打交道，在电台宣传并且直接接触公司雇主以及高层主管。

我第一次知道他们的工作是我 47 岁去进行每年的例行体检的时候。当被告知我身体极其健康时，我的内科医生玛丽·佩尔森问我是否希望我身体中来点变化。我开玩笑地回答："是的，当我骑到木星峰时（垂直高度是 10300 英尺），我瘫倒在地上，因为垂直骑自行车上坡 10 英里后，我喘不上气来佩尔森博士建议在我进行一个高强度的自行车训练计划之前先去体能中心做一个最大耗氧量的检测。所谓的最大耗氧量是在一段时间内由血液循环输送可供身体组织利用的最大氧气量。

当我进入健康和医疗运动中心时,我还以为走进了一个非常现代化而又高科技的健身俱乐部,直到走进一看才发现,里面都是工作很多年的机器,上面有令人眼花缭乱的仪表和探测仪。

就像亚努维奇博士向我解释的那样:人们来这里不是治疗疾病,而是进行体能评估。这个体能中心提供完善的内在医疗护理,但是不提供慢性疾病的治疗,它的主要市场在于定期提供检查以及面向那些对自己健康不满意的消费者及主要的医护外科医生。下面就是我访问时,体能中心为我准备的六个小时标准项目,而这花费了我 1500 美元:

对身体各个系统的检查,包括癌症筛检。
对血液和尿样进行检测:以此评估患心脏病、糖尿病、感染病菌以及贫血的几率。
一位心脏病学家进行最大强度的耐力心电图检测:以此来检查心血管类疾病和对你的健康水平进行评估。
书面评测:以此评估你的病史、个人压力因素和营养是否充足。
液体静力体重检测法:以此检测你身体脂肪的含量和理想的体重是多少(基于 BMI)。
肺部功能检测:以此屏蔽阻塞性肺部疾病。
一位外科临床医学家对你进行体形的检测:以此评估你的身体强壮程度、灵活性和产生身体形状问题的危险。
一对一的健康咨询:探讨检测结果以及要求必须改变的日常饮食、锻炼和压力方面的管理。
结肠癌和乳腺癌筛检。

附赠一本《保持奇迹：人类身体拥有者手册指南》，这是由体能中心出版的综合性的个人健康百科全书。

并不令人感到意外的是，弗兰克·亚努维奇将保健产业进行了转型。1978年，在他37岁时，当他教学生怎样使用血压计时，一个学生来量他的血压，令他惊讶的是，他的血压很高。他让这个学生在整个班级面前测量多次，以证实这个结果。那个晚上，他没想到对保健产业有兴趣的他：超重，缺乏锻炼，身材变形，现在有很危险的高血压。他开始了一项监督日常饮食的计划，吃药以降压，锻炼身体。在一年内，他每周要跑40—50公里，并做负重10公里的跑步和半程马拉松。

现在，亚努维奇67岁，尽管他在幼时和上大学时不是专业的运动员，但是现在他每周都跑马拉松，每周10—15公里，骑山地自行车和公路自行车以及滑雪。

弗兰克·亚努维奇出版了80种出版物，进行过18种主要研究项目。他还写了一本厚书，名字是《冠心病的预防》。他是犹他州议会身体健康护理的第一任主席。他个人影响了数以万计病人的生活。但是当亚努维奇谈到许多医药类学生要签到健康研究所做一个月的实习时，他的心情是最好的，而这个研究所是心脏病学家的明天，想进入研究所的这些人希望不仅仅是治疗疾病，而且还希望通过亚努维奇的监督指导而成为致力于预防心脏病的专家。

身体锻炼：一种保健产业领域的机会

外科医生和身体这两个词与身体锻炼一样，都来自同一个希腊词汇：

physis，这个词一般译作"自然"。身体锻炼和自然这种关联的意味远远不止于词源学上的意义。今天许多人都错误地认为身体锻炼主要是运动员的事情，而忽略了保健医疗的好处。缺乏正规的身体锻炼是造成每年美国210万死亡人口中20%比率的人也就是25万人死亡的主要原因。

数以千计的研究已经证明了缺乏身体锻炼和冠心病、癌症、糖尿病以及忧郁症有直接关联。

然而，令人称奇的是，美国只有15%的成年人定期参加活动，而60%的人根本就没有有效或者持续的锻炼。

今天很难说清希波克拉底所说的一种自然形式的锻炼量。

我们大多数时间都在坐着办公，很少有时间外出锻炼。我们大多数人生活在城市环境当中，天气情况恶劣。而且，谈到锻炼，我们身体需要有氧锻炼（如跑步和自行车运动）和特殊锻炼（如负重锻炼和灵活性锻炼）来保持身体健康和功能的正常运转。

幸运的是，就像有的保健产业领域的企业主利用技术来改变我们的日常饮食和确保我们每天能够摄入构建人类肌体所需要的最少物质量，他们也开始利用技术改变我们的锻炼方式和锻炼地点两个问题。

这里着重要提一位保健领域的企业家吉尔·史蒂文斯·肯尼，她是美国女士俱乐部的第一位企业家，并被《俱乐部内幕新闻》誉为"美国第一位女性俱乐部企业家"。她的故事和她的一号俱乐部有限公司的快速发展昭示了在即将到来的1万亿美元的健康经济中有240亿美元的健康产业潜在市场。

第一名的俱乐部

吉尔·史蒂文斯·肯尼一直以来都很健康。她成长在加州的弗朗西斯科一个以经营农业为主的家庭，因此吃到很多的新鲜水果和蔬菜。她从6岁起和她的父亲一起练习慢跑。此外，在1979年从加州大学伯克利分校毕业之前，她也是一位职业生涯很辉煌的运动员（她是一位滑雪运动员）。

毕业后，肯尼遇到了杰克·伯格赛尔博士，杰克·伯格赛尔博士是马利县健康中心一位非常成功的心脏病专家，他的主要工作是治疗心脏病相关症状。伯格赛尔想开一家综合的健康中心，以此告诉人们如何提前预防心脏病。他聘用肯尼作为他的商业经理，他们一起创建了一家名为"physis"的自然健康中心，主要受众是旧金山湾领域的高级执行官们。这个健康中心推出一项为期三个月价值3000美元的计划，这个计划包括：一个初始的评估，每周三次连续90分钟的锻炼，教育项目——话题从健康烹饪到压力管理，以及完成计划后有关进展的评估。

肯尼一向非常乐观，但是她看到结果仍感诧异。"人们不只变得更健康。"她回忆的时候神采飞扬，"而且婚姻更美满，职业生涯有所提升，在某种程度上，整个生活也因此变得更好，无论是从情感上说还是从身体上说都是如此"。

到三个月计划结束之时，我已经被为人们量身定做平衡性锻炼和综合性个人健康方式所深深吸引。

在physis自然中心经历初始的成功时肯尼还只有20岁出头，之后她进入一家全国体育和健康连锁俱乐部工作，成为首席执行官，管理着大约800人的团队。1985年，几个不动产商想把体育和健康设施纳入他们项目当中而向她发出了邀请，肯尼受聘开设这家全美最高级俱乐部之一：洛杉矶体育俱乐部。该项目的成功使得美国一系列相似俱乐部如雨后春笋般出现。而肯尼也就成为在城市开设体育和健康俱乐部的最佳人选之一。

· 第五章　通过医药发财致富 ·

1984—1989年，肯尼是国际健康和球类体育俱乐部的主席，她开始注意到市场在发生转变。她的主要客户，也就是婴儿潮时期出生的人，大多数都过了20岁，并且和体育与社会活动相比他们更加关注健康和老龄化问题。20世纪80年代美国新创办的大多数体育和健康俱乐部对逐渐变老的"婴儿潮"时期出生的人来说很不便利，而这些人都有家庭和高强度的工作，很少有时间锻炼。肯尼的研究显示，这些人关注的是靠近家庭和工作地点的便利地方锻炼，而不是他们想参加的体育活动、社会活动和大型设施。但是，当时98%的健康俱乐部是单元式的小型的，里面设施很简陋，而不是像洛杉矶体育俱乐部那样专门为"婴儿潮"一代创立的高质量俱乐部。1989年，肯尼开始和商人约翰·肯尼合作，提出为这些人在便利的地点提供高质量的健康锻炼设施服务计划。

两人在1990年撰写第一俱乐部（Club One）公司的营运计划，并在同年结婚。他们于1991年6月17日在旧金山的花旗中心（Citicorp Center）设立第一家第一俱乐部，同年又在安巴卡德罗中心（Embarcadero Center）成立了第二家。

一开始，肯尼夫妇认为应该推广这种面积约为1.2万平方英尺的健身机构，成为"健身俱乐部的星巴克"（Starbucks）。但肯尼旋即发现一个更大的合并商机，收购现有地段良好的独立健身俱乐部，然后更新内部设备。这个策略不但可以节省费用，还可以接收现有会员，排除地方性的竞争对手。

除了重视地段的交通便利，第一俱乐部的另一新颖策略是吸引一流的保健专家（训练员、营养师、瑜伽教练、整脊治疗师），肯尼投身健身业多年，目睹许多优秀的专家必须辛苦地四处推销自己，或是面临继续专业进修和现实生活间的抉择时，往往选择离开该行业。肯尼认为优秀的医生和专业人士在领固定薪金和无后顾之忧的环境中，会有较好的表现，她相信采取类似专业雇用的做法，客户和保健专家一定也可以从中得利。肯尼说："一旦为这些人规划职场发展的前景，大家就能互惠互利。"

他们的策略成功了。第一俱乐部从建立发展到目前年营业额6000万美元和拥有71家分店的规模，成为了保健俱乐部行业中发展最快的一员。肯尼一家最自豪的是他们拥有一批保健专家，这些保健专家是专业的高薪保健雇员，第一俱乐部是根据每个雇员的服务、教育背景、经验和技能水平按小时收取消费者的费用。

除了实行有创意的商业计划外，第一俱乐部的成功还依赖于1995年吉尔·肯尼所接到的一个意外的电话。欧特克公司是一家世界上首屈一指的软件公司，有一天，该公司打电话给第一俱乐部，问肯尼是否愿意为欧特克公司设计、经营和管理一个员工专属的公司附设健身房。第一俱乐部认为欧特克公司真心诚意关心员工的保健，当场就答应了。一年后，公司又为盖普服饰（The Gap）和伊莱克斯（Electronic Arts）开设了类似的附设健身房。到2000年，肯尼夫妇已经营了50家类似的公司健身设施。第一俱乐部原本对"便利"的目标是办公室到俱乐部只要5分钟，而这种附设在工作场所的私人健身俱乐部，远远超出当初的目标。

未来的健康业将包括以下一些职业：
健身训练
个人训练员
专业教练／运动调节师
临床医师
脊椎指压治疗专家
理疗师
营养专家
按摩师
老年健身指导

青年健身指导

私人教练

团体健身操讲师

瑜伽讲师

皮拉提斯塑身术教练

绩效训练指导员

吉尔·肯尼把经营公司附属健身房当成一大挑战，因为这些公司的客户群正是典型的美国员工——他们不会自掏腰包参加私人健身俱乐部。

这些公司的员工还需要进一步的教育和动员。吉尔·肯尼说："这让我们有机会服务真正需要的人——那些超重、有慢性病、有不良嗜好或者饮食失调的人，我们可以从运动锻炼开始，帮助他们做出生活上正确的改变。"最近，第一俱乐部已经把业务扩大到了加利福尼亚的瑞德伍德市，在那里，邻近办公区的俱乐部为几家公司所共享。

第一俱乐部的公司客户们的确是为了自己雇员的健康着想，但即使不考虑这种无私的动机，与员工自掏腰包参加俱乐部相比，公司还是可以为此节省一倍的费用。公司可以因设立健身设施而减少上缴州政府和联邦政府的所得税，而员工也不必为俱乐部会员的月费而向州和联邦缴税。

第一俱乐部还成功为六个大型犹太人社区活动中心建立了健身场所，其中一个在旧金山新建的社区中心占地22万平方英尺，并且是按照用户的要求围绕健身设施而建造的。在这些健身俱乐部里，尽管从私人教练到营养专家，所有的健身顾问身穿的制服上都写着"JCC"，但是他们都拥有和第一俱乐部员工相同的资格认证、培训经历和专业素质。肯尼对这些非营利性设施感到非常骄傲，因为它们为广大用户带去了专业的健康服务，而且在非营利的初始推动下，已经为赞助者带来了收入。

过去几年，肯尼夫妇已经逐渐淡出第一俱乐部的日常运营，而开始了另一项新的事业——为第一俱乐部发展房地产事业。吉尔本人负责房址的选择、房产的购买和产权手续的办理——当这些事情完成时，第一俱乐部就有了一个随时可以移交设施的管理合约，这和旅馆的管理合约类似。当然这也不是毫无风险的——就像所有的房地产生意所面临的风险一样，承租人或管理人可能会溜走。但如果顺利的话，他们就是全球经营健身俱乐部的佼佼者。

有些房地产商正是依靠向诸如特殊用品零售商、快餐店、畅销影碟商店等等这些时尚产业提供房址而发财的。肯尼夫妇的经历就说明，下一拨房地产财富将会由那些真正理解了保健产业的目光敏锐者来创造。

创立保健公司

帕德里克·金坦博医生向来都有保健的观念。小时候，家人在新泽西的 Ramsey 经营一家健康食品店，店名叫"健康在这里"。他的父母勤劳半生，苦苦经营。尽管从没赚到什么大钱，但他们的投资最终在儿子身上得到了回报，帕德里克最终成为一名身价数百万的健康业界的革命性人物，将健康带给了数以十万计的人们。

"小时候我吃的是维生素片和老虎牌牛奶条，而那时学校里的同学还在喝苏打水，吃巧克力棒，"帕德里克回忆说，"我喜欢与众不同，对我来说，必须要有杰出的表现，证明独树一帜的选择是正确的。"帕德里克的确显示了自己的实力——他曾五次荣获新泽西州的空手道比赛冠军，两次荣获全美业余运动联盟的空手道比赛冠军，到高中时还参加过摔跤比赛。

但是有一天，他在训练时受了伤，从此一切都变了样。

"当时我在做颈部训练，忽然感觉像有什么东西错位了，"帕德里克回忆道，"我立刻感到颈部疼痛，而且这种痛感辐射到了两只手臂。肌肉开始痉挛，并且出现肿胀的感觉。我们的家庭医生向我解释说：'你患有颈椎病、肌痉挛并且还有发炎症状。'我问他那是什么意思，他说那就是会感到颈椎疼、

· 第五章 通过医药发财致富 ·

肌肉抽搐而且会有红肿现象，还说：'我们会给你止疼药来治疗颈椎，给你弛缓剂来治疗肌肉痉挛，再给你些消炎药来消肿。'"

这些药让帕德里克觉得自己像个病人，而且疼痛也并没有减轻。因疼痛而缺课两个星期后，母亲把他带到了一位脊椎指压治疗专家那里。经过这位专家的治疗，帕德里克感觉自己恢复了大半，从此他开始对脊椎指压术着了迷——他开始搜集和阅读关于指压术的各种材料，并决定要成为一名脊椎指压治疗专家。

脊椎指压疗法的治疗重点主要是人体的神经系统，神经系统对于人体机能的恢复、调节起着关键作用。脊椎指压疗法可治疗脱臼，也有助于消除由生活压力所带来的神经系统功能紊乱，正是神经系统功能的紊乱影响着人们的健康状态。

1983年帕德里克从脊椎指压治疗培训学校毕业，开始了自己的职业生涯。他和另一名指压治疗师——克里斯托夫·肯特医生一道开启了一项针对指压治疗人员的培训项目。他俩很快意识到，临床治疗实践和脊椎指压疗法本身都需要更好的诊断设备和标准化的职业培训。

于是帕德里克和搭档创立了"脊椎指压专家联盟"（CLA）。如今这个机构正为整个脊椎指压职业界提供着先进的技术、职业教育培训项目以及商业发展战略咨询等服务。

我在犹他州的帕克市曾拜访了我的脊椎指压治疗师E.J.瑞恩医生。就是在那时，我第一次认识了CLA。在瑞恩医生为我做健康诊断之前，先由他的助手对我进行体检，他先用手检查我的脊椎，然后借助CLA透视技术扫描我的脊椎和神经系统。扫描生成了一幅彩色图像，图上显示我脊柱两侧温度的变化以及由肌肉活动所发出的电子信号。瑞恩就拿着这幅彩色扫描图向我解释病情。随着治疗的进行，他还反复用扫描设备为我追踪疗效。

帕德里克和搭档将CLA发展成为一家拥有数百万美元资产和数千名客户的大公司。他不但持续进行着自己的事业，而且获得了以前从未想过的巨大财富和个人成功。但是他的事业仍存在缺陷。在各地旅行时，他一次又一次地目睹了相同的情况：数百万人发现了健康的重要性，发现了指压治疗术，知道了如何让身体变得更加健康，但是有更多的人因为缺乏有关营养、锻炼和心理调节等健康知识而使自己的健康状况处于越来越糟糕的境地。

2000年，他在自己的家庭里看到了悲剧的一幕。他的婶婶乔安娜，一个年仅48岁的教师和两个孩子的母亲，在参加当地一个沙龙时因心脏病突发而死在了自己女儿的面前。这件事让帕德里克全家陷入了巨大的悲痛之中，但是没有人比帕德里克自己更加感到自责了。乔安娜婶婶的心脏病是因为过度肥胖，而帕德里克德的工作虽然能让数百万脊椎病患者得到康复，却无法以此拯救自己的家庭成员。

在这场悲剧发生后不久，帕德里克将思考的重点放在了如何把健康带给千百万压根儿不知"健康"为何物的美国大众上，而不仅仅只限于脊椎病患者这一小群体上。为了解决这个问题，他在2002年成立了"创造保健公司"。

金坦博医生明白，成长起来的"婴儿潮"一代已经占据了社会经济份额的半壁江山，而他们正在寻求各种保健方法以享受长寿和更高质量的生活。他也明白，有大量的身材走样的妇女正希望能重新恢复健康的状态和漂亮的身材。还有数百万的企业精英，他们虽然事业有成，却付出了健康的代价。他想要创造出一种不只适合富人阶层，而且面向社会大众的健康模式。他回忆说："当时最大的问题就是，我怎样才能设计一套大众财力普遍可以接受的保健项目？"

金坦博医生知道自己必须找到一个能行之有效的保健项目。"就算努力尝试而最终失败了，也比什么都不做要强，因为后者会使人丧失信心而放弃努力。"要实现这一目标，他必须做到以下三点：（1）定义健康的内涵；（2）制定健康的标准；（3）找到一种保健项目，以有效应对三种生活压力对人们健康的侵害，这三种压力分别是运动压力、生物化学压力和心理压力。用他的话来说，就是要做到"多锻炼、吃得好、想得开"。

这正是创造保健公司成立的宗旨。他们在三种生活压力概念的基础上为健康赋予了新的实用含义。他们研发出新的科技和软件，设立了健康评估研究所，从三种生活压力指标的角度精确测算客户的保健指数。最后，他们还设计出覆盖了三种指标的保健项目，而且这些项目都是针对各个用户的不同情况而量身定制的。

对于每个创造保健公司的客户，健身教练每周都会登门拜访，提供健康指导和精神鼓励。公司的核心理念是要让客户获得看得见摸得到的健身效果，每五周就会给客户一个新的健康度指标，促使客户不断进步。一个健身项目的最短周期设定为十五周，因为金坦博医生认为只有这么长时间才能使一个人养成健身的习惯并坚持下去，从而形成真正的改变。用他的话说："要是十五个星期也坚持不了，那就说明他们无法改变自己的生活现状，说明这种健康项目根本不适合他们。保健失败的例子外面多的是，我可不会成为其中一员。"

为了使健身项目真正起到效果，公司提供了各种产品服务。包括供客户在家使用的健身设备和教学光盘、日常的营养补充品、一份指导用户饮食习惯的计划书、心理治疗的录音带以及每周定期的教练指导。包括所有产品和服务在内，整个项目的价格为 800 美元，头期款 200 美元，余额可十五周分期支付。

对金坦博医生和他的公司来说，最大的惊喜还不是与日俱增的顾客数量，而是有越来越多的老板们与公司签约，并且把健康的生活方式带进了办公室。

目前，创造保健公司已有超过 200 所分公司遍布整个北美，而到 2010 年时，金坦博医生的分公司数量预计将会达到 1800 所。他说："已经有数百万的美国人因为快餐业、饮料业以及其他一些要命产业的发展而断送了性命。这些产业用惊人的方式把致命的产品兜售给消费者。我们的目标就是帮助消费者们将自己的生命从这些产业的手中夺回来，从而享受更长寿、更美好的人生。当我们的保健公司和那些大型快餐连锁店一样多时，我们的工作就算完成了。"

金坦博医生出生之后，他的母亲因为脊椎手术而无法继续生育，就是这样一个小男孩最终成长为一名健康业界的革命者。他是一名充满着激情的健康企业家，从事自己商业的同时也胸怀着明确的目标。正如他自己的解释："创造保健公司是一项在明确目标驱使下产生的商业项目。我们依靠向全世界传播健康而获得了丰厚的利润。对我来说，资本主义和社会良心完全可以共存，这是再明白不过的了。"

脱胎换骨的职业

法布里奇奥·曼西尼医生并不是一开始就要做一个保健业界的革命者，他也没想过要和正统医学一争高下。他原本的计划是要做一名循规蹈矩的传统医师，但在33岁时，他已经成为保健类和非处方类医药界的全球领导人物了。如今41岁的他，正在把保健事业推向另一个高峰。

我是在2002年《财富第五波》一书首次出版时认识的法布里奇奥·曼西尼。由于我和大多数美国人一样从来没有接触过脊椎指压治疗，因此在那本书的最初版本里涉及这种疗法的内容非常少。当时在为该书所作的巡回宣传过程中，有好几位脊椎指压治疗师因为书中没有更多涉及他们的职业而向我表示了不满。

在这些医生当中就有法布里奇奥·曼西尼。他是帕克市脊骨神经医学院的院长，那时才33岁，也是当时全美国最年轻的校长。位于得州达拉斯的帕克学院，是一家经过完全资格认证和授权的学术机构，既培养大学本科人才，也培养脊椎指压治疗医师。

当曼西尼和我联系时，我以为又要面对一个满腹牢骚的指压医师，然而他的出现却让我耳目一新。他详细地向我讲解了脊椎指压疗法的历史、基本原理以及这一职业的发展现状，还向我讲述了他和他的同行们为了让这一职业在未来的健康业中重焕青春而付出的巨大努力。尽管当时我与他尚无私交，但我可以明显感受到他对待病人的那份深切的爱心，以及那种要把健康带给千百万人的奉献热忱。

我还获悉，最近美国国税局已经宣布脊椎指压治疗术与传统的药物治疗具有相同的地位，因此这种疗法已经成为目前健康业界为数不多的、享受医疗税收和财务优惠政策的分支产业之一。

脊椎指压疗法的基本理念是认为健康应是人类的自然状态，人体拥有自我恢复的能力。但是有时候人体神经系统的某些部分会因为受到干扰而无法在彼此之间正常沟通。脊椎指压治疗的目的就是要消除这些外来干扰,使人体恢复到原来的自然状态——也就是最佳的健康状态。

大多数人都认为,只有在生病或者出意外时才需要去看脊椎指压医生,但是实际上这种疗法最好是用在器官失调、症状出现之前,这样能使人体神经系统功能保持在最佳状态,从而达到防患于未然的目的。

法布里奇奥一开始向我讲解这些的时候,我还是将信将疑的,我之所以听他讲是因为我完全被这个人身上所具有的气势镇住了,这种气势在电话里都能感觉得到。后来我发现,这正是法布里奇奥最擅长的地方——寻找到作家、名人以及其他所有对脊椎指压疗法一无所知的人,然后耐心细致地给他们扫盲。

曼西尼医生最终说服了我,让我去他的一位学生瑞恩医生那里体验一下。在我接受了一系列脊椎指压保健治疗之后,妻子对我的疗效感到非常满意,对这种疗法大为赞赏,因此自己和四个孩子也开始每周去接受治疗。我们和四个孩子居住在一个滑雪胜地,因此经常感冒,但接受治疗之后我们的感觉更好了,这种健康的状态甚至无法用言语来表达。

法布里奇奥·曼西尼医生出生于哥伦比亚,12岁时同家人一道移居美国,那时他还只会说西班牙语。1987年,当时他还是一名医学院的预科学生,一次车祸之后,整形外科医生给他推荐了一名脊椎指压治疗医生。这种疗法的神奇效果让他大为惊叹,于是他改变了专业,进入帕克脊椎指压治疗学院学习。就是在这里,法布里奇奥第一次发现了脊椎指压和人体保健之间的密切关系,从此走上了向大众传播健康的道路。

他毕业之后即从事这一行业且获利颇丰,同时他身上的领导天赋更令人瞩目,于是在1999年他被推举为帕克学院的院长。任职期间,他大大提高了学院的招生规模和生源质量,扩展了课程设置。现在帕克学院不仅提供脊椎指压治疗学博士学位，而且提供解剖学和保健学的学士学位。

作为帕克学院的院长和帕克学术研究会的会长（该研究会每年举行全球规模最大的脊椎指压治疗术教育会议），法布里奇奥已经成为在脊椎指压学员培训、从业者继续教育以及在患者群体中推广指压治疗法方面的国际领军人物。

我们必须要积极地劝告和教育广大消费者，使他们更多关心自己的脊椎健康，更多地注意适当锻炼、科学饮食，更多地注意污染、肥胖、抽烟、生活压力以及恶劣情绪给健康带来的负面影响。不幸的是，很多人并不了解，如今的脊椎指压术已经具有了良好的培训体系（长达七年的大学职业教育），也没意识到，人本来就应该健健康康而不应疾病缠身。

——法布里奇奥·曼西尼医生（帕克脊椎指压治疗学院院长）

法布里奇奥经常做客电视节目，他获得了来自得克萨斯州和白宫的嘉奖，也得到了来自世界各地的脊椎指压治疗机构和学校的赞誉。为了促进指压治疗知识的传播，他还写了一本书，名为《脊椎指压治疗的心灵鸡汤》，该书畅销一时。

而最让曼西尼自己感到骄傲的是，他正在致力于将健康知识带给国内外的一般大众。作为新移民之一的拉丁裔美国人经常处在社会经济的底端，因而很少能享受到健康革命带来的好处。为了能使这一族群也分享利益，通晓西班牙和意大利两种语言的曼西尼医生专门为拥有3800万观众的CNN西班牙语频道录制了健康节目。

帕克学院设有国外医疗项目，这样美国学生可以在墨西哥学习和生活，学生们在大学设立的附属医院为患者看病，同时也学习西班牙语和墨西哥文化，这样他们回国后就能更好地为拉丁裔少数民族提供医疗服务。

墨西哥人口有1亿，但是脊椎指压治疗医师才只有100名。曼西尼医生协助墨西哥教育部部长建立了拉美第一所也是唯一一所脊椎指压治疗学校。学校的第一批毕业生已经进入了墨西哥的医疗系统。墨西哥的脊椎指压治疗术教员全部在美国帕克学院接受培训。

下一章开始之前你所要做的

企业主和保健业者行动计划：

1. 由传统医疗向整体保健的回归趋势已经出现，分析这一趋势会对你的健康产业领域产生怎样的影响。

2. 亚努维奇博士和他的同事们在传统医疗领域里开启了一项专职经营保健产业的生意。医药正在由病后治疗型向病前预防型转变，分析这一趋势会对你所选择的健康产业领域产生怎样的影响。

3. 雷恩伯格所经营的产品既不属于能在药店出售的药品，也不属于能在便利店出售的食品，因此他不得不组织起自己独立的销售团队。分析一下你所经营的产品，想想应该用何种方式进行销售，又应该由谁来销售。

4. 雷恩伯格将网络作为了培训销售人员的有效手段，分析一下网络经济会对你的健康产业产生怎样的影响。

5. 从制造品质的角度分析你的保健商机产品，像消费者实验室网络公司这样的公司如果大量出现，对你的事业将会是一种帮助还是一种损害？

6. 凭借以下几条原因，吉尔·肯尼（第一俱乐部老板）在全国范围内创立起了上亿美元规模的连锁产业。分析一下这些原因对你所在的健康产业领域的商机会有怎样的影响：

　　a. 经营理念从侧重运动塑身向侧重条件便利转化

　　b. 经营理念从侧重运动塑身向侧重日常保健转化

　　c. 服务产品质量标准化

　　d. 直接面向企业雇主群体做市场推广

　　e. 通过企业客户享受税收优惠和单纯依靠产品销售额

第六章

掘金健康保险产业
你必须知道的一些事

对于健康行业的企业家们来说，存在着一个巨大的商机，将2万亿美元规模的疾病医疗产业部分地转变为预防疾病而不仅仅是治疗疾病的产品和服务。

我们消费金额为2万亿美元的疾病产业的大部分是通过健康保险支付的，而这2万亿美元几乎占了美国经济的1/6，大约人均年消费6667美元，或者是一个四口之家27000美元。这巨大的机会就在于你来帮助培养每个美国家庭怎样在健康保险和保健支出方面省5000美元甚至更多，再把这些钱投入到他们的健康消费或免税存起来以备他们将来的健康消费或退休养老。

每个美国健康行业企业家必须了解美国健康保险产业为美国的疾病医疗提供资金支持，而且最终决定了绝大多数美国消费者将享受什么样的健康产品和服务。

要真正了解美国健康保险，就不能只是帮助你的顾客节省医疗上的支出。目前的以雇用者为基础的美国健康保险体系正在崩溃，这导致了每年有几百万的美国人破产。你可以帮助你的顾客获得永久的、可更新的、终身的健康保险，而这些消费金额少于他们目前在以企业为主办者的保险计划中所需费用的一半，这能使你的顾客避免财政灾难。

在本章和下一章，你将会看到一种新型的以消费者为基础的健康保险替代方案已经出现，尽管大多数人还不知道它。这种新体系的早期采用者获得了立竿见影的节省资金的效果和终身的财政保障。

那些帮助更多顾客了解和执行这种新的健康保险方案的健康行业企业家们将会得到财务上的回报。

美国经济中健康保险业的危机

现在健康保险开支对美国经济的威胁已经超过了其他相关的经济威胁，其中包括伊拉克战争的开支、修复恐怖活动所造成的损害和美国"婴儿潮"一代的退休支出。这是因为健康保险业的花费已经威胁到了我们商业的生存能力，而商业为我们提供了国内总产值（GDP）以支付其他一切东西。

2005年，对于世界500强企业来说，为员工的健康利益而用于疾病产业的开支超过了自身的收益。由雇主主办的保健福利的花费以每年15%甚至更高的速度增长——很少有公司敢预期它们的利润能在长期内以此速度的一半保持增长。

让我们停下来思考片刻。你可能正在享受与一个公司的密切联系，因为此公司为你提供产品或工作机会，但该公司自身的存在仅在于投资者有现实的或想像中的盈利能力。没有利润，投资者将关闭该公司将他们的资金投到别的地方——海外或者劳动密集型操作相对较少的产业。

在宏观层面上，如果不加抑制，18年之后美国疾病产业的花费将超过自身的GDP增长，而在这种情况发生之前，美国的经济早就崩溃了。

·第六章　掘金健康保险产业你必须知道的一些事·

幸运的是，为美国雇用者和美国经济解决此问题的方案已经出现。

美国雇用者们被允许从花费巨大又浪费惊人而且是"给其他人出钱"的养老金的固定受益计划转变为划算的、高效的、"给自己出钱"的固定缴款计划。

固定缴款计划就是雇用者每月给予员工固定数目的免税资金补贴来帮助他们购买自己的健康保险和支付医疗花费——这就允许消费者自己选择他们想要保险的疾病范围，自己选择投入到健康的消费金额，自己选择为将来医疗花费和退休养老所要存的免税金额。

从目前的健康革命中所获得巨大的金钱回报将会因疾病产业的花费拖累而降低。今天那些具有创新意识的雇主已认识到这种情况，并且已经采用公司健康计划，就像在前面介绍的第一俱乐部或创造健康俱乐部采取的那些方法。它们明白，从长期来看，对付不断上升的疾病成本的唯一办法就是运用减肥、增加营养、适当锻炼、戒烟等保健措施。

不为人知的内幕

一个家伙取代了比自己更有资格的人而得到了晋升，你是不是曾经在这样的环境下工作过？你是不是曾经有意想提拔某人，结果却被老板无情驳回？以下的情况可能是幕后的事实。

举个典型的例子，一家拥有 100 名雇员的企业每年花在职工身上的保险费用为 50 万美元（即平均每人或者每个家庭 5000 美元）。假设现在有一名雇员（或者他的子女）患上了诸如糖尿病之类的慢性病，或者因一次车祸而永久残疾——这种情况下，他虽可以继续工作但每年要花 7.5 万美元的医疗费用。第一年，这家企业投保的保险公司会承担这 7.5 万美元的费用，但第二年它就会把这家企业每年 50 万美元的保险金提高至 57.5 万美元甚至更多，以抵偿预期的额外支出。这家企业虽然拥有到别处购买保险的自由，但是却不大可能找到更好的价钱，因为保险公司评估和下保单的依据就是投保企业上一年度的医疗支出。

雇主和雇员都陷入了窘境。

为了降低总体的医疗保险金开销，雇主需要裁员。但是联邦法律规定，只要雇员"还在工作"，雇主就不能以医疗原因辞退他。而一个患有慢性疾病或者子女患有重病的雇员是不可能继续工作的，这对雇主来说倒是件幸事，但对雇员来说无疑是不幸的。

有的雇员通过加班加点来继续坚持工作，这种情况下他（她）无法放弃工作。因为新的企业不会雇用一个带来负担的人，如果没有企业保险计划，雇员先前的医疗状况很可能会使他得不到合适的健康保险。

1985年，我在国会作证时如此说道：

在100名员工规模的企业主里，我可以很容易就挑出一个，他能清楚地记住自己那位孩子得了糖尿病的雇员的名字——尽管他根本不必这样做。一个每年要付给雇员3.5万美元薪水的小企业主不应该再为雇员生病的孩子每年负担7.5万美元的医疗费用——也不应该被迫面临继续营业还是照顾雇员孩子的困难选择。

这就是企业负担型医疗保险的黑暗内幕。多数企业主都能记住自己每一个家里有疾病方面困难的员工的名字。尽管同情心告诉我们企业主应该在升迁任免的决策中尽量避免考虑这些因素，但竞争和生存的压力总是迫使他们做出相反的选择。

美国的健康保险体系是导致个人破产的第一号凶手

从20世纪80年代开始，每年都有一两百万美国家庭申请个人破产。直到前不久，关于导致破产的原因还一直不清楚，多数人都认为信用卡透支、离婚和失业可能是主要因素。2005年2月哈佛大学公布了一份研究报告《个人破产中的伤病因素》的调查结果。

研究人员采访了1771名破产申请者，发现其中近半数属于"医疗破产"——健康保险无法支付医疗支出而导致的破产。同样令人吃惊的还有这项研究所得出的结论：

3/4的医疗破产者在生病初期都曾经拥有（企业负担型）健康保险。

大多数医疗破产者都有自己的家庭而且受过高等教育。

许多拥有健康保险的医疗破产者是因为无力支付数千元的年度扣除金、共同保险金以及其他一些健康保险无法覆盖到的实际支出而陷入困境的。

如果你的家庭成员健康，那么你也有可能会因为意外而非疾病付出健康开销（比如运动受伤、厨房受伤、摔伤等）。新推出的事故医疗保险可以让你用每月10美元—40美元的低廉价格为健康保险所覆盖不到的实际医疗开支投保，每次事故的最高保险金额为1万美元。

这项研究结束于2005年的早些时候，那时所有的美国公民在面临医疗支出困境时还有选择破产保护的机会。但是在2005年4月20日一部新的破产法生效了，这部新法律让数百万的美国人无法摆脱债务的困扰，这其中就包括那些单纯因为医疗支出而陷入破产境地的人们。

多数美国人从老板那里拿到的健康保险实际上不应该被称为"保险"。

因为一旦当你无法前来工作时——不管是因为你自己生病还是家人生病需要你照顾，这个保险也就随之消失了。

一旦失去了企业为你提供的保险，那噩梦就开始了。你不仅要担心如何支付医疗花费，还要担心到哪里去寻找良好的医疗服务。许多医疗机构会拒绝那些没有医疗保险的患者的预约，即使有些医院同意给你看病，他们也会按有健康保险价格的150%到500%向你收费。

美国的健康保险业危机——是缓解症状还是防患未然？

在现行的医疗保险体系下，90%的医疗开支不是由患者和医院承担的，他们在治疗方面没有决定权，这一体系的问题就在于它所关注的是如何应付症状，而不是如何彻底治愈或者防患于未然。

这其中的原因部分来自利益诱导。相比较而言，对于医药企业来说，如果生产的药物只缓解症状而不彻底根治也不预防疾病的话，就会让消费者对它产生终生依赖性，这无疑要赚钱得多。

想像一下，如果你是一家医药企业的决策人员，你的职位是由一家基金会提供的，而基金会给你职务的主要目的就是确保它们的投资能够升值，那么你会让你的企业往哪个方向发展呢？你是会投入数百万美元的资金研发出一种能一次性治愈或预防疾病，而且价格在50美元一粒的药品呢，还是会选择投入数百万元来研发一种价钱为3美元一粒，但却能让患者从此一年 365 天每天都得吃的药？

这就很容易解释为什么如今大多数研发出来的医疗技术都把注意力主要放在缓解症状而不是根治疾病或者预防疾病上，也能解释为什么如今 90% 的药房卖的大多是患者一生中每天都离不开的维持性药物。

但是，美国的医药界之所以不关注根治和预防，其主要原因还在于保险公司，说到底，是投保企业对于员工的长期健康并没有经济上的利害关系。

以前，雇员会在一家公司里供职达 25 年甚至更长时间。而现在，平均每个雇员会在他（她）45 年的职业生涯中跳槽至少 10 次以上。多数疾病都属于今天花一块钱看，日后花一百块钱治的慢性病（比如由肥胖引起的心脏病，由营养不良引起的癌症），而这些病往往是在雇员辞职很久或者已经退休时才会出现。这时，这一百块的成本就由另一个雇主承担，或由健康保险支付，由于医疗成本不断上升，投保的企业实际上是在告诉保险公司只支付能让雇员继续工作的医疗费用——不支付预防疾病的医疗费用，而这些需要预防的疾病的症状往往是不会在雇员的工作期间显现出来的。

目前，像减肥、营养建议、补充维生素和矿物质、戒烟以及其他保健型或预防型的医疗形式是被企业和政府的医疗保险计划排除在外的。

而这又进一步提高了医疗成本。我采访的许多医生都认为，大多数非老年性疾病的医疗开支都是由不良饮食习惯和长期抽烟引起的，而这两种病因在目前的 PPO 或 HMO 环境下是很难控制和预防的。

对于你和你的保健业客户来说，掌握自己的健康保险而非依靠雇主来为家人谋取健康福利是非常重要的，在下一章里我将告诉你怎样才能做到这一点。

美国如何陷入了这场健康保险危机

企业成为了大多数美国医疗保险的提供者

如今，大约有 1.5 亿美国人享受着由企业承担的健康福利计划，占总人口的 50%，另外一部分人则享受政府保险，如 Medicare（占 15%）或 Medicaid（占 15%），还有 5% 的人自费购买保险，剩下 15% 的人没有任何保险。

尽管企业承担的健康福利十分普遍，但是人们却很不愿意让企业介入到个人家庭医疗保险中来。这是因为，现在的人们一周只工作 40 个小时，在工作上所花的时间只占全部时间的不到 25%，而且一生要更换十多次工作。而在 100 年前情况可不是这样，那个时候，人们一周工作 6 天，每天从早忙到晚，而且经常是一辈子都不换老板。当时大型工厂或矿场员工的医疗照顾，都是由一位出诊或公司的医生包办。

"二战"之前，多数美国人自己购买保险，他们要么是直接向保险商购买，要么通过蓝十字会购买，蓝十字会是由一些医院收取固定费用后建立起来的非营利性健康保险机构。

当消费者自行购买保险时，他们会对每家保险公司精挑细选，在潜在利益、效用以及医疗成本方面精打细算，然后做出最明智的选择。

"二战"期间，政府领导人和经济学家们对战后可能会爆发的通货膨胀十分担心。一战结束之后在德国发生的一切还历历在目，希特勒的上台就被归咎于当时德国战后的通货膨胀和经济崩溃。美国国会和罗斯福总统在战时采取了控制工资和物价的措施，战争结束后，这项措施就被保留了下来。

战争期间为了在向工人做出让步的同时不破坏对工资和物价的控制，国会免除了对企业健康福利的薪金控制和所得税——这实际上是在允许企业以免税健康福利的形式来给雇员加工资。这导致了企业健康福利黑市的产生——也就是企业可以为雇员的医疗开销支付现金而无须向 IRS 报告。

以健康福利形式的补偿金使得企业健康福利与个人税后自购的医疗保险相比，具有很大的税收上的优势。到 20 世纪 60 年代中期时，企业健康福利已经几乎遍布全国。

如此巨大的政府补贴一直延续至今，它产生了两个结果：

这一政策使企业得以从它们的应交税所得中 100% 的扣除健康福利成本。

这一政策使雇员个人不用花费工资或者上缴所得税就能无限制地享受企业健康福利待遇。

一开始，雇主们认为用健康福利的方式为雇员提供补贴是个好主意，因为联邦政府和州政府会通过隐性的税收补贴来承担一半的支出。

由于有企业和政府为消费者的医疗买单，医药企业便可放手去研发数以千计的新型的医疗手段。这些研究有一些的确效果不错，但另一些则是不经济的做法，或者纯粹是在白白耗费重病患者和家属的希望。

医药企业推出了一系列解决在以前看来并不属于医疗问题的办法，而这些研发活动抬高了医疗成本。比如发明能让人们尽情吃垃圾食品而不生病的处方药，发明伟哥用于治疗由年龄引起的阳痿，等等。医药企业将这些药列为处方药出售，就可以通过企业健康保险计划获得 50% 的税收补贴。而纳税人只能被迫把数十亿美元交给这些企业作研发，从而抬高了成本。

由于上述原因以及其他一些问题，美国国家医疗开支从 1960 年的 270 亿美元飙升到了 2 万多亿美元。现在，多数大公司的健康福利开支已经超过了营业利润，这影响到了许多优秀企业的生存。例如 2004—2005 年，尽管道琼斯指数不断上升，通用汽车公司的股票市值还是因为 600 亿美元养老医疗保险计划的出台而下跌了 50%。

回过头来看，国会减免企业健康福利税的做法除了提高了医疗成本之外，还引起了其他更多的问题。

美国的医疗市场已经没有创新的动力来为消费者提供较廉价的医疗方案，因为他们把注意力都放在了向企业和保险公司推销医疗计划上。这和其他经济领域的情况截然不同，像汽车业、餐饮业、个人电脑业、电讯业等领域由于销售对象直接面对消费者，因而能够不断创新。美国的保险业到目前为止还无法拿出所有消费者均可承受的健康保险政策——就像在汽车保险、房产保险和人寿保险领域所做的那样。

企业和保险公司成了这个国家医疗保健的"守门员"，它们可以预先决定雇员们应该接受哪一种医疗服务——这就好像是用昨天的治疗方案代替今天的治疗方案一样。这样同时也阻止了其他医疗机构提供更好医疗服务的可能性，因为其他的医疗机构很难拿到资金回报。

雇员供职的年限从 25 年下降到了 1 至 4 年，企业和保险商也就把医保的重点放在了应付短期症状上，而不重视彻底治愈。

正如你即将看到的，由于新的联邦立法与规定的出台，企业健康保险和个人/家庭自购保险重新被放在了平等的竞争环境中，以上这些状况已经在最近得到了改善。

大多数美国消费者每年在健康保险方面浪费数千美元

多数人都给自己的汽车上了保险,但是他们却没有把购买汽油、洗车、换轮胎或刹车片、更换燃料等事项列入车辆保险公司的保险范围。即使出了车祸,凡是在他们免赔额之下的损失还是要全部由自己掏腰包。

多数人都给自己的房产上了保险,但是他们并没有把取暖、粉刷或者安装新屋顶等事项列入物业保险公司的保险范围。同样,他们也有免赔额,只有每件 500 美元或 1000 美元以下的部分才能得到全额理赔。

理财顾问一定会告诉你,给自己能负担的支出投保是不明智的。每次交涉时的文案成本,加上保险公司的执行成本,经常会让保险费用超出潜在的利益。许多消费者就发现,通过提高汽车保险和房产保险的免赔额度,他们每年可以节省数百甚至数千美元。

在房产保险、汽车保险、人寿保险等领域,保险所覆盖的范围通常是那些投保者在损失发生后无力负担的部分。在这种情况下,投保者所花的钱对自己和家庭都有重要的价值。

然而在健康保险领域,健康的消费者花在保险上的钱多数情况下对自己和家庭并没有太大价值。

大多数拥有健康保险的人,他们的投保范围都包括了附带生活费用开支,而这一项对于医疗服务消费者来说并不真正需要。不仅如此,这项保险内容还产生了一个复杂的分配体系和支付机制,每年都要耗掉数千亿美元。

你可以设想,每次买汽油或者更换燃料时,你都要申请保险,否则你就只能在保险公司已经讲好价钱的固定地点保养汽车,这该有多麻烦。

每次买东西、换新地毯或者粉刷房子的时候,你都得先获得保险公司的同意，否则就只能在保险公司挑选好的商店购物，用保险公司同意使用的地毯，或者把房子刷成保险公司允许的颜色。想想看，这种日子该多么艰难。

想一想，从家得宝到Petsmart再到史泰博，这些大型零售企业提供的低廉价格和超值选择是多么诱人，再想像一下，如果消费者不能自由地购买商品，你还能到哪里去寻找这些诱人的零售商？

消费者和企业花在健康保险上的钱有一大部分被用来交纳医疗服务的预付款，而多数消费者压根儿不曾使用过这些医疗服务。身体健康的消费者们更适合仅购买应对意外伤害的保险，用自己的现金支付就诊、处方以及非日常医疗用品的费用。

如果我们仔细思考的话就不难发现，医疗产品和服务的分配效率太低，许多良机因此被白白浪费掉了，但与医疗保险和支付体系相比，这还算是效率高的。

健康保险的三个主要组成部分

上文已经讲过，健康保险和其他类型的保险是不同的。当你购买寿险、车险或者房产险时，你并不指望在不久的将来得到理赔，实际上你买这些保险是为了应付一些不大可能出现的情况，而这些情况正是你想避免的，比如说死亡、车辆被盗、火灾等等。如果这样的情况一旦发生，你将获得自己可随意支配的金钱补偿。

与此不同，你购买健康保险的目的就是为了能在将来获得补偿，而一旦出事，你是几乎拿不到钱的，因为保险人会直接把钱支付给照看你的医疗机构——一般来说要么每月付一点固定费用，要么承担总费用的一小部分。

这是因为，我们所谓的"健康保险"是由三个独立而又相互关联的部分组成的，其中只有一个属于真正意义上的保险。这三个部分分别是：

1. 优惠医疗服务网络——在这一网络中，消费者可享受优惠的医疗价格。

2. 预付医疗服务——指的是无论使用与否，都预先支付费用的基本医疗服务。

3. 财政保障——针对伤病医疗支出的保险措施。

（1）优惠医疗服务网络

美国的健康保险始于大萧条时期，那时，地方医院都开始采用"蓝十字计划"，即每月收取固定费用，为团体提供医疗服务。住院保险是真正的保险，因为毕竟没有人愿意自己未来在医院里度日。

大约同一时期，企业和团体开始和医生们达成协议，以优惠价格或者固定的月费提供医疗服务，这些协议被称为"蓝盾计划"。在随后的几十年时间里，数千项这样的计划不断出现，最后形成了70家蓝十字会蓝盾健康保险公司，并延续至今。这些公司被统称为"蓝色集团"，它们拥有自己独立的医院和医生，形成了独立的医疗网络，为自己的保险客户提供价格优惠的医疗服务。

其他数百家健康保险公司和独立的非保险类企业也形成了自己的服务网络，它们与当地的医疗机构达成了协议，为客户或成员提供较低的月费或者优惠的医疗价格。

这些医疗服务网络一开始给双方都带来了好处——一方面给医院带来了新的医患客户，另一方面也给客户提供了优惠的医疗价格。

如今，对于以营利为导向的保健企业来说，类似的商机也同样存在，它们可以效仿上述做法，在自己的社区内组织起一套保健服务网络。

无论是一名普通的职业医师，还是一家专业化的血液检测试验室，当新的医疗单位进入市场的时候，它能获得客源的唯一办法就是向最大的医疗服务买家提供优惠打折的价格，而这个最大买家就是医疗服务网络。当医疗单位给这些庞大的买家网络提供低价时，对于处在网络外的患者它则提高价格——有时此举的目的仅在于向那些大买家显示，自己提供的价钱比卖给别人的价钱低很多。

不久之后，每个患者都成了医疗服务网络中的成员，很少有人留在网络之外支付高额费用，除了那些因极度贫困而没有投保也无力支付保险金的人。如今，从地方儿科诊所到大城市的正规医院，大多数医疗单位向那些医疗保险网络之外的患者的要价比网络内的要价高得多（有时甚至高出五到十倍）。

这是当今美国健康保险业中最悲惨的部分之一。没有健康保险的患者被排除在医保网络之外，其医疗花费是有保险患者的数倍之多。更糟糕的是，当他们无法支付这些高额费用时，他们就被强制破产，而且在新的破产法律规定下，破产之后的他们依然要支付五至十倍的高价。

在我的《新健康保险的解决之道》一书的第 50—52 页，我将我家和搭档一家在过去 5 年里的医疗开销作了调查和对比。在提供相同医疗服务的前提下，医疗单位向我家收取的费用为 3466.53 美元，而向医疗服务网络之外的家庭收费达 16311.53 美元——这些家庭一般都是没有健康保险的贫困家庭。

（2）预付医疗服务

对大多数人，尤其是对那些有小孩子的人而言，除了每年作个例行检查或者 OBGYN 测试，都希望能在未来享受到一些基本医疗服务。健康保险金中的一大部分是被用来预先支付医疗服务的。

健康的消费者浪费在这方面的保险金是最多的，因为一方面他们只使用了医疗服务的一小部分，另一部分他们所使用的保健设施和服务是处于健康保险服务网络之外的。

例如，你或者你的客户每年为一项健康保险计划支付 5000 美元，每次看医生有 20 美元的补贴（co-pay），但这种保险只有在服务网络之内，因疾病就诊时才有效。如果你看医生的次数并不频繁，或者你的主治医师是一位处于医疗服务网络之外的指压治疗大夫或整骨疗法医生,只要你将保险更换为高免赔额计划,你就能每年节省 3000 美元。这样的保险要求你每次看医生要自己直接掏钱。

几年之前,转成高免赔额保险还是一件不太可能的事情,许多州针对一些投保项目都有限制免赔额或者 100% 全额保险的规定。这些规定虽然在那个时候看起来是好的,但是它却抬高了健康保险的成本,把数百万消费者和企业排除在健康保险市场之外。今天,只有不到 60% 的工作有健康福利,而每年能提供保险覆盖的工作机会比这还少 200 万个。

幸运的是,正如你在下章将要看到的,最近健康储蓄账户计划已经提高了高免赔额健康保险制度的知名度,使得多数州对自己的规定做了修改。

高免赔额(high-deductible)健康保险的重新出现是保健产业的最大希望所在,这一保险形式每年能为消费者在疾病医疗保险方面节省数千美元,这些省下的钱可作保健之用。

(3)财政保障

针对事故和疾病医疗支出的财政保障(保险)是健康保险的主要内容。到 2005 年时,已经很难找到一种比较好的财政保障方法了。因为对大多数而言,获得免税健康福利的唯一渠道就是企业,当你辞职、被炒或者因故无法来工作的时候,这种健康福利就没有了。

幸运的是,新的联邦法规已经把企业健康福利保险和个人家庭自行选择的保险重新放在了平等的竞争条件下,而后者会为消费者提供永久的财政保障。对于健康的消费者而言,其花费只是企业保险的 1/3 到 1/2,原因就在于以下几个方面:

在企业健康保险中,无论年龄、体重、抽烟习惯和健康历史,所有雇

员的保险金都是一样的。如果一位雇员的医疗开销是10万美元，这些钱由企业和其他雇员分摊。即使你身体健康，无不良生活习惯，一辈子没换过工作，你的财政保障和福利也还是会受到全体职工医疗状况的影响。

目前有46个州已经允许个人保险承担人为投保者及其家庭成员提供医疗保险——既可以拒绝个人的申请，也可以附带条件接受申请，还可以随风险系数提高保险金额。

如果你或者你的保健客户是自己购买保险的话，你的保险金不会因未来可能的疾病而增加只会随着年龄和整体医疗价格的增长而增长。

2005年新的政府法规允许企业为雇员提供免税补助来自己购买个人或家庭保险。这一举措不仅让企业保险和个人保险在税收方面处于相同的竞争地位，同时也消除了使企业介入到健康福利中的最基本因素。数以千计的企业放弃了它们的集体健康计划，转为新的个人保险计划（Defined Contribution）。在www.zanehra.com中，你可以了解到这方面的更多信息。

在下一章，我们将会讲到，你和你的保健业客户应当怎样做才能获得个人或家庭健康保险，这种保险会带给你：

1. 选择优惠医疗服务网络的自由——你可以最低的价钱得到本地最优质的医疗服务，即使你只是以独立患者的身份就医。

2. 更好的预付医疗服务——你不必再为那些你从未使用或者不想使用的医疗产品和服务向你的保险人预付费，取而代之，你可以将这些钱存入你的个人健康储蓄账户——把你不花的钱存起来，为以后的看病花销、保健支出甚至退休养老作准备。

3. 永久性财政保障——你可以获得独立于任何企业的健康保险，保险金不会增长，制度也不会因你生病或花费巨大而被取消。

保健企业的新出路

在这一部分，我解释了为什么国会应当向全国推广健康储蓄账户计划（那个时候称为"医疗储蓄账户"）。2004—2005年，国会如我所料采取了措施，由于本书对官员的决策行为起到了重要的引导作用，我被授予名誉博士学位。

从1985年开始，我和许多其他的经济学家就致力于游说白宫和国会，努力向它们指出只给企业职工提供免税健康保险的不公平所在，这些政策对我们整体健康保险体系和分配体系产生了有害作用。

2003年，自由职业者被允许从可征税收入中为自己、配偶和抚养人百分之百扣除健康保险金。

2005年，所有的美国公民，不论是企业健康保险持有者还是个人／家庭健康保险持有者，都被允许拥有一个健康储蓄账户（HSA）。下一章你会了解到，所谓健康储蓄账户有点类似于应对健康支出的超级IPA或者401K。

2006年，企业被允许为雇员提供免税补助自行购买个人／家庭保险，而不是被迫加入昂贵的"一刀切"的企业集体健康保险计划。

虽然这三个划时代事件的影响还不为人察觉，但是它们就像企业垄断保险高墙上的一道裂缝。

但是却还没有人知道，如果给予消费者在不同的竞争者中自由选择的权利，保健服务业市场会变得如何高效和令人愉快，而我们将会看到这些。

竞争的压力很快会迫使所有的医疗机构允许客户自由选择自己想要的保健和医疗产品，而不是强迫他们接受由只注重减少成本的企业和由说客控制的政府所提供的产品和服务。

如果能让联邦政府从庞大的保健业的经营事务中脱身,把传统的美国特有的优秀创造性应用在卫生保健的分配方面,没有人能想像出我们会变得如何创新和高效。但是当我们看到其他产业的发展历程时(如餐饮业、运输业、家电业),我们可以对未来有一个大致可能的概念。

以前,出去吃饭意味着要么是一家单调乏味的小餐馆要么就是一家昂贵的大饭店。通过技术创新,餐饮业降低了价格同时提高了产品的供应量,从而使需求增长了10倍。从1950年至今,美国人外出吃饭的预算占总预算的比率从5%上升至50%。50年前当孩子们问大人"我们能出去吃饭么?"得到的回答通常是"你以为我们是谁,百万富翁吗?"而现在,回答则会是"你想吃什么?"如今对每个人而言,出去吃饭都是既能负担得起又十分愉快的经历。

在航空运输、假期旅游、服装、家电以及其他一些高端产品和服务领域,类似的例子还有很多。

在下一章里我们将找到这样的机会,让你和你的客户为自己找到合适的健康保险,从而让自己掌握如何花费或者如何储蓄自己的健康开销。

下一章开始之前你所要做的

企业主和保健业者行动计划

1. 分析一下当今的健康保险体系对你的保健产业领域会产生怎样的影响，如果这个体系一旦崩溃，你的生意会受到何种影响？

2. 分析一下医疗机构削减成本的努力会对你的保健生意产生怎样的影响。

3. 企业和雇员为了绕过现行的卫生保健法规和限令玩起了猫捉老鼠的游戏。分析一下这些举动对你的保健产业领域会产生怎样的影响。如果每个人都获得了由政府提供的免费的疾病医疗保险，你的生意会因此受到什么影响？相反，如果目前企业保险计划的承保范围大大缩小，你的生意又会受到什么影响？

4. 分析一下，让企业保险和个人保险在税收方面处于相同的竞争地位的法律会给你的保健产业领域带来怎样的影响。

5. 分析一下消费者向健康储蓄账户的转移会对你的保健产业领域的商机产生怎样的影响。

6. 分析关于减免食品附加税的立法活动会对你的保健产业领域产生什么样的影响。

7. 分析一下，如果企业给每个雇员保健补助金或者给予他们自由选择权，会对你的保健产业领域的商机产生怎样的影响。

第七章

新的健康保险方案：帮助你的客户为他们的健康投资

在这一章中，我们将学习到三件事情：

1. 你的客户怎样能够获得更好、更安全、更便宜的健康保险，是通过他们个人的或者家庭的健康保险政策，还是通过参与由他们雇主发起的团体计划。

2. 怎样才能帮助你的客户在健康保险问题上节约5000美元或者更多的钱，是不是非得选择减少保险额，只保留切实需求的福利，再将节约出来的钱投资到其他的保险业务中。

3. 为了让你们将来的健康保险更节省，或者是免税，你和你的健康客户应该开设健康储蓄账户（HSAs），这个该如何操作并且为什么要这么做。

上一章中已经谈到，如今大约1.5亿健康的美国人是从他们雇主发起的团体健康保险政策中获得各自的健康保险。而现在的团体健康保险体系是导致个人破产的首要原因，也是个人财务前景的巨大威胁。这是因为如果你和你的客户生病了不能工作，那么你们就会丢掉工作和健康保险。

1.5亿的美国人已经发现了一种新的解决方案，那就是直接从他们所在州的大的保险公司中，购买个人的或者家庭的健康保险。

什么是个人/家庭健康保险政策

个人/家庭保险政策是完全为了单个人或者某些家庭成员，向某个保险公司或者政府购买保险。

雇主发起的团体健康保险政策与个人/家庭的健康保险政策，有两个方面的不同点：

1. 雇主及其团体健康保险的提供者在法律上需要接纳所有的保险申请者，不论他们的健康状况或者生活方式如何。相反，包括华盛顿在内的46个州中所有的保险机构，对于那些不健康、吸烟和肥胖的人，可以拒绝他们或者向他们索要更多的保险费。这样，保险机构就有能力向健康状况良好的申请者提供比较便宜的健康保险（除了纽约、新泽西州、马萨诸塞州、缅因州和佛蒙特州）。

2. 雇主为团体健康保险支付的保险费每年都在上一年的基础上有所增加。相反，你为个人或者家庭支付的健康保险费不会每年都增加，同时也不会因为你上一年的健康状况或者保健的支出而被迫取消健康保险。

与雇主发起的团体健康保险不同，个人和家庭的健康保险是一种真正意义上的保险，因为它切实地提供了安全保障。只要你支付保险费，你的保险计划就不会因为你失去了工作、换工作，或家人生病而被取消，同时保费也不会递增。

· 第七章　新的健康保险方案：帮助你的客户为他们的健康投资 ·

所以，如果个人/家庭健康保险计划比同样福利的团体保险计划要便宜，如果需要支付的保险费不会因为将来的疾病而增加，如果你换工作的时候仍然可以维持个人和家庭的健康保险，你还犹豫什么呢？

为什么不是每个家庭都拥有个人/家庭健康保险计划？

目前向私人机构申请个人/家庭健康保险计划的美国人，只有80%—90%是符合健康标准的（基于他们过去的健康状况）。另外，以前个人/家庭健康保险的费用是团体保险的两倍，直到最近，前者的费用才变成后者的一半。这是因为：

1. 健康支出，特别是大病的花费，对于大多数客户来说是偶然事件。过去，如果谁毫无征兆地患了心脏病或者Ⅱ型糖尿病就被视作得了重病，这就是为什么人们会绑在一起，以此从经济上保护自己，就像他们对生命、汽车和火灾保险一样。如今保健的消费是相当有预见性的，这是基于个人先前的健康史，如肥胖、不好的营养状况，或者是吸烟以及他们的选择。

2. 在许多州,过去保险公司按照个人申请者及其家庭成员的健康状况,决定保费的多少,这样做是违法的。现在,46个州允许从医学的角度来承保，同时也允许保险公司给予更加健康的申请者政策的倾斜和补贴。

15%的18—65岁的人消耗了这个群体85%的医疗消费，这就是为什么46个州的保险公司能够向健康的个人/家庭成员申请者提供更加便宜的医疗保险，价格仅为同样福利的团体医疗保险的1/3—1/2，而团体医疗保险是自动接受任何健康状况和生活方式的申请者。

3. 税收法规曾规定雇主向员工提供免税的个人和家庭的医疗保险政策，团体医疗保险计划中员工是税前购买保险，而个人／家庭计划中员工需要税后购买保险，所以一个员工为自己和家人购买保险要付出两种费用。2005年这个税法改变了。

雇主不会告诉员工他们购买个人／家庭保险比参加团体计划更加便宜，特别是如果员工要在保险计划中增加一个配偶或者是另一个人，雇主会收取绝大部分的费用。如果雇主告诉健康的员工，私人的承保者可以向他们提供保险，那么他们一定会改变自己的保险政策，而雇主就只能承担那些健康状况较差的员工的医疗保险。

如果你必须向你的雇主缴纳费用，以便你的伴侣或者同伴参与公司的团体保险计划，请你记住：你的老板是不会让你知道，你可以只花一半的价钱在私人保险公司达到这一目的。

还有一个原因，很少有人意识到，如果你不符合私人保险公司个人／家庭保险政策的要求，现在也可以参加州政府担保的保险计划，比如说很典型的是蓝十字公司，政府会给予保险公司适当的补偿。政府担保的保险业务一般会收取2—3倍的费用，这样算起来一个四口之家，如果其中有一个不健康的成员，那么保险费会高出50%左右。虽然从2005年开始许多州就已经开始实行这种政府担保的保险业务，但是很难申请，最后只有一些不健康的公民参与进来。

如果你病得非常严重，可以说政府担保的保险计划是一种对寿命的讨价还价，一年3600美元的保险费可以获得每年10万美元以上的保险。不

第七章 新的健康保险方案：帮助你的客户为他们的健康投资

幸的是，由于显而易见的经济原因，政府不会花钱为他们的保险业务做广告。所以，只有那些在州政府里有熟人的人才可能利用得到。如果想了解政府担保的保险业务，可以访问 www.tnhis.com。

怎样帮助你的客户节约5000美元的健康保险费，他们再将这笔钱投到你的生意中

告诉你的客户个人/家庭保险政策

你要做的第一件事情就是帮助你的客户在健康保险上省钱，这样就说明你已经很了解个人/家庭政策，而且告诉他们，它的保险费是同样收益的团体政策的1/3—1/2。

也许许多客户告诉你，他们对这个并不在意，因为他们能通过自己的工作获得免费的健康保险。然而，这种情况很快就要改变了。现今全美有60%的工作涵盖团体健康保险计划，过去这个比率高到80%，而且有健康保险的工作每年以200万的数量递减。除此之外，雇主发起的健康保险是美国破产案最可怕的间接原因。

除此之外，如果员工不是计划马上就要离职或者自己创业，他们是不会放弃免费的团体员工医疗保险，而自己从保险公司购买个人/家庭医疗保险的。

迄今为止，许多雇主还是为员工购买医疗保险，如果员工希望在保险计划中附带伴侣或者孩子，雇主会加收50%以上的费用。如果你的客户，他们的伴侣或者孩子的健康状况良好，你就可以说服他们，个人/家庭保险政策既可以照顾到家庭，又可以为他们节约50%的钱。

如果你的客户和他们的家人不健康、吸烟或者超重，你就得提醒他们会为健康保险付出很大的代价，所以要为健康投资。一旦他们减肥成功，健康状况变好，他们就能获得更优质、更便宜的个人／家庭健康保险计划。

至于怎样购买个人／家庭健康保险，怎样评估全国那么多保险机构的价格，请查阅新健康保险方案（Wiley，2007），或者访问 www.tnhis.com。

高扣除额健康保险的优势

你绝大多数的客户，不论他们是购买团体保险还是个人保险，都可以通过增加健康保险的年度扣除额来省钱。这样做不仅仅是节约钱的问题，而且可以减少客户付出的医药费，以便于他们在健康问题上做长远的投资。

如果你联系一家健康保险公司，告诉他们从现在开始，你将直接一次性支付每年 2500 美元，他们很有可能会把你的年度保费减少 3000 美元。这样，即使你每年都生大病，也可以每年都节约 500 美元。

如果你增加年度扣除额，绝大多数的保险公司都会降低年度保费，差不多是扣除额的 120%。也就是说，增加 2500 美元的扣除额，就会节约 3000 美元的保险费。如果你生病了，至少每年节约了 500 美元。

当你在医生那里花 50 美元，你的保险公司就要花 75 美元，50 美元付给医生，还有至少 25 美元是文书工作以及日常的运营工作。这就是为什么保险公司都愿意在健康维护组织（HMOs）登记，向每个病人直接提供全年的保险，而不是单独为每一项业务承保。

一般来说，雇主提供团体健康保险计划，花在日常费用上的支出占 20%，但是这个平均数字掩藏了真实的情形。付 1 万美元的医疗账单，保险

· 第七章　新的健康保险方案：帮助你的客户为他们的健康投资 ·

公司要花 500 美元的交易费用，大约占 5%。但是对于个人申请者来说，保险公司为 50 美元的医疗账单就要付出 25 美元的保险费，大约占 50%，有时甚至超过医疗费用。

每个家庭年度医疗支出的第一个 2500 美元，一般是花费在 20—30 个不同的病例中，每个病例大概是 50—125 美元。保险公司就要付出 2500 美元，另外还有 500—1500 美元的交易费用。

所以，如果你同意将你的年度扣除额增加 2500 美元，那么保险公司或者你的雇主就会少收你 3000 美元的保费，这并不奇怪。事实上，很多保险公司还会大力宣传减少 120%，甚至更多比例的保费。

在团体或个人的健康计划中增加年度扣除额，此举带来的主要益处不仅仅在于你节约了多少钱，更主要的是你有能力掌控怎样花钱，怎样选择你的健康医疗机构，而不再是面对那些保险公司或者雇主给你安排的蹩脚医生。

一些客户担心没有足够的现金支付年度扣除额，他们会选择比较经济的健康保险计划。某些代理人就会向顾客推荐这种产品，因为保险费越高，代理人得到的佣金回扣就越高。

如果你的身体状况和生活方式都很健康，并且符合个人/家庭政策的基本条件，那么你遭遇意外时（比如说踢足球或者溜冰时摔倒）比生病时获得的健康赔偿要多。假设你更看重这一点，你就可以购买比较廉价的意外医疗保险。

可以访问 www.ZaneAMC.com 来了解意外医疗保险的详情，购买那些你的医疗保险没有包含的健康业务。你每月投保 10—40 美元可以为全家获得最高 1 万美元的赔偿。

如何帮助你的顾客在处方药上节约10%—75%

大约 1.3 亿美国人，66% 的成年人都服用处方药。一旦你的客户转向购买高扣除额的健康保险计划，你就要特别关注怎样才能正确地购买处方药。

第九章中我们会详细讨论新健康保险方案，按照如下方法可以在处方药上节约 10%—75%：

1．购买一张药物打折卡。
2．在你的健康保险公司选择一个正确的药物计划。
3．在海外的药局购药。
4．换服常用药。
5．服用具有相同药效的药。

然而，对于健康状况良好的客户来说，帮助他们在处方药上节约 100% 的花费，还有一种更好的方法，就是停止完全依靠专业医疗服务，尝试改变饮食，或者寻找更安全自然的替代品。附录 B 会告诉你应该怎么做。

如今 95% 的处方药都是要长期服用的，它们用来治疗某种病症，并且在余生都得继续服用它们。

从经济学的角度来说，让你习惯性地服用某种药物，这是很容易理解的。这么说吧，如果你是一个大医药公司的 CEO，你会投入大量的研发资金在一种顾客只会买一次的药物上（例如疫苗），或者是那种顾客只会用很短的一段时间的药物（例如抗生素）；还是会将研发资金投入到顾客在余生中天天服用两三次的药物上？

· 第七章 新的健康保险方案：帮助你的客户为他们的健康投资 ·

在过去的 30 年中，绝大多数制药行业将研发资金用于缓解病症的药物的研发上，而并没有用来研发治愈或预防疾病的药物。

在本书的附录 B 中我们将详细谈到，目前世界顶尖的处方药生产厂商，Lipitor，Zocor，Nexium，Prevacid 和 Zoloft，都有许多共性的地方：

药物的目的不在于预防疾病。
药物只是针对缓解某一种病症。
设计的药物是为了让你在余生中都服用。
药物中不含麻醉性和控制性的成分，所以应该不是处方药。
如果没有委任令人信服的医生作为销售代理人，药物很难直接卖给顾客。
药物对人们的长期健康都是有害的，因为它们只是针对某一种病症，而不是纠正你的行为来彻底治愈这种疾病。

如果你和你的顾客正在长期服用处方药，请好好地阅读附录 B，这样你们就可以知道：

1. 这些药物后面的经济动因。
2. 怎样合理改善你的饮食，加强运动，优化生活方式。
3. 怎样要求你的医生帮助你停止服用这种处方药。

健康储蓄账户

健康储蓄账户（HSA）是继"社会安全"和"老人医疗保险制度"之后，

在全美的健康和退休保险领域内的最大变革，你可以在健康花销和退休保险上节约几十万美元，并且是免税的，这将彻底改变整个医疗体系。

自从2004年健康储蓄账户合法化之后，300万美国人就去开设了账户。但是这仍然还是一个初始阶段，因为只有在大的雇主和金融机构才能开启HSA。这和30年前的"个人退休账户"（IRAs）和"合格退休计划"〔401（K）s〕情况类似，那时候很多人认为让人们自己管理退休金是很滑稽的事情，然而如今4800万美国家庭拥有IRAs，4500万家庭正在使用401（K）。

拥有健康储蓄账户意味着，人们参与了高扣除额符合HSA标准的健康保险政策，并且与个人将退休账户相配套，可以由雇主购买，也可以是个人购买。主要的内容包括：

1.2006年最高的年度扣除额是每家10500美元，每人5250美元（统计数字会随着通货膨胀有所不同）。

2.储蓄账户的功能与IRA类似，有一点不同是你和你的雇主都是免税的，2006年的免税额大致相当于最高年度扣除额，但不会高于每家5450美元，每人2700美元。

为什么你应该在IRA和401（K）之前开通HSA

拥有传统的IRA和401（K），你就可以获得减税的待遇，但是65岁之后你就必须按照正常的税率给联邦政府和州政府缴税。

相反，如果有了HSA，你可以得到与IRA和401（K）相同的福利，但是却不用为医疗消费付收入税，不论是65岁之前，还是65岁之后。

除了你的健康消费不达标的情况之外，取消HSA不需要任何理由，这种情况的发生就好像是你被迫退出了IRA和401（K）。只要你还支付收入税，就不会在65岁之后获得任何惩罚。

HSAs 和 IRA、401（K）有相同的福利，此外只要是符合健康标准，HSAs 还可以随时享受免税的待遇。

HSAs 具有三个方面的税收优惠：

1. 减税。
2. 增值部分是免税的。
3. 撤销账户也是免税的。

为什么 HSAs 如此重要
健康储蓄账户的好处太多了：

HSAs 使几千万美国人能够负担得起昂贵的医疗费用，2006 年的统计数据表明，它比传统的低扣除额健康保险政策节约了至少一半的钱，雇主办理 HSA 也是以前团体计划费用的一半。

HSAs 能够帮助你的顾客在健康保险上每年节约几千美元，他们可以把这笔钱投资到其他的健康花费中，或者存起来。

HSAs 帮助顾客做出经济而且健康的选择，比如说，选择常用药替代那些疗效相似的品牌药，最好不要完全依赖处方药，选用侵害性小的自然治疗方法。

当你换工作的时候，HSAs 还能够在经济上和健康问题上为你提供一个缓冲期，不论何时你失业了，付健康保险费都是免税的。

HSAs 降低了在文书工作上的成本，约计 4000 亿美元，占总医药费额 2 万亿美元的 20%。

在高生育期，HSAs 保证了这些孩子们退休之后，全社会还是有足够的资金维持医疗保健。

HSAs 使美国从企业创新的时代步入医疗改革的时代，因为上千万拥有 HSAs 的美国人可以自由地选择医疗服务，而医疗机构也可以不用再经过健康保险公司和雇主的许可，直接向顾客提供各种医疗产品和服务。

HSAs 提供积极的预防保健，而不是让第三方提供被动的治疗性药物，第三方很难帮顾客做出适宜的长期选择。

为什么HSAs对健康特别有益

高年度扣除额并不意味着 HSAs 不能覆盖某些特定的保险业务。国会已经开始关注那些购买了高扣除额保险的人，他们可能不太愿意再花钱在健康维护、预防治疗和健康年检上。HSAs 政策可以提供最低年度扣除额以外的不受限制的福利待遇，包括：

定期健康检查（例如，年检）；

透视检查（例如，乳房 X 线照片）；

日常的产前和儿科检查；

儿童和成人的疫苗戒烟计划；

医生监督下的减肥计划；

预防性治疗。

预防性治疗不是那种对已有病症的治疗，它包括提供预防已诊断病症的药物，以及防止疾病的复发，例如为高胆固醇患者提供的降低胆固醇的治疗方法。

每天都会增加几千雇主为员工提供 HSA，对于雇主们来说，这是实施职业健康计划的绝好时机，因为企业可以为员工购买很多福利，而又不违反高免税额 HSA 的政策。

HSA 保险可以保障特定的疾病、意外、残疾、视力保健和药物打折卡。

第七章 新的健康保险方案：帮助你的客户为他们的健康投资

每月支付 100 美元，就可以获得最高 1 万美元的意外伤害医疗保险，它是对 HSA 高免税额保险政策的重要补充，可以平衡你整体的 HSA 计划。

帮助你的客户为健康投资

每个健康专家都需要了解健康保险，以及指导顾客怎样获得更优质、更廉价的健康保险。客户在健康保险上节约的钱，还会重新投入自己的健康业务中。具体来说，你需要告诉他们：

1. 怎样通过个人／家庭政策，以更少的钱获得更好的健康保险。
2. 怎样节省健康花费，并将省出来的钱投资到健康中。
3. 为什么每个美国公民都要有健康储蓄账号。

如果你的客户中有雇主，你应该告诉他们如何建立一个净成本的职业健康计划，这就是健康偿还安排（HRA），它可以使你客户的雇主也成为你的客户。

为了帮助你更好地解释这些概念，ZaneBenefits LLC 为健康专业人士提供了新的免费的长达 400 页的专业网站，教你如何指导你的客户。

数千专业机构和人士都已经签署了这项计划。此外，如果你的客户开始通过这个网站购买健康保险，你还可以签署相关的协议，当客户为自己或家人再购买保险时，你就可以获得中介费用。

访问 www.zanebenefits.com 进一步了解这些相关协议。

在阅读下一章之前

为健康专业机构和专业人士打造的行动计划：

1. 分析怎样在健康保险上指导你的顾客适应你自己的健康业务。

2. 一旦客户转向个人／家庭政策，年费就取决于他的健康状况。建一个工作表，告诉客户为什么保持健康就可以节约保险年费，而你的健康业务又是如何帮助他们做到这些。

3. 事实上每个健康的客户都可以通过提高年度保险扣除额，节省整体的费用。告诉你的客户怎样做，同时将省出来的钱再投资，购买你其他的健康服务。

4. 对1亿美国人来说，处方药都是很重要的一笔开支。看看附录B，就知道如何与医生合作帮助客户远离处方药，将这笔钱花在其他有用的地方。

5. 每个美国公民都应该有健康储蓄账户，你自己就必须多了解它，再向潜在的客户推销自己，取得他们的信任。

第八章
通过配销致富

古往今来，在日用品的生产和流通领域有的人发迹致富，有的人血本无归。不断拓展配销渠道，就能够不断地取得成功。

当今社会配销渠道尤其重要，因为对于绝大多数的产品和服务来说，配销成本占了零售价格的70%，而对于大多数的健康产品来说，配销成本甚至占零售价格的80%。

在我们探讨保健产品配销如何取得成功之前，保健业者必须首先明白在无限财富背后的生物学动因。

无可限量的财富：现代经济的生物学原则

我用一个例子来告诉我的学生，什么是无限财富。让学生假设他们在荒岛上遇到船难，没有任何的物资储备。为了生存，他们必须组织一个小社会，针对生活琐事进行必要的分工，例如，囤积食物、建造居住地、采集木柴，等等。

首先他们要在新的岛屿社会中对各种杂务进行公平轮换，但是，没过多久，他们就明白最好的方法还是每个人从事自己特长的工作。

一个人周一出去找苹果，她不但带回苹果，还能知道周二应该到哪里找苹果。到了周三，她不仅知道在哪里能够找到苹果，还能自己做一些工具，例如口袋或者独轮车，把这些苹果运回居住地。周四，她已经开始用工具采摘一些高处的苹果，不用等到它们自己落下来。周五，她可以用不到1小时的时间完成前一天的工作量，然后就有时间开始研究怎样做苹果酒或者苹果酱。

渐渐的，一部分人只用少部分时间就可以完成所有的生活琐事，这样其他社会成员就可以解脱出来开拓其他的事务，比如，制造新产品、新工具，甚至是提供娱乐活动。

随着社会的发展，大量不同种类的物品被制造出来，新的需求就产生了——配销商品和服务。不久以后，一些人开始全职地从事配销工作，告诉人们别人都在做什么，什么是有用的。这些从事商品流通的人员，或者说是商人，最后成为全岛最富有的人，因为他们在不断积累财富创造价值，特别是当存在另外一个岛上社会时，商人就可以与他们进行产品和工具的贸易。

在这一课中，我的学生学会了现代经济无限财富的两个基本原则。

第一，随着时间的推移，每个人都可以通过运用由专业分工带来的先进技术，生产无限量的单一产品或者服务，创造无限财富。

第二，一个社会的全部财富受限于配销，因为特定产品和工具的使用和贸易流通是少数人在做。

美国强大的经济实力很大一部分是来源于自由流通的立法，使它成为世界上最开放的产品和服务市场。美国宪法一般允许各个州自己管理州事务，但是有一个例外，任何一个州都不可以制定法律法规侵犯公民间自由贸易的权利。

与此类似的，当今世界的经济强国，西欧、北美、日本和亚洲虎（韩国和新加坡等），经济发展都是依靠 10 亿左右居民的自由贸易。

10 亿居民的贸易区——西欧、北美、日本和亚洲虎（中国台湾地区、韩国和新加坡等）构成了未来的国际保健市场。

从政治的观点来说，经济欠发达国家面临的挑战在于，怎样使 55 亿人参与自由贸易，而同时又要防止国内经济的急剧动荡引发政治不稳定。

为什么配销的商机超过了生产

1967 年的电影《毕业生》中的主演贾斯汀·霍夫曼用一个词很自信地概括了经济成功的动因："塑料。"20 世纪 70 年代，自然资源的短暂匮乏达到了高峰，经济成功的关键就在于可用比较廉价的制造方法。

现如今，制造技术的不断进步，成功的经济发展不再仅限于制造业。营销行业反而成为经济发展的最大机遇。

退回到 1967 年，一个照相机或者一件时尚服装的售价是 300 美元，这其中有差不多 150 美元的生产成本和 150 美元的经销成本。制造成本占零售价格的 50% 左右，所以降低制造成本很有可能会省下大笔的钱，如果降低 10%—20%，零售价就会降低 15—30 美元。

20 世纪 60 年代和 70 年代，那些能够成功降低生产成本的企业可以大幅盈利，他们通常是通过使用塑料或者是在海外建立新的生产基地。

40年后的今天，同样质量和样式的产品零售价只有100美元，但是人们有时并没有注意到这个，因为他们已经转为购买更高质量的产品。同样质量产品降价高达2/3主要是因为，新技术的研发使生产成本从150美元降到30美元，甚至更低。

产品的经销成本也下降了，从150美元降到70美元，差不多占单价为100美元产品的70%左右。

零售价格成本分析

	1967年		2007年	
生产成本	150美元	50%	30美元	30%
经销成本	150美元	50%	70美元	70%
零售价	300美元	100%	100美元	100%

相比较而言，经销成本的降幅没有制造成本的降幅那么大，因为我们还没有找到能在经销领域中运用的像制造技术那样的创新方法。

如今，单价100美元的产品，其制造成本只占大约30美元，所以，生产成本降低10%—20%，零售价只会降低3—6美元。

但是，100美元的产品，经销成本占70%，降低10%—20%的经销成本，价格就会降低7—14美元。有时只要改变厂商和顾客之间经销链中的一个环节，流通成本就会降低50%以上，相当于100美元的产品降低35美元，甚至更多。

由于经销成本占产品价格的比重上升，早年迁往海外的生产基地又迁回美国。大部分在美国销售的外国汽车都是在美国境内生产的。世界上最大的汽车生产基地是俄亥俄州马里斯维尔（Marysville）小镇的本田雅阁汽车厂，其多数的产品都输往了日本；奔驰休闲旅行系列最热门的生产线在阿拉巴马，宝马最流行车型的生产线在南卡罗来纳州。

沃尔玛的创始人山姆·沃尔顿44岁时进军商界，1992年成为全世界最富有的人。山姆一生从未生产过任何东西，在他的理念里，沃尔玛只销售其他公司生产的品牌商品。20世纪80年代电子数据系统集团EDS的Ross Perot，因为创造了更好的软硬件销售方式而成为亿万富翁。70年代，联邦快递的弗雷德·史密斯舍弃传统运输方式，直接成立了一家航空运输公司，由此成为亿万富翁。这样的例子还有很多很多。

在互联网领域的大富豪中，这样的例子举不胜举，如亚马逊网络书店（Amazon.com）的杰夫·本兹1999年被《时代周刊》选为年度风云人物。这些网络空间的巨头们就是因为找到了有效流通的新工具——互联网。

21世纪的配销渠道

我们仔细观察一下近来赚钱的方法，就会发现配销的性质变了：

配销包含两个过程：
1. 将改善生活的产品和服务的信息告诉客户。
2. 切实为客户输送产品和服务。

山姆·沃尔顿、弗雷德·史密斯和大多数的物流行业的巨头们都是靠寻找优质廉价的物流方法起家的。

而像杰夫·本兹他们则是向客户介绍新产品和新服务，而这些产品和服务是有些客户以前根本不知道的。

保健行业的企业家和投资者们应当懂得是什么触发了配销行业的改变。

19世纪以前，经销商的主要工作是告诉顾客什么能够提高他们的生活，所以商人们自卖自夸，宣传产品占据了大部分的时间。

19世纪开始商人们开始进入百货公司，如1865年芝加哥的马歇尔广场

（Marshall）和1881年波士顿的菲连斯（Filene）。随着信用集中、地产行业、购买功能等新技术的进步，百货公司异军突起，很快取代了小贩和个体商人。

百货公司除了降低了商品的销售成本之外，还向顾客提供其他服务。这打破了传统的经济学逻辑，引起了顾客无止境的消费需求。你到百货公司去，未必是真想买东西，而可能是去找一些你没见过的新玩意，而一旦知道后就成了离不开的必需品，例如电灯、洗碗机、制冰机、自清洁烤箱。

没有电视机等大众传媒的岁月里，百货公司成功地履行了经销领域的两个功能。首先是告诉顾客们什么是能够改善生活的新产品，再告诉他们什么是有用的，帮助他们选择那些符合要求的产品，最后将产品从工厂运到顾客家里。

我们可以用两个词来概括下述内容：理念流通和实际流通。

理念经销VS.实体经销

理念经销的过程，是指导顾客怎样购买产品和服务，特别是那些他们以前根本不知道，和那些自认为买不起的东西。

实体经销的过程，是帮助顾客们得到那些他们想要得到的产品和服务。

与其他行业一样，保健品行业也要承担起这两样经销功能。

1950—2000年传统的百货公司大幅缩减了，其部分原因在于新技术的进步。全球信用卡和购物中心的兴起，使百货公司的许多创新都过时了。

但是百货公司逐渐萎缩最主要的原因在于，实体经销的服务水平并没有跟上理念经销服务的发展。

顾客的购买倾向从传统的耐用品（大型家电、家具）转向消费品（清洁品、纸巾、电池），顾客们想要在短时间内立即得到这些必需品。传统百货公司的陈列布局无法满足顾客的需求，而又不能马上改变布局。我们都还记得去百货公司买胶卷的经历，我们只能等待收银员，而他却正花20分钟的时间向别人推销新款的照相机。

Sam Walton 的超级购物中心就是舍弃理念经销，完全以实体经销为主。这些购物中心卖的是顾客最需要的东西，并且能在最短的时间以最低的价格买到。这种经营方式让传统的百货公司走向了衰落。

大众商品生产商也从广播电视的发展中受益，大众传媒使热销货越过百货公司，直接送到顾客的手中。如今很多制造商都能够通过大众传媒与他们的顾客亲密接触。生存能力较强的零售商，像 Wal-Mart, Kmart, Target 都是依靠廉价的、有效的配销系统。顾客忠诚倾向已经从个别零售商（Sears, Macy's, J. W. Robinson's）转向个体制造商（Sony, Levi's, Procter & Gamble）。

30年前这种趋势开始明显化，常常听到人们抱怨顾客对商品的了解比售货员还多。现在零售店店主也只能确保他们对商品的认知度高于以前的那些售货员。

百货公司失败的教训给保健品企业上了一课：

必须保证实体经销质量与理念经销在同一个水平线上；反之亦然。始终把握流通过程中的机遇。

借鉴商业历史中的教训

对于健康品企业来说，百货公司和大中商品店的发展历史，蕴含着许多值得借鉴的经验教训。但是有一点值得强调：

过去50年到100年发生的变化现在只要5—10年就可以发生。

从1981年开始，长达70年历史的内燃机工业在7年之内就被电子燃油喷射引擎取代了；从1985年开始，光盘技术用5年的时间取代了有50年历史的唱片；从 1995 年开始，电子邮件用 3 年的时间取代了有 30 年历史的传真机。

回顾历史之后，你就必须好好想想健康品行业的未来，因为现在 5 年发生的变化，以后可能只要 5 个月或者更少的时间就会发生。

专卖店：令人惊异的健康行业机遇

最近，零售行业里一个新的趋势出现了——行业专卖店，也就是说保留了大型购物中心实体经销的优势，但又超越了传统百货商店理念经销的服务。

像家得宝（Home Depot）、宠物商城（PetSmart）、CompUSA、Toys "R" Us、Babies "R" Us 这些专卖店都是在某一领域很成功的大型商店，以最低的价格供应最多种类的商品。这就促使顾客们不远万里慕名而来。

因为它们集中精力在某一类商品上，就能够吸引对此感兴趣的员工。另外，它们还为自己的员工和顾客开设课堂，帮助他们了解产品。它们通常比生产商更懂得应该怎样使用这些产品。

专卖店的信息掌握能力和市场号召力引发了零售行业的新趋势，一些有固定营销方案、有品牌效应的商店兴起，它们的零售价格普遍低于生产成本。这样看来，零售商品的定价还低于批发价。

举个例子，1992 年，假设某公司以 300 美元的批发价格出售全套空气压缩机（每半年 20 万件），在一般的硬件和工具商店卖 600 美元。公司的生产成本是 200 美元，其中 50 美元花在可变劳动力和生产资料上，150 美元用在 5 年分期偿还的设计费用和工具损耗费用上。如果 5 年生产 100 万件空气压缩机，公司就要先期投入 1.5 亿美元在生产基地的建设、研发、工具耗损、机械设计，等等。

1993 年 Home Depot 设想以远远低于 600 美元，最好是 200 美元的价格出手这种空气压缩机，并预计售出50万件。Home Depot出价100美元一件，共50万件。起初厂商拒绝了这单生意，声称他们的生产成本都是这个价码的两倍。但是，经过考虑之后，他们认为在边际效益上仍然可以盈利，况且如果拒绝了，Home Depot会找到他们的竞争者，这样他们就出局了。最后，厂商接受了，而Home Depot实际上卖出了80万件。这样看来，厂商实际上使产品的成本降到了50美元以下，远远低于之前的150美元。

最终的获益者还是消费者，他们能够用200美元买到600美元的产品，比之前的批发价300美元还少了50%。

专卖店和大卖场在生产的淡季或者是停产的时候进货，用最少的钱买到质量最好的货物。

例如，Costco并不长期经营某项业务，当一些品牌制造商的生产基地是空闲的时候，Costco向他们下订单。因为这些制造企业还是要支付工人工资以及其他的开销，所以他们会接受比正常批发价格低很多的定价。另外Costco的供货商需要处理那些在短期内无法卖出的货物，这就保证了Costco能够得到最流行最优质的商品。

专卖店目前代表了零售业技术的核心，最好的顾客沟通、最有效的流通渠道以及以最低的价格卖最好的商品。但是，到现在为止，在健康品行业还没有出现重要的专卖店。

这也正是保健品行业最宝贵的机遇：建一个一流的商店或者购物中心，因为好的健康产品和服务都是与有效的流通渠道联系在一起的。

还有，据我们所知，保健行业的专卖店获得的利润更加丰厚，这是由健康产品的特质决定的。

零边际生产成本的新时代

专卖店能够以低于批发价的价格出售优质的商品，原因在于经济领域出现了深刻的变化：

我们已经进入了一个零边际成本的新时代。

对于各个工业领域这一点都有重要的意义，特别是对保健行业，因为绝大多数的保健产品和服务都是低边际成本，甚至零边际成本（维生素、补品和健康俱乐部会员资格）。

实际上，分摊在每个产品上的自然资料和劳动力成本都已经下降到很低，所以研发投入和市场成本是问题的关键。

生产过程中从原始材料到成品需要经历四个阶段：

1. 研发。
2. 生产。
3. 理念经销。
4. 实体经销。

以往，产品和服务最重要的支出成本是生产成本（第2项）和销售成本（第4项）。自然资源和劳动力是生产成本最昂贵的部分，它们的高低随产品生产的数量而变化。同样，经销成本中最主要的支出是储存、转移和运输，这部分成本的高低也随着产品生产数量的变化而变化。

然而现在，产品和服务最重要的支出是研发（第1项）和理念销售（第3项）。这个情况适用于几乎100%的新产品和服务，例如软件、娱乐、交流、保健等各个行业，研发投入和市场拓展至关重要。一些传统的产品和服务的情况也大致相同，例如照相机、衣料等其他消费品。

因此，生产和流通领域的机遇性质发生了变化，特别是对于那些低边际生产和销售成本的产品来说，例如保健产品和服务。

生产过程的真正商机在于设计和发明，而不是千方百计地降低单位产品的生产消耗；流通过程的真正机遇在于理念的经销，而不是实体的销售。

大型零售商是最先感受到这种变化的。成千上万的消费者发现他们从网上或者依靠工厂一用户一站式的流通系统来购买家用品极为方便快捷。再加上批发购买和从厂商直接购买能够降低价格，联合包裹（UPS）和联邦快递（FedEx）在时间和里程上的计费，比顾客直接从零售商店购买还要便宜。

更何况这些节省下来的开销还只是一个开始。由于数百万的消费者更青睐直接从厂商那里购买家用品，渐渐地，制造商也选择直接向家庭运货，而不是将他们的产品储存在那些中间批发商那里。运货越多，价格就会越便宜。

随着这种趋势的进一步发展，日后我们也许就会在家里安装密封式玻璃门门廊，当家里没人的时候，送货的人也可以将货物放在那里，里面有冰箱、加热器、干洗用的悬棒、自动拍照的电子相机。使用合适的磁卡就可以进入这个区域，它应该渐渐成为必备的家庭装置。

20世纪初期，铁路是运输货物和自然资源的主要线路。铁路丧失了优势地位是因为势不两立的心态（比如说铁路与公路运输业），到最后他们无法再掌控顾客关系，顾客的选择从火车转向了货车。鉴于此，一些大批发商下定决心不会再犯类似错误。

Wal-Mart, Costco 为了使销售渠道更加专业化，迅速建立起网上商店，像 Walmart.com 和 Costco.com，以期打破技术性障碍，避免自己出局。然而，即使是这样，他们仍然在打一场很艰难的战争，因为他们还是将最主要的精力放在了实体销售上。却不知现如今以及在可预见的将来，零售业最大的机遇是在理念经销上。

对于保健产品和服务而言，理念经销更是不可忽视的部分，因为消费者还不知道许多产品的存在，更是因为许多产品和服务的边际成本很低甚至为零。

制胜法宝：将优质的沟通渠道和技术结合起来

新产品和服务的推广通常需要一对一的指导，所以，只有那些对产品的使用训练有素的人，才可以为顾客提供高质量的沟通渠道和技术指导。我们可以看到很多这样的例子，比如20世纪70年代的录放机、80年代的长途电话服务和电话留言机，90年代的维生素和其他营养品。

在过去的几十年中，消费者年年都将越来越多的钱花在新产品和新服务上。但即使近年兴起了专卖店，为消费者提供保健产品信息的场所还是很少。

这就更加需要将优质的沟通渠道和技术指导结合起来，许多一对一的直销公司因此而兴起，特别是在那些新技术领域，以及健康产品行业。

20世纪80年代，安利通过与微波通信公司合作，首先推出了长途电话折扣服务，以及通过安利专有Amvox服务建立了家庭电子语音传输系统。

20世纪90年代，直销公司成功地推广了维生素和其他营养补品，像麻黄（减肥药）、碧萝芷（抗氧化药）、松果菊（感冒药），它们在成为现货商品前，都可以在直销公司那里买到。

由于健康产品和服务的新技术的发展，美国的直销公司营业额增长了70%，从1995年的170亿美元到2004年的290亿美元，这是同期传统零售商店增长速度的两倍。

除了 70% 的增长率之外，竞争者们正处于饱和期，而直销公司却还有一个长期的曲线上升阶段。

目前全美每年直销总额接近 300 亿美元，而传统的零售商店年营业额是 4.5 万亿美元。2005 年只有沃尔玛的销售额达到了 3000 亿美元。

每家每户都开始使用更好的产品，从数码相机、教育软件、绿色食品到营养补品，消费者还有待发掘的产品和服务不断涌现出来。

因此，告诉人们怎样获得这些产品和服务，也就是说理念经销的环节，在现阶段和可预见的将来都是企业生存至关重要的机遇。

可是到现在还有些直销公司没有弄清楚状况。他们仍然倾向于培养代理人，然后再卖出自己的产品。

直销商有必要了解实体销售和理念经销的区别，这样有助于帮助他们掌握更好的沟通渠道，这些是传统的零售商不具备的优势。

网络公司的影响

如今每一个成功的商人都必须了解互联网的重要性，懂得如何在他/她的事业中发挥网络的功效。

特别是健康产品行业，更应该熟悉互联网的历史及其在流通中的功能。

将网络融入他们的商业计划中，随时准备回答投资者和合伙人对于网络方面的问题。

互联网起源于20世纪60年代，当年五角大楼的武器专家希望在灾难性核武器的时代，探索一种新的通信系统。这个系统能够将毫无联系的若干地点联系在一起，并不存在一个中央处理位置。因此，不管其余的子系统是否遭到破坏，大的系统还是会生存下来。

该体系最显著的特征就是，将每个输出者和接受者都当作一个独立的客户、服务器或主机。互联网改变了整个世界的核心，使经济权利从组织下移到个人。

1969年加州大学洛杉矶分校首先架设互联网，将该处的电脑与伯克利分校和远在斯坦福研究中心的电脑成功联结。紧接着，另两个节点也在加州大学圣巴巴拉分校和犹他州大学之间连通。最初五角大楼资助的网络系统叫作ARPANET，渐渐地发展成为联系全球各个大学的网络。1983年一个简写为TCP/IP的协议系统开始运转。

虽然政府机构资助的网络开发最初的目的是便于防务专家之间的联系，但是从1985年开始，政府决定将这个网络向校园用户开放，不论他们的专业领域是什么。这条大学之间联结的高效沟通渠道，人们花了9年的时间想办法使它私有化。到私有化过程完成的时候，七大洲和外太空已经有超过5万个网络。即便如此，今天为世人所熟知的互联网还是没有真正的诞生。

1995年一个具有历史意义的决定产生了，就是允许个人用户获得他们的网络账户，与他们所属的大学和机构独立出来。

之前我们已经注意到，流通成本所占的比例在过去几十年中有所提高，从20世纪60年代的50%到今天的70%。现阶段的商业机遇属于那些发现更好经销手法的先锋者，而不是斤斤计较怎样造东西的人。这些先锋者成功了，因为他们使用了电子实时沟通工具，将零售商、厂商和供货者联系在一起。例如沃尔玛的电脑数据库仅次于五角大楼，能够有效地降低流通成本，而又提高服务质量，不论顾客什么时候、在哪里、想要什么，都能即时地传输。

20世纪90年代初期，实时技术的使用仅限于大型公司，他们有能力建立和供货商电脑的传输网络。这种实时高速的传输科技是90年代经济起飞的导火索。1995年做出的历史性决定，使得个人用户有机会获得互联网账户，对网络发展更有推动作用。

一夜之间，即时交流工具带来的经济和生活方式的好处改变了每个人。无论是小企业，还是世界500强的企业，他们的经营领域都拓宽了。每个企业必须建立属于自己的沟通体系，因为顾客和成千上万的小供货商都在互联网上。

最初我们站在大街上就能体验到这种改变，从等车到买东西吃。车站之间是电子网络系统联结的，当乘客等车的时候，司机会把车停靠在路边。购物者通过电子体系也可以了解他们所需要的东西（纸碟、牛奶、鸡蛋）是否已经上货、装载，是否已经到了市场，货物还可以直接自动送到他们的家中。

其后，华尔街也感受到了这个历史性的变化，正如发生在大街道上的变化那样，华尔街上那些聪明人的聪明钱也活跃着。

如今市场资本化排名在华尔街前100位的绝大多数的公司，都是高科技工具的制造者。他们并不是单纯制造某种产品，吃的、住的、穿的，或者是解决问题、传递信息，给顾客他们最终想要的东西。这些"工具制造者"的职责，是帮助其他的公司更好地生产出顾客需要的产品，他们也因为价值附加能力变得越来越有钱。现在美国资本市场上最有钱的公司，20年前还并不存在，比如思科（Cisco）、微软（Microsoft）、英特尔（Intel）、甲骨文（Oracle）.谷歌（Google）和沃达丰（Vodaphone），但是现在他们加起来的净资产已经超过了1万亿美元。

这就是互联网时代最令人费解的地方。成千上万的高科技公司都在制造某种工具，他们并不生产某种最终产品，而是帮助其他的公司生产和流通最终产品，尽其所能地满足顾客。

久而久之，那些生产和流通最终产品和服务的公司，以及那些与顾客直接接触的公司，拥有了最终发言权。从 2001 年开始，沃尔玛成为全美销售和员工数量规模最大的企业。正如 John Maynard Keynes 曾经说过的那样，"消费是全部经济活动的最终点"。

许多企业和投资犯了不幸的错误，把互联网看作是生意的本身。但实际上，互联网只是一个工具，可以被用来提高生意中的机遇水平。

网络业务的成功与失败，特别是健康品网络业务的成功与失败，取决于产品和顾客。

在阅读下一章之前

为健康专业机构和专业人士打造的行动计划：

1. 过去几个世纪发生的变化现在只要几十年就能发生，现在几年里发生的变化将来只要几个月就能发生。变化在加速，必然会影响你健康品生意的机遇。

2. 你计划怎样来指导你的客户？核算它的成本。这样做能为你带来收益吗？还是你认为它本身就是必须支出的成本，你是否能够承受？

3. 理念流通的过程，是告诉顾客什么样的产品和服务，他们还不知道，或者是还不知道能够承受得了。实际流通的过程是帮助客户得到他们想要的产品和服务。这些流通过程中的机遇就是你事业的机遇所在。记住，最大的机遇还是在理念流通的过程中。

4. 假设像 Home Depot、PetSmart 这样的行业巨头也存在于健康品行业中，你就要分析它们会不会影响你的生意，你在竞争中是否能够生存下来，你是否有能力成为这些行业巨头的供货商？

第九章
直销——最佳起跑点

在健康革命中蕴含着很多创造财富的方法。我最喜欢的方法之一就是直销,这种方式特别适合于刚刚起步的新兴企业。直销,也被叫作网络营销,有时,根据报酬方式,我们也把它叫作多层次营销(MLM)。

现在的直销业已经今非昔比了:

优秀的直销公司以及他们的经销商只有自己销售产品或者是与他们的下线从实际产品的销售中获得了收益才能抽取佣金,而不是只要说服人们签约加入就有佣金。

大多较为优秀的直销公司都是 DSA(直销协会)的会员。该组织对会员有严格的行为标准要求,包括(购买者)可以退回未使用的商品以及不为谋利而做虚假宣传。

我之所以很喜欢直销,原因在于:

任何人都有成功的机会,而不用经历传统的工作锻炼或者冒大量投资而血本无归的风险。

大多数的直销机会有助于个人的成长和锻炼。

在我大学毕业后的33年里，我做过白宫官员、花旗集团副总裁、几家公司的创始人和CEO以及纽约大学的教授。今天回过头看这些经历，我发现能造福最多人的就是直销行业。

就个人而言，我从来没有在直销公司干过，也没有代言过哪家私营公司的产品或商业服务。尽管有时我被看作直销行业的专家，但是当我1991年3月被邀请到安利公司的大会上发言的时候，我甚至不知道什么叫直销、多层次营销（MLM）或者网络营销。

1991年我第一次接触直销行业

自从我成为经济学家以来，我就一直为营销以及它在我们经济中不断变化的作用所吸引。1991年2月，作为《无限财富》一书销售活动的一部分，我参加了"拉里·金现场"（电视节目）的访谈，并提出了自己关于营销的理论。这次露面之后，第一个打电话跟我讨论这次访谈的就是山姆·沃尔顿，沃尔玛的创始人，也是当时世界上最富有的人。第二个打电话给我的是唐·赫尔德（Don Held），安利公司的钻石级人物，邀请我参加下个月在圣路易斯举行的安利的大会，并让我发言。

在我发言前，我记得我发疯似地想弄清楚关于安利和网络营销的一切。主办方告诉我不用担心他的商业，只需集中讲我自己的本行——经济与营销就好了。

当我收到此次活动的安排表时，发现我的演讲被安排在周六晚上9点，并要求正装出席。我感到很惊讶。因为没有人会邀请一个经济学家在周末发表演讲，更别说周六晚上系上黑领带了。当我8点钟来到大厅去巡视整个会场时，发现灯光暗淡，3500人正随着舞台上歌手克里斯托·盖勒的歌声一起舞动，我还以为我走错了地方。随后，9点钟，灯光打亮，开始播放我的演讲的视频介绍。每一个人都安静了下来，回到座位上，拿出纸和笔并开始仔细记笔记。在结束了两个小时的演讲后，我又和他们领导人中的60位精英来到宾馆套房，继续讨论经济，直到第二天早上6点才结束。在后来的10年中，赞助商发行了1000万盘我演讲的录音带。

从1991年3月我第一次接触直销以来，我已经在全球为20家加入了直销协会的公司做了大约200场的演讲，每场的参加者从5000人到5万人不等。我仔细研究了这个行业并写了一些关于直销在经济中的作用的文章，有一些被放到了www.paulzanepilzer.com上。在过去那些日子中，我和妻子与许多来自直销行业的领导人建立起了深厚的友谊。我们认识了数百名积聚了数百万美元财富的直销商。但我们最喜欢的是它对第一次加入直销行业的人们生活的改变——即使他或她在直销中并未获得财富。

电梯公司老板——一前直销员的经历

2002年，我和妻子整修房屋，要增设电梯。承包商告诉我们有3个报价选择，其中质量最好的一家电梯公司，要价却比其他两个公司少40%。我们决定第二天早上和这家电梯公司进行面谈。

当我见到——电梯公司的老板马修·海德的时候，我注意到这个29岁的男子长得就像一名大学生，但给人感觉却像一个经验丰富的CEO。在我们谈妥生意之后，我们聊起了他的相关背景。

马修说道："早在1991年安利的演讲会上，我们就已经见过面了。你的演讲改变了我的生活——这就是我为何如此渴望获得这份为你建造电梯的合同的原因。"马修接着告诉我，他在17岁辍学，结婚并有了第一个孩子。在19岁时，没有高中文凭的马修正为一份微薄的薪水在一家加油站工作，就在这时，他与安利签约成为一名经销员。

作为一家大型公司的初级销售员，马修学会了如何去培养、激励别人以及一整套新的不受限制的思考方式。在他无钱聘用演说家和励志者时，这些东西十分有用。这是马修第一次亲自见识了教育的力量。在马修的直销事业蒸蒸日上的时候，他获得了为一些 VIPs（重量级人物）开车，并和诸如 Norman Vincent Peale 以及 Zig Ziglar 等演说家共进晚餐的机会。24 岁时，马修全身心的投入直销行业中，并在 25 岁时成为安利公司的"明珠"级营销员。那一年，他开始将部分精力用于经营一家小型的电梯公司。

27 岁时，马修意识到尽管他热爱直销事业，但他认为如果将他在安利公司所接受的培训和非受限的思考方式运用到他自己的电梯事业中，他将会有更大的发展机会。他离开了安利并集中精力在电梯事业上。在接下来的几年中，马修使他的电梯公司的销售额达到了 2000 万美元，在 30 岁之前赚到了他的第一个 100 万美元。今天，先进电梯成为美国西部最大、世界第五大的住宅电梯公司。马修的下一个目标就是将公司的销售额提升至 1 亿美元。今年他才 34 岁。

"婴儿潮一代不愿在养老院中等死，"马修说道，"在诸如电梯之类的物品上，他们会倾其所有，因为这样他们能在属于自己的家中享受生活。"

马修和我聊天时有时仍会露出对直销的怀念。当谈起他的 62 名员工和 3 个孩子以及他如何努力将 8 年中在直销行业中的所学教与他们的时候，他总是面露喜色。他承认他现在虽然挣到了更多的钱，但他并不比过去有更大的影响力。那时，他常常能对数千的下线人员施加影响。每次他讲述过去的时候，我都希望他能告诉我他会重新加入一个直销公司。

马修是我 1991 年以来所遇到的数千名现在不再从事直销行业的人的典型。他们都认为直销经历是他们在别处获得成功的重要条件。在马修第一次参加的直销大会上，一个演说家告诉他：在他后来的生活中，他应该每月至少读两本新书——一本关于个人发展，一本关于领导。马修已经离开直销行业 7 年了，但他仍坚持每月读两本新书。在我们的交谈中，我问马修他从直销中学到的最重要的三样事。他回答道：

1. 知识——"在加入安利前，我一直讨厌学习，因为我不知道知识的重要性。我没有获得高中文凭——但是今天我却让很多具有博士学位的人为我工作。"
2. 集中精力。
3. 设定目标。

马修的故事给我很大的启示。每次有人申请来我的公司工作，然而他们的申请却因为缺乏教育或经验而被驳回的时候，我总在想："这会是另一个19岁的马修·海德吗？"不幸的是，在一个健康福利负担很重的公司里，我们无力为在基层工作的人提供培训机会。尽管一个多层次的经济模式有利于我们从培训人员中获得回报，也只能作罢。

在我年轻的时候，我把机会和培训看成是理所当然的事情。从沃顿毕业的时候，我还很年轻，那时候有很多公司追着要我。在花旗银行的那些日子里，每隔几个月我都会接受一段时间的在职培训，在那里有专业人员指导我进行一些必需的改进。当我获得成功的时候，我深深地意识到我的成功很大程度上是因为我获得了证明自我的机会，获得了我成长所需的培训。我同时注意到在我的亲朋好友中，很少有人能如我这般幸运，尽管他们有些人要比我有才得多，或者说更应该获得成功。

然而，从1991年开始，我碰到很多像马修·海德一样的人。他们不曾上过沃顿商学院，也不曾从花旗银行开始他们的事业，但是他们都从直销行业获得了他们最初的机遇和培训。这就是我为何如此支持直销的原因：

1. 它允许每一个人都有成功的机会，而不必面对那些基于过去断定一个人的将来之类的筛选。

2.它允许每个人以自己的方式去获得成功。他们从别人那里获得培训，他们的成功也是培训者的成功。

现代直销业

直销实际上是最老的一种销售模式。在人类的大部分历史中，直销者都是一些小商小贩。作为一些工具和技术产品的最初销售者，在销售过程中考验着他们的脑力与体力。随着货运和邮政系统的发展，最初的销售方式发生了变化，使得他们能够集中精力于知识传播运用方面。到19世纪时，很多的直销者脱下"靴子"，落地生根，成为了经营各类百货公司和杂货店的商人。

过去几十年的技术进步，极大地改变了直销在新经济中的作用。这里有一些数据，能够让你清晰地看到今天的直销产业有怎样重要的地位。

直销行业是个快速发展的行业。在过去10年中，其在美国地区的销售额已经增长了两倍多。2005年美国的销售额超过300亿美元。全世界的销售额接近1000亿美元。

当前，在美国有超过1500万人在从事直销，全世界约有5000万人。

美国3/4（75%）的人通过直销购买商品或服务，超过通过电视和网络购买的人的数量的总和。

接近半数（45%）的人表示他们有意通过直销购买物品。

大约90%的直销人员都是兼职。

这些数据只是冰山一角。面对正在兴起的健康行业所提供的大量机遇，直销行业已经做好了充分准备。

今天的直销＝知识产品的销售

在20世纪60年代及70年代早期，现代直销处于发展初期，当时直销基本上就是在自己的家中开出一个杂货小店。而现在却不是这样了。

今天直销的几乎全是知识类产品。当直销人员和客户谈论某件产品或服务的时候，他们基本不再直接交货。他们依靠UPS、FedEx，或者其他一些快递服务来把产品送到顾客那里。事实上，当前，很多顾客都通过上网或者拨打1800直接从公司订购商品或服务。这一切为直销带来了很好的发展机遇。直销已经跳出了单纯的体力搬运的圈子，开始更多地服务于教育。

20世纪90年代早期，当我在开发教育软件产品的时候，我亲自见证了这种变化。这种产品能为孩子们的生活带来一些真正的变化。但是要让人们了解它却比生产它的成本还高。我们有一种好的新产品，却无法让消费者知道它的存在，这使我们陷入了极大的麻烦。直到我们和一家大的网络销售公司取得联系，由它负责我们的销售，我们才摆脱困境。

今天在直销行业中蓬勃发展并将继续发展的都是那些采取了独立经销商模式的公司（有时我们也把他们叫作代理商、合作商或者中间人）。这些公司基本都集中在知识类产品的销售上，让人们知道这些新的产品和服务有助于提升他们的生活。那些真正兴旺的公司都有某种独特性或专利。更重要的是这些产品或服务非常有效，比其他地方的要好得多。

直销真正表现出众的地方是在一些所谓的"信息密集型"产品或服务上。这意味着人们通常不知道这些产品或服务，它们还没有广泛的为社会所认可和了解，因此需要大量的信息去宣扬它们。在现实中，这通常是一些具有高价值或高品质的产品或服务：优质的产品或服务。

正如在第二章讨论的：成功的直销公司必须懂得在数量需求和质量需求之间连续的转换，只有高品质的产品才能持续存在下去。

直销之所以特别适用于健康行业中的优质产品或服务，原因就在于它们的销售需要一批能将它们解说清楚的人。今天的直销是由一批同样是某种产品或服务的使用者来完成面对面的销售的。不同于汽车、电子产品和服装的销售人员，直销人员有知识、有热情，并且是他们所销售产品或服务的长期用户。

直销：一种积极的媒介

有时候人们会问我：互联网是否能取代现场销售。尽管互联网很强大，但它和20世纪80—90年代的电视销售一样，并没有代替现代直销中人的作用。之所以如此是因为技术有它本身的局限性。互联网和电视一样都有缺憾：它们只是一种被动媒体。

传统的广告媒体不能有效地传达"颠覆性信息"，也就是"新观念"。今天大多的信息媒体都是被动媒体。电视是最典型的一种被动媒体，我们不能真正用它来传输新思想。报纸也同样如此。在很大程度上说，互联网也是这样。

想想你是怎样看电视的：你只是靠在沙发上全身心地放松；事实上，当你真正看到一些具有挑战性的，不同于你原有知识结构的东西时，你会怎么做？你会换台。对于大多数的媒体都是这样。任何时候只要你遇到一些挑战了你原有世界观的东西时，你就会换台，或者在你的互联网浏览器上点击"后退"键，跳到另一个页面。

当你到亚马逊网（Amazon.com）时，你可能不知道你到底需要什么样的书，但是你知道你在寻找一本关于某个主题或者某种类型的书。在互联网上，你只会去了解你希望了解的产品，换句话说，就是你已经有那样的东西存在。

直销之所以有用，就因为这种面对面交流是我们主动去学习的最好方式。每一种关于全新的行为方式的最新信息都会引起我们的思考。

教育或与我分享某种做事新方法的人都是我生命中最重要的人之一。投资顾问给我演示的投资工具增加了我的财富。健康顾问给我介绍的新产品结束了我的膝盖疼痛。金融顾问给我展示了一种能够满足我需要的新型医疗保险。我一直以来十分珍视他们所提供的种种服务。

做生意时，我通常直接和人打交道。哪怕他们的产品要比网上的报价稍高一些。因为他们总是能教我一些新东西或者给我带来一些附加价值。所以，付出一点高价是完全值得的。新事物越是大量涌现，我就越是需要这些人的指引和教导。

在教授人们想要了解的信息方面，互联网很快将取代人的传授作用。因为它更为快捷、详尽。但是销售的真正作用在于它能告诉人们一些他们需要的东西。因为他们不知道这些东西已经存在。这种教育模式最有利于发挥面对面交流的作用。

当前，在宣传能改善人们生活的新产品和新服务方面，直销是一种最为有效的媒介——人们或者不知道这些新产品和新服务的存在，或者误以为自己无力承担。

被动收入的价值

对大多数人来说，积累一笔数量可观的财富的唯一方法就是通过被动收入，它的另一种表达也叫作剩余收入。剩余收入是这样的一种收入：在获取该种收入的劳动结束后，收入仍将继续增长，换句话说，这些收入是原始努力的延续。

取得某种剩余收入的方法就是你要创造出某种资产，不管是实体还是知识。在启动工作完成后的很长一段时间里，你的收入都将年复一年的持续增长。

例如，在房地产中，你需要努力去进行大量的整合；一旦你完成了这项工作并且获得了你想要的房产，那么你的收入就将一个月接一个月地流进你的腰包。这也是"王室"（royalty）的最初的意思，因为只有"王室"（比方说，国王和王后）才能拥有大片土地，才能从居住在这片土地上的人那里获得收入。

1989年，当我成功地开发了一处商品房之后，我认为该开发知识产业了。我开始写书，同时也创立了一家出版公司，以便开发和取得网上发行物的知识产权。现在随着大量畅销书的印刷成册，每个月我获得的专利使用权比十多年前多了。

这就是经济自由和经济奴役之间的区别。如果你的收入大部分来自薪水，即使你从事的是一些高级工作，比如说高级律师、外科医生或企业顾问，但你仍为工作时间所束缚。每一天你都要从零开始去挣你的钱。如果你停止工作，也就停止了你的收入。

相比较而言，剩余收入却是源源不断的，每一个月，乃至一生你都会获得这种收入。就像美国的农场主学着去提高土地生产力一样，当你剩余收入每年持续产生时，实际上你也就提高了你所用时间的经济生产力。

我所喜欢的这种特性，直销同样具有。并不是每个人都能开发一处颇有价值的房地产，也不是每个人都能写出一本畅销书。但是直销却给我们提供了这样的机会，每个人都有机会去创造一笔可观的剩余财富，无论你是什么背景，有什么专业技能，或你积累了多少财富资本。

在直销中，你所要去获取的"资产"就是一张销售人员网络，他们的产品销售量将为你这个网络缔造者带来大量的佣金收入。

帮助别人获得成功

在直销行业中，你获取财富的最好机会就是吸收和培训别人去开始他们自己的事业。在他们开始事业的过程中，他们也就消费你公司的产品或服务，你也就创造了更多的收入。这些收入中的一小部分将会回赠给你。而他们呢，也将和你一样，去吸收和培养另外的人。

如果有人以数千美元的高价向你出售某项经销特许权，那么他们将会从中获益，而你呢，将承担风险。如果你失败了，谁将遭受损失呢？当然是你。

但是在直销中，如果有人吸收了你，你失败时，他们同样也将遭受损失。他们失去的是用来招收和培训你的时间。你失去的只是一些象征性的启动资金，还不到100美元。

大多数的直销公司都会遵守直销协会（DSA）的行为准则，准则内容为：我们不会因为你招收了新成员而给你报酬，或为你加分；我们只为那些在组织中为我们销售产品的人付出报酬。正因为如此，你得到良好培训并变得富有效率，才符合招收你的人的最大利益。

这和传统的激烈斗争的公司工作不同。在直销行业中，流行着这么一句话：只有你帮助别人获胜，你才能获胜。

帮助别人做出明智的经济抉择，帮助他们在家乡创立一项事业，使他们有更多的时间与家人共处的同时，你也就开辟了一条剩余收入渠道。你帮助很多不同的人，你将会获得回报，不仅仅是金钱上的回报。

如何选择一家直销公司

如果说你想开始一项健康方面的直销事业。在众多的直销公司中，你该怎样做出正确的选择呢？

产品或服务是最为重要的指标

在直销行业有条重要的法则就是：你应该使用和充分信任你所销售的产品或服务。

因为直销的关键在于面对面的交流，你自己对于产品价值的信任是至关重要的。这儿有一个检验方法：问问你自己，"如果我不是这个销售组织的一员，我会购买这种产品或服务吗？"如果你的答案是否定的，那么就赶紧远离这次直销机会吧。

这些产品是不是只是一般产品，还是说这些产品或服务具有某种科技优势？它身上是不是有些独一无二的新东西？它是不是一种更好、更新的做事方法？它是不是能改善人们的生活？

公司与前景

直销人员都喜欢说你是在"为自己工作，但不是靠自己工作"。当你作为直销人员为自己工作时，你应该选择一家有好的支持体系与产品的公司。

支持体系包括营销手段、培训机会、网上订购系统、运营系统，最为重要的是，新兴的新产品和技术。

作为一名直销人员，选择一家合适的公司实际上比选择一个合适的雇主更为关键。如果你错选了一个雇主，如果出现了一个拥有更好产品的新雇主，你完全可以转向新雇主，并向你的客户销售那些更好的产品。但是如果你已经建立起了一个覆盖成千客户的直销网络，你可就不能简单地给他们一个电话，让他们全体转向新的直销供货商了。

你应该考查一下公司领导的背景、经历，以及能力。他们的发展轨迹是什么？公司从事直销有多久了，在此之前，他们还从事过别的事业没有？

他们是否一如既往地提供最好的信息、培训及教育？直销的好处之一就是它能在很大程度上开发你的潜能，拓展和提升你的技能。他们使用了最新最好的技术吗？他们的互联网页面能告诉你些什么？

直销行业是一个适合在全球扩展的行业。公司当前的国际知名度如何，它们下一步国际扩展的目标是什么？

在它们的网站上、它们的印刷材料及影音资料中，你可能会找到大量关于该公司的信息。除了公司提供的信息外，在你决定选择某个公司前，你应该和那些与这个公司有过直销经历的人谈谈，以此来印证那些信息的真实性，并尽可能地了解透彻。

当你在选择一个直销公司的时候，你不是简单地附属于某个供货商，你是在选择一个商业合伙人。

直销协会

你所选择的公司应该是直销协会的会员,如果它是一家新公司的话,它应当准备成为会员。直销协会是代表直销公司的一家贸易组织。

公司应当遵守直销协会所要求的行为准则,内容如下:

1. 象征性的小额启动成本。
2. 选择性购买原料或存货。
3. 所有的收入都应来自对终端消费者实际出售的产品和服务上;换句话说,单纯的招收行为是没有佣金的(人头费)。
4. 产品退货政策,这样在产品仍旧可以出售的情况下,公司通常会以你所支付的总价值90%或更多回购你在过去6—12月内未能出售的存货。

了解更多的此类基本准则,请上直销协会的网站(www.dsa.org)。直销协会刊登出了一份会员公司的名单,所有的直销协会的会员公司都宣誓要坚持和遵守协会的行为准则。

终极标准——耐心和期望

在直销行业中,有很多的平凡人取得了不平凡的经济成就。这样的例子太多太多,以致一些刚刚加入直销行业的新手常常对他们的新事业抱着不切实际的期望。

一家成熟的、高品质的直销公司的特征之一就是:它的员工会把每次的收入机会看作是一次严肃的承诺,即只有通过较长时间的追求和努力,才能最终获得适当的收益。换句话说,直销不是快速致富的手段。它只是能让你致富的一种可能手段。

那么，需要多长时间呢？大多数负责的直销人员都会告诉你：只有你持续努力 3—5 年，你才能够建立起能长期获取剩余收入的渠道。

在进入下一章前

给企业家和保健业者的行动方案：

1. 分析一下直销在多大程度上与你在健康领域的商业计划相吻合。你的产品或服务能否通过直销进行销售？

2. 你的产品或服务是否具备直销所需的特质，如果没有，看看你是否能做些什么以使它们更能吸引直销专家的目光？

3. 如果你的健康产业已经进入直销行业中，你应该仔细读读这章，并针对在"如何选择一家直销公司"这部分提出的关键性问题问问自己：

产品；

公司和支持体系；

所有人或经理人。

4. 基于你对上述问题的回答，想想在保健产业中，你该如何去得到所选择领域的机遇。

第十章
捷足先登坚定你的目标：
做下一个百万富翁

面对这个万亿美元的产业，究竟该抢占哪个位置最有利？

像狄玛士（思尔克豆奶）或保罗·韦勒（花园汉堡）生产保健产品？还是像肯尼（第一俱乐部）或亚努维奇博士（保健中心）般提供保健服务？还是当个专业的保健顾问，强调理念经销而不是实体经销，把最好的保健产品传送给周围的亲朋好友？或是当个钻研这个新兴产业动态的投资者或投资银行家？或是像陶德·古柏曼博士提供有意进入保健领域的人必要的工具？还是分头并进？

我无法针对个人回答这些问题。就像外科医生没有经过事前的诊断，无法告诉病人该动什么样的手术。但我可以提供一些原则性的建议，仔细评估先前的想法，和思考这些问题的答案。

首先，要了解的是，经济体的每个部门都和保健产业有关，从日常的饮食和必要的医疗照顾，到呼吸的空气和晚上睡觉的床。要赶上这股保健淘金热，未必要直接投入保健产业（例如饮食和医药）。

健康行业中的大量财富都为银行家、律师、会计、营销主管、经销商、保险经纪人以及数以千计的向健康行业提供工具和服务的专业人士所赚取。

向保健产业提供工具和服务

从1876年起,"淘金热"一词就一直是"捷足先登新兴或高利润领域"的代名词。但是在加利福尼亚的淘金热中,真正从淘金热中发财致富的并不是淘金客——而是向淘金行业提供服务的商人。亨利·威尔斯(Henry Wells)和乔治·法戈(George Fargo)的名字几乎就等同于加利福尼亚的淘金产业,尽管他们都不曾开采出哪怕是一盎司的黄金。在共同成立专门处理水牛城以西货运的美国运通公司(1850年)前,他们都是西纽约州的货运代理商。1852年,为了将他们的快递技能集中运用,以满足顾客和矿主的需求,他们决定成立富国银行。在那些年中,他们联系驿马车(美国旧时使用),运送黄金,为矿主融资,这些使他们成为银行、运输及保险方面的领头羊,并在1882年推出美国运输公司汇票,1891年发行美国运通旅行支票,并在1915年成立美国运通旅游部门。美国运通在1970年以前还一直经营货运业务。

威尔斯和法戈向淘金客提供贷款、货运和银行服务,因而对黄金开采行业了如指掌,就连靠挖黄金致富的淘金客也自叹弗如。

同样地,今天许多提供保健产业服务的人即使从未生产或经销任何的保健产品,也已经成为保健专家。

一旦你开始了健康业务,不管是网络营销还是产品生产,都要注意你面临的挑战以及问问自己,是否那些和你追求同样道路的人也有相似的挑战。如果答案是肯定的,把你想到的能帮助自己和别人走向成功的方法列成一张清单。

· 第十章 捷足先登坚定你的目标：做下一个百万富翁·

你可能会发现去帮助、培训他人经商比自己去经营同类的商业要更为成功，就像鲍勃·霍夫曼博士建立的大师圈子，或者像皮特和凯西·戴维斯夫妇创建的IDEA和ACE一样。

大师圈子

大师圈子（The Masters Circle）是由脊椎指压治疗师们所经营的，专为指导、培训脊椎指压治疗师的重要组织。它使得每一个治疗师都能很好地发挥作用，就像他／她拥有数百名职员一样。该组织帮助他们进行实际治疗、接收患者和供应商协谈，最为重要的是，帮助他们分析与跟进专业领域内的最新发展。

由于一些健康专家意识到：他们去教育和培训他人，比他们本人亲自进行健康治疗更能发挥他们的作用，所以大师圈子的故事只是健康产业中涌现出的一个小例子。

鲍勃·霍夫曼博士记得他18岁时首次接受脊椎指压治疗的情景。他得了严重的感染性单核血球病，并有了柠檬大小的肿块。他的家庭医生建议他休养4—6个月，幸运的是，他母亲参加了一个脊椎指压治疗师的午宴演讲，她问治疗师能否帮帮她儿子。

当鲍勃坐在候诊室里时，他感到非常惊讶。病人们乏力和痛苦地走进来，却有力而高兴地走出去，鲍勃从来没见过一个医生的办公室能够这样。那天，鲍勃是最后一位病人，因此医生能够坐下来给他讲解感染性单核血球病和指压治疗。

透过X光能够清晰地显示鲍勃的脊椎。当鲍勃第一次接受治疗时，他"立即感到一股暖流，好像我的身体和宇宙再次连通"。他开始大量出汗，全身都湿透了。医生告诉他这是一个好现象。那一晚他睡了数月以来的第一个好觉，

|207|

第二天当他醒来的时候，肿块缩小了 50%。

在两周的时间里，鲍勃每两天去做一次治疗，直到完全康复。治疗师把他送到内科医生处验血，结果显示正常。内科医生认为他一开始一定是误诊了，因为他从未见过一个病人能如此快地康复。

三年以后，当鲍勃大学毕业时，又是那个治疗师支持鲍勃进入了哥伦比亚脊椎指压治疗研究中心的脊椎指压治疗学院。1978 年，鲍勃毕业了，开始在长岛工作。在脊椎指压治疗学院里，鲍勃被告知：一个成功的治疗师应该能在 10 年后，实现每周接待 100 个患者的目标。而鲍勃 4 个月后就达到了这一水准。到 1981 年时，鲍勃每周接待人数高达 700 人，很快他就成为纽约州最为成功的治疗师。在专业领域内，他同时为几个理事会工作，后来又被选为国际脊椎指压治疗协会总裁。

20 世纪 90 年代早期，鲍勃聘请了 3 名全职治疗师，那时，他早就是百万富翁了。回首这 20 年，他说："在这期间，我不断创新治疗手段，并随着时代的变化以及新技术的涌现而进行调整。但也不曾丢掉脊椎指压治疗的传统。"

在从医的这些年里，鲍勃和拉里·马克森博士成为朋友。1981 年，从事指压治疗 20 年的拉里摔断了胳膊，不能再继续指压治疗了。他康复后，开始做其他治疗师的顾问。他发现自己很适合顾问工作，因此，他决定不再从医，而开始了一项成功的咨询事业，名为马克森管理服务（MMS）。另一位知名治疗师丹尼斯·皮尔曼也加入了他的团队。他们共同将咨询业务发展成大师圈子。

到 2000 年，大师圈子已经拥有 270 名成员，每人每年要支付大约 7000 美元的咨询费。而每一个会员呢，就如同个人拥有了 270 人的指导团队一般，能相互切磋学习。但是，保健产业正在飞速发展，大师圈子及其成员需要一些新元素，以使他们能推进到更高的层次。

当拉里、丹尼斯与该州最为著名的治疗师鲍勃·霍夫曼达成协议，由他担任大师圈子 CEO 和总裁时，这一转变也就完成了。回望过去的 6 年，鲍勃说："刚开始时，我并不愿做这项工作，但是我现在意识到：在我行医的过程中，无论我努力地帮助多少人，和我当前通过帮助治疗师而去帮助的人数相比，

第十章 捷足先登坚定你的目标：做下一个百万富翁

都显得太苍白无力了。"

在鲍勃的带领下，大师圈子在不到 6 年的时间里，增长了大约 400%，达到 1000 名成员，人均年支付 9000 美元。在我们的访谈中，鲍勃指出其成员的年平均收入已达 30 万美元，比上年增长了 27%。或者换一种说法就是，"每个成员投在大师圈子的 9000 美元获得了 10 倍（1000%）的回报"。

每一个大师圈子的成员都将享有如下收益：

1. 五次全国性研讨会——每次研讨会长 2—3 天。它教授最新的技术，个人发挥技巧，成功法则，领导能力，商业智慧与当下保健趋势。研讨会由会员及其员工参加。

2. 年度轮换的思想库被任命的 18 名治疗顾问将每天在工作时间接受咨询或帮助解决问题。

3. 125 场小型研讨会——这些研讨会实际上是电话会议，每次由 20 名成员参加，它也叫做实践公开讨论（PODs），每次会议 15 分钟，单一主题。有的成员一年参加 2—3 场，有的每周参加 2—3 场。

4. 8 页的月刊——实现你梦想的一些秘密。

5. 大师讲坛——每周派送的语音杂志。

6. 每月数据分析——每个成员每月的从业数据分析，分析留任率、行业发展趋势、优势与劣势。

7. 大师备忘录——来自拉里·马克森的月度评论及成员数据更新情况。

8. 脊椎指压治疗助理通讯——为治疗助理准备的月度时事通讯。

9. 每周一早上提供的电子版周刊。

10. 网上留言板——在这里，成员可以表达他们的信息，联系其他成员或交流思想。

2000 年，大师圈子的每个成员所接受的指导、培训和教育相当于他／她拥有 10 位身价 200 万美元的同事；今天，每个成员所获得的相当于拥有 100 个身价为 900 万美元的同事。

2004年，大师圈子（TMC）开始了治疗助理的教育、培训计划；去年，首期共有268人顺利毕业。

在谈到接下来的计划时，鲍勃·霍夫曼十分兴奋。他、丹尼斯以及拉里意识到尽管脊椎指压治疗非常重要，但它只是正在凸显的万亿美元的健康产业的一部分。看看大师圈子给脊椎指压治疗所带来的一切，鲍勃希望在健康产业的其他方面也能有同样的指导、培训及专业化。现今TMC已经有一些非治疗师成员了，包括一些内科医生及急诊室护士。鲍勃现在正在周游世界，他计划将TMC的经验运用到更大的健康领域内。

成功的保健业先行者有着强烈的使命感与渴求，希望能够成为健康行业内某一方面的导师和教练。TMC的故事只是一个例子而已。

健身教育——培养一支健康专家队伍

如果你曾经和一位私人训练员谈过，你一定会被皮特和凯西·戴维斯夫妇所感动，他们是idea和ACE的创始人。他们培养了一支2万人的专业团队，并将专业性、标准化、教育性带进了保健产业。他们的故事对每一位力图加入这个万亿美元产业的企业家都是一种鼓励。

皮特和凯西·戴维斯在一次网球训练营活动中相识，那年他们13岁。他们的相遇成就了他们的球场情缘，并最终走进了婚姻的殿堂。他们的结合对全世界的保健及健康事业有着深远的影响。

"我们还是孩子的时候，健身与运动就已经成了我们生命的一部分，"皮特说道，"在青少年阶段，我们一直是篮球队与网球队成员。我们分别加入了圣地亚哥州立大学（SDSU）的女子和男子网球队。"1979年，凯西大学毕业后开始教授有氧舞蹈，并培训其他老师。而皮特在 1980 年毕业后，开始在 UCSD 男子网球队担任教练。

凯西很快意识到有和其他有氧舞蹈老师交流的必要。而皮特呢，作为 SDSU 商学院的毕业生，也常常提及要开办一项有关健身的事业。将语言变为现实花费了他们几年的时间。他们的会员组织 IDEA 医疗与健身协会，在 1982 年诞生了。

皮特回忆道："我们大学刚毕业，IDEA 是我们第一份真正意义上的事业，所有的事务都在卧室的空地上进行。过了很长一段时间，我们才有足够的钱搬进办公楼，我们亲自做每件事情——开拆邮件，接听电话，市场营销。"

今天，大多数人都认识到了健康的重要性，但在 1982 年情况却完全不同。消费者对于怎样安全有效的健身没有足够的认识，几乎没有什么健身专家，只有一些健身器材与方法。比如说，老师在训练课上放的音乐都是黑胶唱片。上课时，大家都穿着长筒袜子，根本不懂得合适鞋袜的重要性。私人训练只是名人和具有竞争力的运动员的专利，普通大众享受不到。

IDEA 当时的目标就是帮助健身教练获得可靠的专业信息。凯西说："我们首先向 300 名会员发送了 IDEA 的时事通讯，随后我们成立了非营利性的 IDEA 基金（今天被称为美国健身协会，或 ACE），该协会颁发了第一份证明，此外，IDEA 还制定了行业的第一份行为准则，并向该领域表现突出者进行了奖励。"1989 年，该组织举办了首届私人教练大会，第二年，又为教练们创办了一份会刊，后来变成了杂志。今天，私人教练已经成为 IDEA 最大的会员类别，拥有 11000 名成员。

从 1982 年起，IDEA 向医疗和健身专家们提供了正确的信息、相关的资讯、教育方法、职业发展规划、行业领导艺术。IDEA 的会员包括私人教练、塑身专家、计划与健身指导、业主与商业经理、团体健身指导。它主要集中一些提供科学基础上的实际方法。

今天公司已经在 80 多个国家拥有 2 万多名会员。最初的会刊已经成为 IDEA 健身期刊，该期刊是健身专家们最为看重的公开发行物。IDEA 每年的世界健身大会的与会人数已经超过 5000，使该会成为医疗及健身领域内最大的教育盛事。另外还有 2500 名专家参加 IDEA 的健身联合大会，以及私人教练教育大会。IDEA 的目标就是"让全世界都来健身"，并鼓励那些习惯久坐的人成为其会员。当前在诸如身心训练、保健、瑜伽、皮拉提斯、螺旋塑体等方面正在继续开展培训及认证计划。

没有夫妻二人对各自专长的尊重，没有他们不辞辛劳的工作与奉献，IDEA 不可能有如此快速的发展。作为执行董事长，凯西负责具体的行业及教育事宜，同时也负责审查大会上的信息及 IDEA 的公开发行物。她也负责公关以及与媒体打交道。作为主要行政官员，皮特负责处理商业、战略规划、销售、营销、金融等方面，并负责与生产商打交道。

今天他们是备受尊敬的、能干的商业领袖，这和他们早期的努力学习密切相关。"开办一家公司最大的障碍就是缺乏出版和筹划经验（刚毕业两年），"皮特说道，"在前行的道路上没有什么能够阻止我们的热情与激情，我们在错误中学习，在错误中进步。"

皮特和凯西信奉的一条重要商业原则就是：聆听顾客的心声。在 25 年的时间里，他们经常拜访 IDEA 会员及行业领袖，以便他们能够把握健身行业的最新动态。他们也常常聆听会员们的顾客的需要——顾客们正逐渐变得怠惰、超重，且为各种错误的健身及保健信息所困惑。

戴维斯夫妇对于公司的下一步发展感到兴奋：为获取最大的健康效益，而去探索精神、身体与心灵之间的内在联系。为此，他们设立了诸如 IDEA 内心大会等机构去帮助专家们探究这些令人兴奋的新科学，并希望能为大脑—身体—心灵的训练带来好处。

皮特和凯西认识到身心训练的重要性，他们为员工开始了一项新的健康计划。"我们总是鼓励员工在可能的情况下多说，多走，多沐浴，"凯西说道，"我们腾出一些房间专门用于静思、瑜伽及其他较为安静的活动的同时，也举办一些健康讲座，播放励志电影，开展一些户外活动，包括社会活动和志愿者活动。"

"我们现在知道，对于那些不愿运动或者习惯久坐的人，既要看到外在因素，也要看到内在因素，"皮特说道，"为了获得最佳结果，健康专家应该用各种方法去帮助他人获取健康。"

"IDEA 及健康产业的未来是什么呢？"皮特预计，"我们相信五年后将会有各式各样的心理训练，以使人们达到内心的平静。""我们期待着能与我们的会员及全世界分享我们关于健身的热情与激情。"

当戴维斯夫妇谈起他们的孩子（杰森 22 岁和凯利 18 岁）最近也加入了他们的商业时，夫妇俩十分兴奋。凯西说："杰森和凯利对健身行业充满了激情，因为他们看到有太多不健康的人需要帮助。"这个世界正通过互联网而连通，孩子们希望能把 IDEA 及 IDEA 内部圈带进年青一代的生活。

皮特和凯西在 1982 年成立 IDEA 的基本出发点是：通过医疗及健身行业的专业化，使数百万人过上健康、快乐的生活。他们特别感谢他们的 35 名员工及 2 万名专业会员（每天要接触数百万的人）所做的一切。然而，尽管他们整体上取得了很大成就，但是为了把健康带给全世界，他们当前要做的却比 1982 年时要多得多。

健康行业内的每一个专业或附属专业最终都要像皮特和凯西在个人健身行业所做的那样，需要专业化、标准化及继续教育。

在保健金融领域内抢占先机

对于那些搞金融的人来说，将家家户户用于治病的钱转为医疗保险，所隐含的商机不亚于整个保健产业的商机。今天这种机会和 25 年前威廉姆斯抓住的机会不相上下，威廉姆斯，一个平凡人却改变了寿险业的面貌，今天他已坐拥 4 亿美元的资产。

威廉姆斯出生于佐治亚州的韦克罗斯，父亲是位高中足球教练。威廉姆斯踏着父亲的足迹渐渐长大。正当他念大学准备将来也做一名足球教练时，他的父亲却死于心脏病，死后未留分文，只有少得可怜的寿险。后来，当他娶了高中时的恋人并有了自己的家庭时，威廉姆斯决定不再重蹈父亲的错误。

当他作为一名普通客户前去购买人身保险时，威廉姆斯才惊讶地发现有如此多的人正为寿险行业所利用。

1950—1980年，主要的保险公司大都出售终身人寿保险，这种保险主要针对上班族。在那些日子里，保险公司让员工到当地社区或少数民族社区，去向自己的亲友或邻居兜售保险。保险公司出售保险不是基于它的经济优势，而是教员工进行情感销售，意思就是，你坐在潜在客户的餐桌旁并告诉其配偶："如果他爱你的话，他就应该签下这份保单，以便将来他有不测时，能为你和孩子提供一些保障。"然而，这些员工却隐瞒了一件事，即潜在的保户其实只要花更少的钱，就可以在其他地方得到相同或更好的保障，而且这位保险经纪人赚取的佣金等于甚至高于第一年的保费。

终身人寿保险实际上就是一般的定期寿险搭配一个强制性的低利率储蓄账户。比方说，一位30岁的健康男性买一份10万美元的死亡保险的话，每年的保费为1400美元。而同样保额（10万美元）的终身人寿保险，每年却要花5000美元——其中1400美元用于购买死亡保险，剩下的3600美元就用来货币增值了。理论上说，被保险人每年支付5000美元，临死的时候应该获得每年1400美元带来的10万美元保金以及那3600美元所能带来的资本增值。最终，在25年后，资本增值的部分已经达到10万美元，那么保险实际上成了一笔自筹资本——这就意味着被保险者以后不用每年再支付保险金了，死亡后受益人来领取这份10万美元的保金就行了。

当然那只是理论。实际上，（1）在刚开始的那一两年，资本并未获得增值，因为保险公司要向销售人员支付3600—7200美元的佣金；（2）那以后3600美元中也只有1%会用于资本增值；(3)资本增值的利率其实是比较小的(2%—3%)。销售人员从来不会告诉（也许他们自己也不知道）客户每年只花1400美元购买死亡保险，剩下的3600美元他们完全可以存入联邦保险账户，这样做的话，每年同样的5000美元，25年后会变成20万美元，并且有美国联邦政府做担保，而不是25年获得仅仅让一家私有保险公司为担保的10万美元。

当威廉姆斯听到表兄说明这一切的时候，他不仅成为一个聪明的消费者，且投资方向也发生改变，他开始做起兼职，向他的朋友和邻居销售定期寿险。

威廉姆斯以一句简单的口号"买定期，投资差额"教育客户。效果出奇的好。很快，他便辞去了中学足球教练的工作，成了一名全职保险推销员。

1977年，他与其他85位志同道合的保险经纪人一道，成立威廉姆斯经纪公司，以此来推广他的"买定期，投资差额"的理念。他们很快招募到了数千名的会计、律师及金融策划师。

1990年，威廉姆斯公司已经拥有一支22.5万人的销售队伍，成为全美最大的个人人寿保险公司——比第二名的纽约人寿和第三名的保德信总和还大一倍。

最后，主要的人寿保险公司不得不终止这种欺骗消费者的销售方式，并推出一些在经济上可与威廉姆斯公司相抗衡的金融产品。1990年公司已经拥有3000亿美元的寿险额，威廉姆斯毅然把他的公司卖给了普莱美利公司（Primerica）。

威廉姆斯可以说功成名就。因为数字清晰地表明了"买定期，投资差额"的方法的优越性——即使是保户终止终身寿险而不得不支付罚金或者是损失现金价值也划算。威廉姆斯获得成功的另一个原因，在于客户了解每年可以省下的金额后，又会将这些钱主动投到威廉姆斯公司的养老金及其他产品上——这些服务产品比一般的定期寿险能获取更多的佣金。

正如第七章所阐明的那样，与"买定期，投资差额"的口号相似，你可以让你的客户从传统的关注疾病的健康保险转为健康导向的高免赔额健康保险。

今天，消费者能够每年从他们的高免赔额健康保险中省出 3000 美元，他们把这 3000 美元的节余投资到那些对他们家庭至关重要的东西上——健康，而不仅仅是钱。健康产品的经销商能够向他们的客户推荐高免赔额健康保险，并向他们解释怎样将他们全部或部分的年度节余很好地投资到健康产品或服务上。

向消费者介绍"买定期，投资差额"并不为现在的保险经纪群所追逐。相反，新兴的保险经销机制或公司，比如说 www.zaneben.com 或 www.payforchiro.com，正逐渐经销该类产品。

之所以这样是因为，大多数情况下，当新技术出现时，现行公司因为会损失太多——这是一种无法挽回的损失，而持拒绝态度，它们把头埋在沙子里，但是已经太晚了。那些出售 5000 美元保险（低免赔额健康保险）而获得 1000 美元佣金的保险经纪人，都不愿让他们的客户变成缴纳 2000 美元的高免赔额健康保险购买者，这样他们只能获得 400 美元的佣金。最终，当这些被误导的消费者把他们的保险——健康、生命、汽车、住房投向其他公司时，他们不得不为自己的短视付出代价。

"买定期，投资差额"的机会为保险行业外的健康产品经销者所获得，他们甚至得不到任何报酬，因为只有拥有执照的保险经纪人才允许分享佣金。

健康产业经销者只需简单地向顾客讲授关于健康的保险，就能获利——因为客户转为高保险额健康保险后，就会多出高达 3000 美元的可支配收入，他们可以将这些用于健康产品和服务的消费。

如何启动

你可能注意到上述每一位健康产业的企业家，虽然每个人有着不同的教育背景、工作经历以及个人遭遇，但他们将所有这一切都综合起来，开始了他们的保健事业。然而，更为重要是：

大多数保健领域的企业家都是在成为保健顾客后，发现他们的健康需求得不到满足时，才去开始他们的事业。

史蒂夫·狄玛士找不到可口的素食的含葡萄糖的食品，于是他开始自己做豆腐，并开了一家专营素食的熟食店，后来他用同样的原料制作出了思尔克豆奶，从中找到了自己的财富。保罗·韦勒的素食餐厅失败了，当他的顾客在餐厅里买不到素汉堡时，他才创办了花园汉堡。陶德·古柏曼博士成立了一家公司去评估人们的保健计划，为此，他还成立了 ConsumerLab.com 去评估营养品。弗兰克博士在致力于保健中心前，有自己的健康危机。作为一名顶尖运动员，在健身房里，吉尔·肯尼知道自己需要什么，后来她开办了一家私人健身俱乐部，并在为一些大主顾经管私人健身俱乐部中赚取了财富。

在软件行业过去 20 年的发展中，大部分的财富都为这类商人所赚取：他们一开始是想为自己的公司设计一套计算机化的操作系统，随后他们发现通过向竞争者出售该系统能比他们经营原来的事业赚取更多的钱。同样，健康产业中的财富也大部分为保健消费者所赚取，他们往往能发现有些特定的健康需求不为市场所满足，从而开办自己的公司以满足那些遭遇相同问题的人的需要——就像威廉姆斯在保险行业所做的那样。

重要的是现在就在健康产业的某一领域内去创办自己的事业，看看你过去的经历与知识究竟将把你带向何方。

这可能比你想象的要容易些，因为保健业的商机早就渗入了每一个专业领域，你可能已经一直在从事着这一行业呢。

各类专业与保健革命的交汇

会计或银行家可以将健康产品经销事业与消费者向 USAs（健康储蓄账户）、HDHP（高免赔额健康保险）和健康导向的保险转化的机遇相结合，或者只是简单地经销健康保险，并以此为媒介为他／她的会计所／银行争取到更多的客户。（正如在第七章提到的那样）

厨师可以学着去做流行的健康食品，随后可以开一家保健餐厅、保健餐饮公司，或者成为一名保健食品生产商。

牙医可以利用此次机遇在他们的专业领域内开展更多的服务——牙医们已经走在医学业的前列，因为他们的实践主要都是集中在预防工作上。

像我一样的经济学家，可以集中精力来认清这个万亿美元的保健产业的趋势，并将这方面的知识推销给其他专业保健人士。

就像在第四章提到的那样，农民，甚至是家庭园艺师，他们可以种植诸如毛豆之类的更为健康的食物并告知他们的顾客如何食用。

美发师可以在美发过程中使用更为健康的产品，然后开始自己的营销事业，向他的顾客出售该类产品。

保险经纪人可以学学威廉姆斯，引导客户购买保健导向的保险，一旦获得他们的信任，就可以向他们推销那些利润更大的保险项目（比如汽车、住房、人寿）。

新闻从业者可以留心保健产品或保健公司的发展，在这方面成为权威。

律师可从数百种保健项目或保健金融业中专精其中一两项，招揽客户。

按摩理疗师是推广保健观念的重要推手，可以推销保健产品给顾客。

护士可以调整方向，更关注于疾病的预防，而非治疗，并将这种调整和保健营销业与保健咨询业相结合。

眼科医生可以着重在视力老化和衰退之前的治疗行为，并且利用这项新的业务重新招揽顾客或开始保健相关的经销事业。

医生显然处于重新调整自己成为各项保健产业的最佳代言人的最有利的位置，首先可以积极寻找健康人士，并告诉他们如何避免成为病人。

销售员可以亲自去推销保健产品，也可以成为最新的保健科技的专家，因为这些都是符合客户利益的，卖各种产品之前先建立顾客的信任感。

教师需要知道什么对学生最重要——正如第八章阐明的那样，当前正在从实体经销变为理念经销，教师也许会非常适合在保健行业内发展。

最后呢，在推进人类保健及动物保健方面，兽医处在一个非常特殊的位置上。事实上，当涉及营养及滋补时，兽医往往比医生更为在行。不像其他的医学院，兽医学院总会强调营养的重要性，在很多今天人们常用的营养物质〔如葡（萄）糖胺，主要矿物质〕的研究方面，兽医学院也走在前列。

当个保健投资人

我能给你的关于投资保健产业的最好建议：投资之前，先成为投资公司的顾客。

要评估一家公司长期发展的潜力，亲自去试试它的产品是最为实际的方法。如果你喜欢某家公司的产品并已经投资其中，你也应该定期去看看其他竞争者的产品。技术变化如此之快，今天的沃尔玛很可能就沦为明天的格兰特（W. T. Grant）。

如果你是医生、保健经销商、保险经纪人或任何保健行业人士，就必须不断注意和评估业内公司的产品，这样一旦公司经营陷入困境或有重要的新产品时，你都会是第一个知道的。

假如你是一名专做激光手术的眼科医生，那么你不仅要为你的患者挑选更好的激光器，还应该积极去了解市场上每一种激光器的性能并记下你对该公司产品的看法——从产品质量到销售业绩及服务。这样一来，你将会最先了解到，在你的专业领域内，哪家公司将会冉冉兴起，哪家公司将会衰落。如果你无力投资这些公司，你就应该与投资专家合作，让他们充分利用你的第一手经验，从而更好的评估公司股价。记住：你喜欢某产品绝不能成为你投资该公司的全部理由。因为你所喜欢的产品可能只占该公司营业额的一小部分，这根本不能全面反映公司的业绩。

我的一大爱好就是个人电脑的软件与硬件——我喜欢捣弄我的电脑，也喜欢买新的电脑。几乎每周我都会买些电脑配件。我特别喜欢搜寻那些全新的个人电脑配件，然后以合理价格将它买下。一家创投公司邀请我给他们的投资专家做演讲，讲我最近买了什么新的电脑配件，讲我为什么要买某一特定品牌，以及我在哪里买到的。他们告诉我，我对产品的第一手经验有时候比那些分析家的研究要有价值得多。

作为经济学家，我总是对律师、医生、牙医、工程师、科学家以及其他人士所遭遇的情形感到震惊，他们在所属专业领域内努力工作才能挣钱，但却盲目听信那些声称"知道"股市走向的"投资专家"，而弄得血本无归。如果这些人真能未卜先知，洞烛先机，为什么不自己投资，何必和你分享信息让你坐享其成呢？

第十章 捷足先登坚定你的目标：做下一个百万富翁

沃顿的秘密

然而，在1973年那会儿我却没有这种观念，虽是物理专业毕业生，但我决定学习经商，以便能富有起来。一毕业，我就进入了赫赫有名的沃顿商学院念MBA。我一到沃顿，就听人说有门课叫市场投机，它能让你了解股票市场，并且这是让你迅速致富的绝好方法，保管有用。这门课极受欢迎，因此只能在你毕业前的最后一个学期才能听到这门课。

在市场投机这门课的第一天，教授让我们不要把内容对外讲，然而我马上就要告诉你们了——一个我保守了26年的秘密。首先，他解释说根本没有通过买股票而快速致富的方法，除非你愿意违犯内线交易受刑罚。但是，他继续说到，当你毕业的时候，很多华尔街之外的富翁会错误的相信：我们这样的拥有沃顿学位的人，一定知道买哪只股票能够迅速致富。他说作为华尔街上新的股票经纪人，我们个人完全可以利用这样的机会而致富。

工作天数(天)	客户人数(人)	采纳你的建议后，1000美元潜在投入的价值（美元）
1	10000	1000
2	5000	2000
3	2500	4000
4	1250	8000
5	625	16000
6	312	32000
7	156	64000
8	78	128000

当你第一天做股票经纪人时，你应该买一份附有传真号码的万名（1万）富翁大名单。你向5000人发传真说："我是约翰，我知道通用的股票明天将要上涨，因此我建议您拿出1000美元购买如下期权。"与此同时，你向其他5000人发份传真，告知他们事情将向相反的方向发展："我是约翰，我知道通用的股票明天将要下跌，因此我建议你拿出1000美元购买如下期权。"第

二天，不管通用的股票如何，你把那收到了错误建议的5000人名单扔了就是了。

然后，你向剩下的5000人的名单中的2500人发传真："我是约翰。如果昨天您采纳我的关于通用的建议，您昨天1000美元的投入今天将变为2000美元。我知道福特明天将要上涨，因此我建议你拿出2000美元购买如下期权。"你向另外的2500人发传真说福特明天将要下跌。同样，第二天，你向收到正确建议的2500人中的1250人发传真说："我是约翰。如果你昨天采纳了我关于福特的建议，那么你的2000美元的投入今天将变成4000美元。我知道克莱斯勒明天将要上涨，因此我建议你拿出4000美元购买如下期权。"向剩下的1250人发传真说克莱斯勒将要下跌。如此反复，直到剩下的78人拥有无可辩驳的证据表明你"知道"应该买哪只股票。然后你就可以开始和他们相约共进午餐，并告诉他们你对这些获得高额回报的人有什么打算，他们已经认为你是迄今为止华尔街上最聪明的人——他们也许愿意抵押房产和拿出一生的积蓄来投资，如果你赞同的话。

正如教授所说的，这个故事告诉我们：当你遇到那些向你表明他/她知道购买哪只股票能够迅速致富的人时，你只不过是在一连串相同行为后仅存的那78人（少于1%）。为了在华尔街上赚钱，除了长期对一个公司调查研究（包括它的管理团队、资本结构，最重要的是产品）外，没有其他办法。了解产品的最好办法就是在你所属专业领域内投入，因为你已经拥有很多的产品知识。

以宗教的名义倡议

有些读者也许希望能在商业舞台之外来表达他们的诉求。也许他们希望通过教堂、清真寺、犹太会所来传播健康。这些读者需要了解健康本来就是我们伟大宗教的一部分，一些教徒已经开始宣扬健康。读者、牧师、教会管理人都需要了解健康与宗教之间的联系。

第十章 捷足先登坚定你的目标：做下一个百万富翁

为了更好地推动消费者选择并坚持健康的生活方式，所有的健康企业家都需要懂得健康与宗教之间的联系。此外，一些企业家也许想把他们的盈利与通过教会传播健康理念相结合。

宗教之所以伟大就在于它强调了教徒的世俗需求。今天，尽管过健康生活已经成为一股强大的世俗需求，但是它却被大多数的宗教及宗教组织所忽略。中世纪时出于对希腊和罗马暴君对体型和相貌的追求的反制，一个健壮的身体更能够接近神的理念衰落了。然而大多数宗教的原创经文中仍强调上帝希望我们有一个好的身体。

圣经中关于伊甸园的故事提到上帝怎样使每一棵树有助于观赏，有助于结果。这远远超越了美学上的意义——圣经中所描述的各式各样的食物包含了健康所需的各种维生素、矿物质及葡萄糖。

当前，我们仍在发现"新的"古老的药物，从银杏有助于提高记忆力到圣约翰的麦芽汁可以减轻抑郁。这些发现不断地证明了那句名言："上帝在送来疾病之前，已经准备了解药。"

摩西·麦摩尼德斯，是一名处在12世纪摩尔人统治下的西班牙王国的拉比与内科医生，一直被犹太人、基督徒以及穆斯林视为最伟大的神学家之一。麦摩尼德斯调和了希腊哲学与旧约全书和新约全书之间的矛盾，并总结道：在我们开始了解上帝之前，身体健康是一种宗教义务，是我们履行的第一要务。

有的宗教机构会告诉教众如何控制饮食。节食减肥这一活动就是建立在暴饮暴食是原罪这一教义上的。今天，在美国的大多数教堂里，都有许多类似的活动，对数百万教众的生活产生了极大影响。

节食减肥及其他类似活动都强调了饮食过量的罪过或负面作用。尽管这些活动已经取得了很好的效果，我相信对大多数美国人而言，对于健康的追寻还有更加合理积极的方法。

我是在一个恪守宗教饮食法的犹太家庭中长大的。我们从不吃犹太教规所禁止的龙虾、小虾或猪肉——当我离开家去上大学后，我很快就把这些清规戒律抛于脑后。直到多年以后，当我开始在以色列生活时，我才发现在我成长的过程中，我都失去了什么。对我那些奉行戒规的犹太亲戚而言，只许吃经书上规定的食物并不是对权利的剥夺，而是上帝的一份大礼。饭前饭后，他们都会祷告，感谢上帝的指引。对他们而言，吃犹太经法允许的食物是一生的善行。

正如我年轻时误解了恪守清规的目的一样，今天许多人也误以为健康的生活方式就是对他们喜欢的东西说不。但是崇尚健康的人已经学会珍惜和感谢上帝赐予他们的养身之道。通过这些细小但合理的饮食规定，崇尚健康的人都感觉到上帝的智慧、独特性、亲和性。

在这个世界上，宗教信仰是最好的推动力量。健康行业的企业家可以将他们的健康事业与宗教相结合——用信仰推动他们的顾客奉行并坚持健康的生活方式，吃健康食品并有规律的进行锻炼。

视力健康——低价手术预防失明

许多人不求名利，完全是为做好事而做好事。基欧夫·托宾医生所倡导的健康革命就是这样的，他给自己设定的终身目标是要消除那些可预防性失明。

当前，全世界共有3700万盲人，另外还有1亿人患有弱视，他们很难完成一些日常性工作，甚至生活自理上也存在很大问题。最可悲的是，85%的人的失明是可以预防和能治疗的。

1.37万眼疾患者中，有一半得的是可治疗的白内障——当今引发失明的头号祸因。白内障是眼睛内一团污浊的晶体状物质，如果你活得足够长的话，每个人都会受其影响。治疗白内障只需做个手术，将污浊晶体取出，并用人工晶体取而代之即可。

在发达国家，白内障手术是常见的一类手术，单单在美国，每年就有大约 200 万例这样的手术。做过白内障手术的人 90% 以上都能恢复视力，很多患者手术后的视力甚至比患白内障前还要好。在美国一例白内障手术的费用大概是一只眼 3500 美元，这些都可以通过医保或个人健康保险予以解决。

令人难过的是，这种瞬间就能解决的自圣经时代以来的老龄化病症的成功方法，却因为价格问题，把数百万人拒之门外。在发达国家因白内障而导致完全失明的情况基本不存在，但是在那些紫外线暴晒、饮食很差、缺乏清洁用水的地方，白内障几乎影响了 6900 万人，甚至常常发展到使人完全失明的地步。

基欧夫·托宾医生出生在芝加哥，是第一代东欧移民后代。从哈佛医学院毕业后，他当了一名外科整形医生，但是很快便对攀岩产生了浓厚兴趣。1990 年，他成为全世界第 4 名登遍七大洲最高峰的人，也是第一批从珠穆朗玛峰东坡登顶的人之一。他对于登山（这些山大都在第三世界国家）的热情，使他有机会在扎伊尔和尼泊尔等地行医，在那里他亲自见证了白内障手术的"神奇"。

他回忆说："在那些我行医的小村庄，通常认为一个人变老、头发变白、眼睛变白的时候，那么死亡也就来了。在那个地区没有人因失明而接受过治疗。白内障也就成了一种死亡宣判。一个失明的人对家庭而言是巨大的负担。但是，在使用当地麻醉药进行简短手术后，人们很快就恢复了正常生活。老人们能担负起家中的传统角色，而年轻人也能正常工作了。"

托宾受此启发，回到美国后，他成了一名眼科医生。当结束了他在布朗大学的培训后，托宾回到了尼泊尔，和名叫桑杜克·瑞特（Sanduk Ruit）的尼泊尔眼科医生一起工作。桑杜克·瑞特善于用一些低成本技术为人们提供同西方国家一样的医疗服务，当然价格要低得多。

托宾采用瑞特的办法做了一些高质量的白内障手术，并开始教授其他的尼泊尔眼科医生。他们培训了尼泊尔第一批白内障显微镜手术的医生，然后改进技巧，再通过培训转移技术。托宾和瑞特发誓要更为积极地投入到现有的眼睛保护事业，希望他们能用毕生精力消除喜马拉雅地区的可治疗和能防治的失明。

托宾也意识到，在发展中国家解决失明问题需要两条腿走路：设立能提供出色服务的眼科中心，同时要设立基本的地区诊所，并让那些接受过眼部护理培训的技术型人才充实到其中。此外，托宾医生意识到要达到目标，还需要积极教育和培养当地医生。瑞特医生于1994年成立TILGANGA眼科中心，这是喜马拉雅地区第一家为患者设立的白内障手术中心。1995年，托宾和瑞特正式设立了他们的白内障计划慈善基金（www.cureblindness.org），以此来支撑他们的工作。

他们开发出一套高质量、大接待量、低成本的白内障手术系统。加德满都工厂提供的眼用晶体以及当地药物及器械，使白内障手术的成本降到了20美元以下！他们已经进行了5万多例视力恢复手术。1994年，尼泊尔全国只有1500例植入新的晶体而恢复视力的手术。而2005年，已经有超过15万人接受了晶体植入的白内障手术。

托宾和瑞特在做这个世界上最为普通的健康手术时，每一例只收取20美元——在美国，做个眼内晶体替换手术所需的钱是他们的175倍（3500美元）。

托宾和瑞特已经培养了100多名来自世界各地的医生，以及大量的护士和技师。他们在中国西藏、中国内地、印度、不丹以及巴基斯坦推行他们的眼部保健计划，2006年，又将这一计划拓展到加纳及朝鲜。此外，他们还向来自孟加拉国、缅甸、柬埔寨以及埃塞俄比亚的医生提供培训。托宾每年都要花费3个月的时间，在亚洲或非洲进行教学工作。现在他已经是喜马拉雅白内障计划的负责人。

托宾医生提出了几点关于如何减少患眼疾几率的建议：

1. 戒烟或者说根本就不要试着去吸烟。吸烟和白内障以及与衰老相关的眼内混浊物恶化直接相关。

2. 多摄取富含抗氧化物及 OMEGA-3 脂肪酸的食物。鱼油也有助于降低混浊物恶化及患白内障的风险。用太阳镜来阻挡紫外线也能减少患眼疾的概率。

3. 经常去眼科医生处做常规检查,可以发现潜在的致盲因素,如青光眼。及早发现能够有效防止视力受损。

托宾医生也已经投入营养补充品及眼药水的研发实验中,希望能够有效推迟甚至扭转白内障。

托宾和瑞特将名垂青史,不仅仅因为他们发明了当前世界上最为普遍的保健手术,更是因为他们让这一视力矫正手术能为数百万盲人负担得起。随着健康革命步入下一阶段,在向大众提供他们消费得起的各种健康产品及服务方面还有很多类似的机会,就像当年亨利·福特在汽车普及化方面所做的那样。

第十一章
健康无限

"太难受了！"多里安·格雷看着自己的自画像自言自语道。"太难受了！我将会变老，这太恐怖，太可怕了。但是画里面的他却总是那么年轻。如果能够反过来那该多好。如果我永远年轻，而画里面的我在慢慢变老！为此——为此——我愿付出一切！是的，全世界里没有我不愿放弃的东西！我甚至愿意为此付出灵魂！"

——奥斯卡·王尔德《多里安·格雷之画》

为什么健康无限

我们身体内的细胞总在不断的死亡和更新。从细胞层面讲，大多数健康活动的目标都是为了确保每个细胞能够获得足够的原料——葡萄糖、维生素以及矿物质——这些都是细胞重组的必需物质。

但是在人生到了某些时候，某种因素会告诉器官内的细胞停止再生（除了干细胞）。这就引起了正常的衰老、疾病以及最终的死亡。有时，当某个器官或细胞不能忍受生化物质的缺乏时，某种因素就会刺激非正常细胞开始不可控制的自我繁殖直到它们破坏原有器官的功能（比如说癌症）。今天我们知道了这个"某种因素"就是生命基因密码中众多复杂指令中的一个，通常我们称之为 DNA，或脱氧核糖酸。DNA 是在各种细胞内都能发现的器官合成物质，它包含有遗传及复制的基因密码。

我们的基因密码是一本由 30 多亿个不同单词构成的人类"教科书"——可以全部用四个字母（A，T，C 以及 G）不留空格不加标点地写出来。早在 1869 年人们就发现了我们今天叫作 DNA 的物质，它在遗传中的作用到了 20 世纪下半叶才得以证明，而完整的人类基因图到 21 世纪初还没有全部完成。

我们对于健康产品及服务的需求主要是受基因密码的作用的驱使，基因密码可以引发衰老——从皮肤上的皱纹到我们身体器官最后的崩溃。

长期以来，我们对于基因密码的了解与掌握一直是保健产业发展的最大希望。

我们只需一根棉签或刮擦器就能从人的嘴里取得并检测 DNA，并以此预测到一个人患某种疾病的可能性。

很快，根据新近完成的人类基因图，我们就可能去预测某种疾病或者某种非节食、锻炼等外在因素引发的情况。

科学家希望这种基因测试方法能够很快普及开来。未来几年内，通过使用这些信息来预测某种状况发生的可能性，健康行业经销商可以根据检测的结果推荐一些维生素或补充物的相关疗法。

比如说，一个人的基因显示他有患骨质疏松的倾向，那么在他年轻的时候可多让他补充点钙，或者某人的基因显示他容易患前列腺的毛病，那么他就应该早点吃些锯状蒲葵。

投身这种新兴 DNA 技术的保健产业者将很快看到他们的事业会因此而得到拓展，特别是那些健康食品及食补领域内的企业。

最终，随着技术的进步，维生素及补充物的这种运用方式将可能被基因干预所代替，即通过实际的改变或修正容易引发疾病的问题基因。当然科学家们认为这种基因修正方法不可能在未来几十年问世，用以全面治疗基因引起的疾病。

现在及可以预见的几十年内，我们的基因密码以及它所引起的衰老现象，将对保健产品及服务产生持续不断的需求。如果基因技术有突破发展，新的抗衰老保健品都将增加人们对保健的需求，因为身体健康的顾客会希望更加的健康，现有的客户则希望更为长寿。

干细胞——让心脏手术过时

另外一个为健康及抗衰老提供巨大前景的科技进步是干细胞研究。

干细胞研究一直名声不大好，因为某些特定的细胞要从人类的胚胎中取得。然而，毕竟还有许多其他种类的干细胞，大多数的研究都和人类的胚胎没有关系，因此也就不存在道德上的争议。

干细胞很特别，不同于其他在生命组织体内发现的细胞，一般的普通细胞都会最终停止复制和再生（引起衰老和死亡）。干细胞理论上是可以无限分裂的，它能够自我复制并补充其他的细胞。而且，每一个干细胞经过一次分裂后，仍可能还是一个干细胞或者成为某种特别的细胞，比方说肾细胞、脑细胞、视网膜细胞，等等。

干细胞按来源分类（比如说骨髓、成人、胚胎，等等）。它们有三个共同的特征，只因为这些特征，它们才成为干细胞：

1. 干细胞能够自我更新，意思是在很长一段时间内，它们都能持续分裂并自我复制，而不会改变其自身固有特性。

2. 干细胞不是"专门化"的，意思是说它们不具备组织专一性，或特定功能。它们不像心脏细胞那样能为血液施压并促其循环流动。它们不像脑细胞那样处理信息，也不像血液细胞那样有携氧功能。

3. 干细胞可以在异化的过程中产生出专门的细胞，意思是它们能够变为心脏细胞、脑细胞或血液细胞。

科学家们因胚胎中的一些干细胞可以发展成人类而着迷。他们同样也对成体干细胞能防止受伤、抵抗癌症、取代受损组织或者减缓衰老的能力很感兴趣。理论上说，只要把某些干细胞注入坏死心脏或丧失功能的肾脏，就能够重新让肌体生长出新的心脏细胞或肾脏细胞，让那些受损器官恢复正常。

大量令人难以置信的研究热潮正在进行，科学家从人体内分离出干细胞并保留它们的干细胞特性，并用它们来修复受损器官，比如说功能衰竭的心脏。犹他大学和盐湖城退伍军人医院的心脏外科医生罗斯·雷思是从事这项研究的国际领军人物之一。

罗斯医生出生在费城郊区，是两位成功的儿科医生的孩子。在很小的时候，罗斯就意识到，疾病可能在任何时候向任何人袭来，不管你是贫穷还是富有。几乎从出生之日起，拯救并帮助病人的那份热情及同情心就已经根植于他的内心。

在汉尼门大学医学院的第 3 年，罗斯目睹了心内直视手术。那时，他致力于要成为一名心脏医生，10 年后，他成了该专业领域内最杰出的医生。此外，他还获得了免疫学及微生物学为期3年的研究奖学金,他深深地被免疫学和微生物学中的干细胞所吸引。他的论文写的是从骨髓中取出的特定的成人干细胞如何神奇般地保护哺乳动物免受致命辐射的伤害。

那时,很多心脏外科医生都嘲笑干细胞研究。大多数人认为,心脏手术是唯一能够解决肌体问题的办法——当心脏出了什么问题时,你就应该打开胸腔,或者用机器设备或者用移植的心脏来取代。只有很少的外科医生精通干细胞生物学,并了解干细胞在治疗和防止器官受损方面的重要作用。在罗斯完成研究一年后,杜克大学的研究人员发现在心脏病发作之后,注入心脏的干细胞能够有效修复受损的心脏。罗斯的论文因此得到了证实。

1998年,罗斯进入了犹他大学,犹他大学在干细胞研究上走在前列,是第一家在人体内植入人工心脏的地方。罗斯在这里完成了培训,并开始了他的心脏干细胞项目。今天罗斯正和各个机构、各个学科的专注于心脏干细胞疗法的研究人员合作。具有讽刺意味的是,他推进干细胞研究的目标,正逐渐使人工心脏以及各种开胸手术在医学上变得过时。

在犹他州的山地自行车赛上,我和罗斯成了好朋友,以后每周我们都要一起骑几次车。罗斯告诉我应该像珍爱赛车一样重视我们的心肺,告诉我应该怎样去调整呼吸并做些最适宜自己的锻炼。当我工作太辛苦并抱怨那天不能出去骑车时,罗斯总会把我从办公室里拖出去,并告诉我"除非你首先把自己照顾好,否则你无法给别人带来益处……放松身体,放松心灵,放松自我"。

很多次在我们骑车的途中,他为一些病人的问题而抓狂,他也经常停下来接电话。当说到他的大多数病人因不珍惜身体而被确认为心脏病人时,他常常感到惋惜,因为他们不得不接受生命中的一次痛苦的马拉松——开胸手术。他最大的遗憾就是,很多靠手术得以活命的病人很快又开始了暴饮暴食、吸烟、喝酒或者其他对身体有害的行为。这些行为使得他们不得不来找罗斯。正如罗斯经常说的那样:"其实本可不必这样的。"

药物治疗及手术对于慢性病的治疗至关重要，但要有个人健康计划的配合。

——雷斯医学博士

造福人群的机会

一些健康行业的企业家，比如史蒂夫·狄玛士或者吉尔·肯尼，他们很快就会成为新世纪亿万富翁以及媒体的新宠。成千上万的健康行业的企业家将会成为百万富翁——未来5年内，美国将会产生约500名的百万富翁，他们中很大一部分都将从健康行业中获得财富。

本书花不少篇幅介绍了保健企业发迹致富的策略，以及如何汲取成功的经验。但当你发财之后，社会上仍有些事情比增加银行存款更重要。经济学上，我们用金钱和人口数字来指出现代人保健概念的缺乏。在美国，我们每年花在治病上的钱高达2万亿美元，几乎相当于我们收入的1/6。约有9000万的美国人或者人口的30%患有病态肥胖。1.95亿的美国人，即65%的美国人超重或不健康。在过去10年，这些数字翻了一番，在过去5年就上升了7%—10%。

我们对保健需求的真实成本是不能通过数万亿的美元或数百万的人口予以计算的。

9000万肥胖人，代表的是生命的虚掷。他们缺乏精力，无法充分享受人生、工作和家庭的乐趣，他们大部分的人生都浪费在和疾病的纠缠上，但这只是治标之法，只能让他们恢复工作的能力，并继续去消费那些不健康的食品和更易致病的产品和服务。

在美国有 1.95 亿人超重还不是肥胖，但是他们却经常因为营养失调而出现疲惫、紧张、头痛、精神不济以及肌无力。当他们求助于医药时，得到的答案往往是：这是老化的常见症状。

当然，这些不幸的人遇到你和你的保健产业时，情况将为之改观。

当你每天外出推销你的保健产品和服务时，你实际上传递了一个比你所要出售的产品或服务更为重要的信息。在对保健产品需求的背后表达的是这样一个概念：你的顾客可以控制他们的生活并走上保健之路。

一般而言，消费者决定购买一项新产品或服务之前，心中大概已经兴起过两次要买的念头，但没有立刻采取行动，不久就忘得一干二净。所以，产品的曝光率要高，让消费者留下深刻印象，才会让他们在第三次决定购买时付诸行动。因此，广告公司促销新产品时总是事先告诉广告主，除非产品广告的音量够大，否则消费者不会上门。

你每次向潜在保健消费者传达保健信息时，就算他对你个人的产品或服务反应冷淡，但每讲一次，就更接近让他做出有利保健的决定。从保健的立场而言，所有的保健企业人士都是有志此道的伙伴。所以即使你表面失败，但事实上却在让这位潜在保健消费者渐渐地接受保健，做出改变人生的决定。

正如我们在第二章看到的那样，当你成功地让你的顾客尝试你的新产品并有很好的保健体验时，他们就会变成如饥似渴的消费者，要求更多的保健产品和服务：

减掉 35 磅的单亲母亲现在想加入健身俱乐部以求自己更有活力。

摄入新的维生素的孩子变得更有活力，现在他想更多地了解好的营养，并想改善自己的饮食。

用磁疗消除疼痛的父亲现在想多了解点维生素。

通过吃海胆消除风寒的小女孩的父母现在想看看别的孩子都吃了些什么。

使用葡（萄）糖胺的前运动员已经开始骑自行车，现在需要一些产品来改善自己的记忆力。

接受了锯状蒲葵治疗的前列腺患者现在开始讲述他自然疗法的经历。

坚持计划的重要性

我衷心地希望你能从今天就开始自己的保健事业并成为这一令人难以置信的产业的先驱。你开始得越早，你就有可能获得更大的回报。但是如果你开始后，没有看到立竿见影的效果时，你就可能丧失斗志。大多数的消费者目前还没有过亲身的保健体验——有过一次体验后他们就能消费更多的保健产品及服务——因此，保健领域的消费人群才刚刚开始涌现。你可能开发出了某种产品或服务，但是在你的产品或服务变得炙手可热前，你就已经退出，因为你短期内没有看到消费人口的剧增。

一旦你的产品或服务略有小成，一定要有坚忍的毅力和财务的资源，推广给更多的潜在消费者。然后累积足够的客观数据，对结果深入剖析，以决定自己保健事业的方向。

数学上的概率概念有时是很难懂的，特别是对那些后起的企业家。概率概念说的是，虽说少数个案不遵循一套固有模式，但是大多数的案例是遵循固有模式的。这里有个实验你可以用来更好地理解概率，或者用来向你的同事讲授概率。

抛掷10次硬币并把结果记录下来。你可能会发现正面（或反面）出现的几率是80%—90%，而不是期望的50%。将同样的硬币抛掷100次——当你这样做的时候，你发现正面或反面出现的概率是介于47%—53%。这就是为什么你不应该因为某些事的结果而垂头丧气。分析很多案例，概率是一个很好的预报器。

你可能想出了一套特别的策略来销售你的健康产品或服务，并且最终能使你的成功概率达到50%，但是刚开始10次中，你却失败了8—9次。相反，你可能在开始的几次销售中获得了成功，但是也可能把自己的商业拓展得太快，来不及思考并调整自己的策略。

有时，当你无法向那些想要放弃的同事解释概率时，你不应该气馁。像阿尔伯特·爱因斯坦那样的天才在理解这个概念上也同样有难度。

为什么上帝要创造概率

我的父亲是一名宗教人士。他坚定地相信存在一个真正的公平的上帝，他造每一样东西都是有自己的理由的。甚至在癌症的晚期，他也没有动摇过自己的信念，坚信他自己的健康状况以及社会经济问题都是我们没有充分利用上帝赐予我们的工具的结果。他甚至引用阿尔伯特·爱因斯坦的话说，"上帝不会和宇宙掷色子"。

尽管我的父亲非常欣赏这句话，但是爱因斯坦这么说时实际上犯了个大错误。爱因斯坦一直在找寻所谓的统一磁场理论，这个理论能够解释宇宙间的一切行为，从最小的电子到最大的行星。他主导这项研究时，认为个别的原子粒子绝不会像色子一样的随机移动，如果观察的频率够多的话，就会发现粒子的运动遵循既有几率法则。

今天，在基本粒子的或然性行为基础上的量子力学已经能够解释任何东西，从核能到个人电脑。爱因斯坦没有想到的是上帝不但发明了色子，还创造了概率的概念，让我们理解色子的运作模式，并根据（色子）结果来做出决定。

作为一名经理、教授、父亲以及业余的神职人员，年轻人经常问我，为什么某某的努力得不到回报。当我试图去安慰他们的时候，其实我自己也常常为上帝创造的这个充满规则与秩序的世界感到困惑，在上帝创造的这个世界里，规则似乎也不是绝对的（比如说概率）。我相信上帝这么做的原因是为了创造一个充满挑战的世界，并以此来强化我们的信仰。在这个世界上并不是任何东西每次都可以被设计，但是任何东西在多次反复中，却能够被设计——特别是对我们而言，我们应该像约伯（圣经中人物）一样，不管经历什么样的困境，都应该坚信我们的计划。

因此上帝更多的是要保佑约伯的后半生的幸福而不是开始：他有14000只羊，6000峰骆驼以及1000头牛，1000头驴……约伯活了140岁，他看到了自己的儿子，儿子的儿子，甚至是曾孙。所以约伯死时，他已经够老了并阳寿已尽。

财富背后的"看不见的手"

1996年，当我开始为这本书作研究时，对于能够找到满足我们保健需求的措施，并不感到乐观。尽管在我的一生中，我看到了世界在对抗饥饿和种族歧视中取得的重大进步，但是我觉得我们并没有克服对"疾病"进行被动反应的困境。

我之所以悲观是因为我们整个国家糟糕的健康状况是由社会中最强有力的因素引发的：经济。

凯恩斯曾经说过：

经济学家的观点比我们通常所理解的要有力得多。事实上，这个世界都是被少数人统治着的。那些认为自己能够免受各种知识影响的务实者，也常常是一些已故经济学家的奴隶。

肥胖、超重以及不健康的国民也是 1.3 万亿美元的食品工业与 2 万亿美元医疗行业经济利益共同的奴隶。

2002 年，当我了解到保健行业已经达到 2000 亿美元产值并将在 2012 年达到 1 万亿美元时，我可以预见疾病所制造出来的经济问题，必须靠保健产业的经济来解答。

1776 年，亚当·斯密在他的《国富论》中讲述了个人对私利的追求将直接导致社会整体福利的增加。斯密越是深入的研究经济的运行，他就越是相信"看不见的手"将引导个人的行为朝向增进社会的财富迈进。作为启蒙时期激进的世俗经济学家，斯密避免了使用上帝一词，但读原著时，我们仍能清楚地看到亚当·斯密的"无形的手"所指。

今天，在即将发生的保健革命背后的积极的经济力量中，正在兴起的保健行业是上帝的手发挥作用的最好见证。

附录 A

脂肪：什么是脂肪？脂肪是怎么长出来的？怎么给它下定义？

提示：像一名消费者一样来读这篇附录，然后以健康企业家的姿态倒回去通读全文——并在那些你认为存在潜在健康商业机会的地方做上标记，以便你更进一步地进行分析。

什么是脂肪？

在圣经中，脂肪一词通常被用来描述动物身上最有价值的部分——如此珍贵，通常在向上帝祷告时才用，在圣坛上将它点燃。历史上，脂肪一词通常被用来形容丰富、健康、精力充沛、肥沃，或者成功。

今天，脂肪一词几乎专指不好的东西——和懒惰、厌恶、散漫、贪婪、暴食等联系在一起。

但是脂肪到底是什么呢？它为什么会有如此负面的内涵呢？

从生物学上讲，脂肪是附属于一种叫作脂质的营养物质，脂质是一组复合物的化学名字，包括脂肪、油以及胆固醇。在室温条件下，如果脂质呈固体状，我们称之为脂肪，如果呈液态，我们称之为油。脂肪和油都来自动植物产品，然而胆固醇却只能从动物产品中来（如肉、家禽、牛奶以及奶酪）。

胆固醇

在我们体内的每一个细胞里，都能发现这种无味、白色、光滑的粉状物质。它是膈膜、荷尔蒙以及维生素 D 的重要构成要件。它也有助于在消化中将脂肪转化为卡路里能量。当医生说胆固醇好坏时，实际他们说的是脂蛋白。

脂蛋白是脂肪和葡萄糖的合成物（脂质加上葡萄糖），它将我们体内的单个脂肪及胆固醇分子包裹起来，在体内传送它们并帮助脂肪的转化。低密度脂蛋白（LDL）和高密度脂蛋白（HDL）是两种主要的脂蛋白。LDL 微粒携带着我们体内 70% 的脂蛋白，它们通常被认为是坏的胆固醇，因为它们粘在动脉壁上，容易造成阻塞、中风和心脏病。HDL 微粒通常被认为是好的胆固醇，因为它们在体内移动，并将胆固醇从那些要坏死的细胞中以及其他地方提取出来。

在你的组织系统内的胆固醇数量是由多种因素决定的，从你的基因到年龄再到身体锻炼状况。比如说，吸烟者拥有更多的胆固醇，因为吸烟能够弱化动脉壁，使得它表面的膈膜能够容纳更多的脂肪和堆积更多的胆固醇。

但是决定你坏胆固醇数量的主要因素是你的体重，或者更具体地说，是看你体内有多少过剩的脂肪。

饱和与非饱和脂肪

主要有三种脂肪：多不饱和脂肪、单不饱和脂肪以及饱和脂肪。为了简化，

· 附录A 脂肪：什么是脂肪？脂肪是怎么长出来的？怎么给它下定义？·

我们将前两种合称为不饱和脂肪。

基本而言，饱和脂肪（比如说油脂、猪油、黄油以及肉类油）是增加胆固醇的主要"元凶"——它们因氢分子变得饱和。饱和脂肪在室温下通常呈固态，并且含饱和脂肪的食物比含不饱和脂肪的食物具有更长的保质期。

不饱和脂肪，比如说橄榄油和canola油，实际上能够减少血液中的胆固醇。不饱和脂肪在室温下通常呈液态，但是温度很低时，也会凝固，这就是为什么用橄榄油做的色拉味调料放在冰箱里会凝固。鱼和肉相比，其体内含有更多的不饱和脂肪以及更少的不饱和脂肪，这可以防止在冷水里它们的身体被冻住。

食品生产商往往通过往不饱和脂肪中补充氢的方法来延长产品的保质期——这个过程叫作氢化——这可以有效地将不饱和脂肪转化为饱和脂肪，或者说将好脂肪变成一种叫转脂肪酸的坏脂肪。这就告诉我们如果你想降低胆固醇，那么就应当远离氢化油。

提供不含氢化油的食物，这是当前一个摆在眼前的商业机会——特别是针对那些担心心脏病的顾客。这种产品虽然保质期短，但是，消费者一旦了解了饱和与非饱和脂肪之间的区别，那么（保质期短的）产品会成为所有消费者共同的选择。

为什么我们渴望脂肪

在《圣经》中提到了许多脂肪之所以重要的原因。那个时候，大多数的人脂肪量都不够，缺乏基本的卡路里。丰满常常是财富的象征。在6类营养物质中，都是脂肪包含着主要的能量（9卡路里/克）——在人们储存食物时，这都是重要的考虑内容，因为人们需要这些食物来旅行或是在青黄不接时用以救命。脂肪之所以如此珍贵的另一个原因也许是因为在当时（现在也是如此），脂肪是如此的美味。

在生理上，我们注定要爱上脂肪的味道；然而在农产品如此丰富的时代，这注定会让我们走向死亡。

和脂肪非常珍贵及稀缺的年代相比，今天叫某人"胖子"简直就是种侮辱。但是使用脂肪并不直接导致肥胖。摄入的脂肪量超过你体内燃烧的量时，才会导致肥胖，或者更准确地说，让你超重。使用脂肪可能会间接地让你超重，因为每克脂肪里所含的卡路里是葡萄糖或碳水化合物的两倍多。除了含有可能潜在的不必要的卡路里外，输入过多的卡路里也是有坏处的，因此脂肪里含有能造成动脉阻塞的胆固醇。

超重与肥胖

当一个人超重时，正如先前提到的那样，脂肪经常会出现在男人的肚子和上体，而出现在女人的大腿和下体。上体肥胖（也叫男人肥胖）是典型的男人肥胖模式，这和心脏病、高血压以及糖尿病密切相关。下体肥胖（也叫女性肥胖）是典型的女性肥胖模式，虽说这对人的健康也是有危害的，但是其危害性要远远小于男性肥胖。

非常胖是多胖呢？为了回答这个问题，首先有必要来界定超重和肥胖。尽管在使用时，它们有时是可以互换的，但是超重指的是总体体重超标（包括所有的肌体组织），而肥胖指的是身体脂肪超标。可能超重但不一定肥胖，如一名体型师拥有大量的肌肉，也可能肥胖但不超重，而一名惯于久坐的人可能拥有过多的脂肪但却没有什么肌肉。

当前，有4个主要的概念来定义超重或肥胖：身体脂肪百分比，腰臀比例，身体结实指数（BMI），以及高重表格。

首先也是最准确地衡量身体百分比的就是脂肪。男人的身体脂肪百分比应该在13%—25%，而女人应该在17%—29%。超过这一数字被认为是肥胖

·附录A　脂肪：什么是脂肪？脂肪是怎么长出来的？怎么给它下定义？·

并且也是危险的。

测量一个人的身体脂肪指数的最好方法就是拿他/她的实际体重与水下体重做对比——之所以这么做，是因为脂肪的密度比人体组织的密度小，在水中它会上浮。然而，这种方法太昂贵且复杂，因此只被认定为一种研究工具。另外一种方法就是用一种特别的卡钳来测量一个人三头肌及其他部位皮肤褶皱的厚度——由一个专业人士来做这种测试时，结果是比较准确的，因为一个人半数的脂肪是堆积在皮下的。生物电子的电阻（阻力）也可用来监测身体脂肪的百分比。

判断超重或肥胖的另一方法就是使用腰臀比例，就是将一个腰围英寸数比上他/她的臀围英寸数。比方说，一个人的腰围是30英寸，臀围是40英寸，那么其腰臀比例就是0.75。如果一个男人的腰臀比超过1.0，一个女人的腰臀比超过0.8，那么他们就应当被认定为肥胖。这种方法用在那些上体肥胖的人身上比较合适，但是，在很多情况下它是不准确的，特别是对那些下体肥胖的人而言。

第三种判断超重和肥胖的方法就是采用身体结实指数（BMI），这是1835年由一名叫安多夫·柯特里特的法国数学家发明的。在用数据模式导出了正常人这一概念后，他提出了柯特里特指数，也就是今天所熟知的BMI：

$$BMI = \frac{体重（千克）}{身高的平方（米）}$$

比如说，一个人重170磅，高5英尺9英寸，那么如下所示，他的BMI大约为25。

首先将170磅转化为千克（2.2磅等于1千克）：

$$\frac{170 \text{ lb}}{2.2} = 77.27 \text{ kg}$$

接下来将高 5 英尺 9 英寸转化为米（3.28 英尺等于 1 米）：

$$\frac{5.75}{3.28} = 1.75 \text{ m}$$

最后，将转化结果代入 BMI 公式：

$$\text{BMI} = \frac{77.27 \text{千克}}{1.75 \text{的平方}} = 25.2$$

现在有捷径可走，即将你的体重乘以 704.5，然后除以你身高的英寸数，然后再除以你身高的英寸数：

$$\text{BMI} = \frac{170 \times \frac{704.5}{69}}{69} = 25.2$$

大多数国家及公共机构都将 BMI 作为他们的测量工具之一。根据 2000 年美国健康机构的数据，美国 61% 的人口超重（BMI 达到或超过 25），几乎 27% 的美国人肥胖（BMI 达到或超过 30）。

这些数字只能大体上准确（只是走到公共场所，数那些看起来超重或肥胖的人），然而将其运用到特殊人群身上却是相当不准确的。BMI 公式是不分性别的：一个高 5 英尺 9 英寸、重 170 磅的女人和一个高 5 英尺 9 英寸、拥有相同体重的男人明显是不一样的，然而结果却是他们都超重。BMI 公式同样不适用于少数个人。比如，举重运动员身上的肌肉比脂肪多，而老年人肌肉却要少得多。

最后一种方法是高重系数，这是一种大家最为熟悉的方法，美国医疗专家已经使用这种方法好几十年了。流行的"理想身高体重表格"是于 1959 年

· 附录 A　脂肪：什么是脂肪？脂肪是怎么长出来的？怎么给它下定义？ ·

由大都会人寿保险公司提出来的。这些身高体重数据和投保人群的死亡率密切相关（大多数都是中上层白人男性）。理想一词指的是最低死亡率，不是最低患病率，1983年把该词从表格中清除了。虽然身高体重表格因为它区分了性别可能比 BMI 准确一些，但是它拥有差不多同样的限制，因此也不能被认为是针对个人情况的权威判断。此外，身高—体重表的大部分数据是武断的——形体大小（由肘部宽度决定）这个概念就没有经验数据的支持。

不管采用哪种方法来判断人口超重或肥胖的百分比，都存在一个适用范围的问题。

附录 B
从疾病缠身到保健医疗

正如第七章中提到的那样,你或者你的健康客户可能会发现通过购买你个人的或家庭的健康保险,每年你能省下数千美元,或者你可能准备转到高免赔额健康保险上来,或者你可能已经开了一个健康储蓄账户——或者你希望以上所有都能实现。一旦你这么做了,那么你的保健定式也就开始变化了:

你现在想要削减保健开支,并将节省下来的每一分钱存起来多年以后,在你的健康储蓄账户中,这些钱就会增加到数千美元。

你应该学着在节约保健开支和家庭正常保健支出之间寻找到平衡。你应当吃得好一些,锻炼得多一些,并在改善健康方面适当投入——因为保持健康是节约保健开支的最好方法。

在这篇附录里,我们提出了你应当做的 3 件事,以此来节约保健开支:

1. 停止吃保健类药物。

2. 现在改变你的生活方式（饮食以及锻炼）还不算晚。
3. 该花在医生那里的钱，就大方的用。

停止吃那些治标不治本的保健药

这是一个非常重要的观念，但在第七章中没有提及，"在开处方药时，为你的顾客省下 10%—75% 的开支"。当把这种观念用在保健类药物上时，你可以省下 100%。因为这些药治标不治本，并且很多这样的病都是和饮食、生活方式以及缺乏锻炼相关。

100% 的省下花在这些药物上的钱的方法就是再也不吃了——找个医生或者医疗专家，他们能真正了解处方药的危害，并能和你一道来改变你的生活方式或饮食。

处方类药的生意是由 Jonas Salk 等人率先经营的，首先开发出了骨髓灰质炎疫苗，亚历山大·弗莱明医生发现了青霉素。这些具有献身精神的医生们研制出的药物，往往在第一时间防止了病情的恶化，或者在较短时间内治好了病症。

令人难过的是，保健逐渐远离了医疗专家，并成为我们经济中最具利润的一个领域，处方类药物生产这一产业，从预防和治疗疾病向治标这一方向发生了转化。

今天出售的 95% 的处方药都是保健类药物——这些药都只治标，因此你或许一生都要吃这种药。

从经济或商业的角度来说，至少是很能理解为什么会这样，为什么你要按规定不停的吃这种药。我以提问的方式来回答这个问题：如果你是一家制

附录 B 从疾病缠身到保健医疗

药厂的 CEO，你会把你的研发资金用于开发那些消费者用一次（比如说，一种疫苗）或者用很短一段时间就能康复的药吗（比如说抗生素），还是愿意把你的研发资金用在那些消费者要每天食用，或者一天要食用两到三次，甚至终身都要食用的药物上？

过去 30 年，大部分的私人研发资金都用在了那些治标药物上，而不是那些治本或能预防疾病的药物上——从而制造了终身消费者。

如果你是一个商人，并正在开发一种新的健康产品，你难到不想让所有的美国人都间接为你支付占零售价格 50% 的税收，哪怕他们对你的产品根本不感兴趣？如果诸如 Viagra 或 Levitra 的药品在柜台上售出，那么雇主必须支付给雇员大约 2 美元，只有这样，才能使他们缴纳个人所得税后还能剩下 1 美元去购买这些药品——但是因为这些药都是处方药，作为雇员的免税福利，雇主必须 100% 的为这种集体医疗计划支付成本。

今天很多处方药并不具备作为处方药销售的合理理由——它们并不让人上瘾或者像吗啡那样需要严格控制。它们作为处方药销售部分原因是为了通过医疗税收减免的方式，让全美国人支付 50% 的成本，部分是为了强制雇主为它们买单。

很多处方药从长期来看，对你的身体和健康是有害的。知道这一事实，比知道很多的处方药是为了让消费者终身服用的事实更重要，比很多的美国人要为他人的药品支付 50% 的成本更重要。

我是一名经济学家也是一名商人，但不是医生；然而，在为该书所做的大量研究中，我发现上亿的服用保健药品的人当中，只有极少的人真正需要服用。相反，大多数服用保健药品的人应该和专业医师一道去根治深层次的疾病，比如说，改变饮食习惯而不是终身服用某药来减轻心绞痛，减肥而不是终身服用某药来降低胆固醇。

除了让你将精力放在症状上而不是疾病上外，你服用的处方类药品还是你申请个人或家庭健康保险被拒的头号原因，要不你就只能增加保险费（高定额）。

让我们回过头去仔细看看当前世界的5大处方类药品——Lipitor、Zocor、Nexium、Prevacid和Zoloft，单在美国，其销售额就超过250亿美元。这些药品都具备如下共性：

它们并不能预防疾病。
它们只能治标。
它们都被设定为终身服用。
它们不是麻醉药品，也不是需要控制的药品，因此，它们根本就不能和柜台上的其他药品相提并论。
如果不是首先让那些有较好声誉的医生为销售代理的话，这些药品很少有机会像真正的药品那样直接出售给消费者。
长期而言，它们对你的身体是有害的，因为它们只治标，它们也妨碍你通过改正行为来治疗疾病。

Lipitor，世界头号处方类药品，可以降低胆固醇。每一个健康及医疗医师都会告诉你降低胆固醇的最好方法是改变饮食和加强锻炼，这一点我们一会儿将要讲到。然而，数百万美国人却终身服用这种药物——这是危险的，因为它阻止他们进行真正需要的生活方式上的改变。

Zocor，美国二号处方类药品，和上述药物具备同样的功能。令人吃惊的是，

附录 B 从疾病缠身到保健医疗

在有普通药并且价格只是其 1/3 的情况下，美国人仍愿意在这两种药上每年花费 100 亿美元（见第九章）。

Nexium，用来治疗心绞痛，是医院公司用来玩弄消费者的又一新宠。大多数人的心绞痛实际都是因为他们的食物引起的，而不是因为基因出现问题，患了胃酸回流的疾病。糟糕的饮食可能引起抑郁、心脏病、癌症以及心绞痛。当身体因疼痛需要帮助时，数百万的美国人都服用这种紫色小药丸来组织身体的自然警报（如心绞痛）继续工作，因此他们又可以吃不健康食品了。

Prevacid 和 Nexium 具有相同作用。如果 Prevacid 只是作为一般柜台销售药品而不是处方药时，那么它在广告中就不得不告知广大消费者治疗心绞痛的最好方法就是停止食用那些引起心绞痛的食物。但是，因为它们是处方药，此外还能获得 50% 的医疗税收补助，面向公众的广告也就不用告知实情了。针对消费者的处方类药品的广告应该被禁止，因为，在真实的世界里，如果他/她没有给你开出你要求的处方药时，"向医生提问"就意味着你想"换医生"。

如果你长期吃某种处方类药品，你应该找个医生并制订出计划来摆脱这种处方药，这种努力一定要有医师的指导。

为了找到一个专业医师来帮你，你可以从告诉你现在的医生开始："我现在正在长期服用（处方药），我需要一名专业医师能让我停下来。"如果你的医生不能帮你，他／她可能会向你推荐一位推崇健康的医学博士，他或者能够帮你，或者可以把你引荐给其他健康保健专家，比方说整骨疗法师（DO），自然疗法师（ND）或脊椎压迫治疗师（DC）。

Zoloft 是全世界用于抑郁和焦虑的头号药品——有超过 2800 万的美国人（每 10 人中有 1 个）服用 Zoloft 或者具有相似功效的药物。据它自己的网站说（www.zoloft.com），服用此药的主要副作用就是 18 岁以下服用这些药的人中有 2%—4% 会有自杀倾向。除了昂贵之外，用于治疗抑郁的药也是危险的，因为它妨碍了人们从根本上解决抑郁（包括饮食）。在需要化学辅助的精神病治疗中，有诸如圣·约翰的麦芽汁之类的更为便宜的替代品，这种产品在德国的销量是 Prozac 的 25 倍。根据哈佛医学院的一份最新调查，处方中开了抗抑郁药的病例中，有 75% 根本是不必要的。

通过制订计划来停止服用某种处方药的最好方法就是找一名与健康保健专家共事的博士型的医疗专家。比方说，在俄亥俄州多佛的一名心脏病专家注意到他的两名高胆固醇患者在参加了肖恩·坎培尔的脊椎压迫治疗师的健康中心后，取得了不错的效果。这名心脏病医生对此印象深刻，因此他把自己的 40 名心脏病患者都送到坎培尔医生那里，两名医生（心脏病专家与脊椎压迫治疗师）共同开发出一套不用药就能降低胆固醇的活动，这给他们的病人都带来了好处。

在还不算晚的时候，改变你的生活方式（饮食及锻炼）来大幅缩减你的个人保健费用

在改善健康和缩减保健成本方面，你有许多可做的，但是首先来看看你为什么要在保健上花费如此之多。

为什么美国人要在保健上花费如此之多

美国人均花在保健上的钱，比其他任何国家都多——大约是其他发达国家的两倍。但是美国人的投入似乎并没有获得相应的回报。几乎在每一项重要健康数据上，美国都落后于其他发达国家——平均寿命、婴儿死亡率、癌症、糖尿病、心脏病，如此等等。

那么，美国的保健到底出了什么问题呢？

是我们的医疗机构没有效率，没能提供医疗保健，而只知道把责任推卸给别人吗？实际上在美国，有二三百万人受雇于医疗供应商和保险业。

是医疗保险玩忽职守的代价吗？在提供保健上，每年我们已经为此多支付了 270 亿美元——这些钱为没买健康保险的 4500 万的半数以上的人支付一年的高免赔额健康保险金。

是因为雇主主导着这个系统吗？是因为大多数人的健康保健的最终提供者（雇主）不愿将今天的 1 美元花在健康及预防上，这样明天就可以节约 100 美元吗？是因为雇员因患癌症、心脏病之类的严重疾病而长期缺岗或接受医保的几率是变动不定的吗？

上面的问题给出了部分答案，但是美国人花在健康保健上的钱是实际应花的钱的两倍，其主要原因不是因为美国的健康保健系统出了问题。

美国人之所以在保健上花比实际需要的多两到三倍的钱主要原因在于：由于饮食及缺乏锻炼，美国人的不健康程度是其他国家的人的两到三倍（紧随其后的是澳大利亚人和英国人）。

今天，超过 65% 的美国人都超重或肥胖——20 世纪 80 年代以来，这一数据已经翻了一番。超重只是饮食糟糕表现的一个方面——大多数美国人在摄入所必需的基本维生素和矿物质方面不足，这些有助于保持思维敏捷及避免诸如癌症等重大疾病。如果你超重或肥胖，请立即寻求帮助来改变你的生活方式。已经有 5900 万美国人患有糖尿病或前期糖尿病，大多都是因为超重——如果你是其中之一，你就有 65% 的可能性会死于心脏病或中风。此外，如果在你死前，你患了肥胖，那么你可能在医疗上花费更多的钱，这将给你自己及深爱的人带来无尽的痛苦。

饮食及锻炼对处方类药物的影响

回到之前说的那 5 种最为畅销的处方类药品，通过饮食和／或锻炼，能够使大多数人减少用药量或者根本就不需要这些药物。高胆固醇的主要原因就在于饮食及缺乏锻炼上。心绞痛的主要原因也是由你吃的食物引起的——尽管的确有很多人因体质较弱而患有胃酸回流病需要接受长期治疗。当说到抑郁时，我坚信饮食和 / 或缺乏锻炼是其原因之一，生活方式的改变能够带来惊人的结果，特别是对年轻人而言。

如果你的孩子患有抑郁或小儿多动症，试着改变他 / 她的饮食，特别是不要吃那些含防腐剂和盐的快餐及加工食品，少吃些奶制品，多吃水果及蔬菜。作为 4 个孩子的家长及当了 21 年大学新生老师的我，见识过很多通过改变生活方式、饮食及锻炼而在行为上取得巨大进步的例子。

让医生设身处地想想

在很多例子中，我都发现医生早就知道该如何节省你的医药费，他们有时只是太忙而没有时间去这样做，或者是他们被医疗机构或保险机构所禁止。下面我要讲讲他们是如何做到的。

处方

不要等到你的医生开了处方后再来问有没有更便宜的处方——应该一开始就告诉你的医生你有健康储蓄账户和买了高免赔额健康保险。你会惊讶地发现很多医生早都知道了健康储蓄账户并知道怎样在健康保健上省钱。

自从我们家从 1999 年更改了健康保险以来，当医生开处方时，我说："我们买的是高免赔额健康保险。"有两次，我看见医生从处方单上划掉了某些处方并写上了一句："这种药更便宜并且具有相同疗效。"

医生们不想开更便宜的具有同等功效的药是因为开某种品牌的药有许多经济诱因。医药公司有专业的律师团队来证明他们给开具某种药物的医生以补偿是"基本合法"的行为。

很多次，医生不开便宜的具有的同等功效的普通药或其他替代物是因为忽视了这些药品。如果你花时间去找的话，你会发现当前通用的药物都是具有同等功效的普通药或替代药物的。当你有礼貌地告诉医生这些便宜点的药物时，大多数医生都乐于去了解这些药物。在医学院，他们不教经济学，所以你不要指望医生们知道他所开药物的价格。不像你，他们关注的是医药的成分。医生们能够免费得到许多自己所需的处方，比如医药代理商给他们的样品。

医疗检查

不必要的医疗检查是医生浪费你数千美元的又一个领域。很显然，有的医疗检查你不应该跳过，如年度的乳房X线检查或活组织的非正常生长。但是很多检查纯粹是浪费钱。当医生告诉你，他要把你或你的一些体液取样送去检查，那么你就应该问医生几个问题了：

为什么你要做这个检查？

检查的可能结果是什么，每一个结果都能采取什么相对的措施？

如果不管什么结果治疗方法都是相同的，那么我们能否跳过这个检查而立马开始治疗呢？

我们可以考虑其他不同的检查吗？

这个检查要多少钱，怎样做才能让它便宜些？

如果你是花自己的钱，你会做这个检查吗？

你可能会为得到的回答而吃惊，特别是最后一个问题的答案。很多的检查及医疗程序甚至主治医生也不同意——他们往往是因为某些原因被那些不负责任的保险机构强迫这么去做的。再问一遍："如果用你的钱你会做这个检查吗？"如果他坦诚回答不会，问问你是否可以签字表示放弃，意思是你的医生建议你做，但是你拒绝了这个医疗建议。

手术

当医生开始谈论手术时，先看看你的钱包，然后看看有没有第二种或第三种选择。确定提出这种建议的人，至少有一名不是做这次手术的候选人。当他们可能亲自做这个被推荐的手术时，医生们经常会有许多利益上的冲突。当你的医生已经租用或者购买了昂贵的设备时，你就应当特别小心了。这时你就应该果敢地问："如果我选择做或不做，你个人能得到什么？"医生们并不是唯一受利益冲突支配的，对律师、公务员或其他职业而言这也是习以为常的。